JN078898

基礎から理解する
ERM 統合リスク管理

高度化するグローバル規制とリスク管理

茶野 努＋安田行宏 ［編著］

中央経済社

はじめに

　2019 年 12 月 8 日に武漢で発生した肺炎（COVID-19）が，2020 年 3 月現在，世界的な規模に拡散，パンデミックリスクが顕在化している。わが国でも安倍首相がイベント等開催の自粛，全国的な学校の休校を要請するなど社会的・経済的影響は大きくなっている。リスクマネジメントの軸足がリスク計測手法の確立やリスク管理体制の構築から，（今後起こりえるだろう）エマージングリスクの把握・対応へと移ってきている。新型コロナウイルスを巡る問題についてリスクマネジメント論の観点から雑感を述べてみたい（なお，4 月以降緊急事態宣言が発動 – 解除されるなどその後も目まぐるしく情勢は変化しているが，以下に述べた点を書き改める必要はないと考えている。）

　木村正人氏による 2020 年 2 月 19 日のブログ，『【新型コロナウイルス】習近平主席が責任逃れのアリバイ作りか「1 月 7 日に感染予防指示」の真相は闇の中』をもとに，発生当初の時間的経緯を整理してみたい（下線は筆者による）。

---

12 月 8 日： 武漢市が新型肺炎患者を報告。

12 月下旬： 武漢市内の複数の病院に連日，発熱などを訴える市民数百人が詰めかける。

12 月 31 日： 武漢市衛生健康委員会が「27 人が原因不明のウイルス性肺炎にかかり，うち 7 人が重症。人から人への感染はまだ見つかっていない」と発表。

1 月 7 日： 中国当局が新型ウイルスを検出。新型コロナウイルス（2019-nCoV）と名付けられる。

1 月 9 日： 中国疾病予防管理センター（CDC）が新型コロナウイルスの全ゲノム配列決定を公表。

1 月 11 日： 中国当局は初の死者を発表。華南水産卸売市場で買い物をしていた男性で，1 月 9 日に死亡。

1 月 14 日： WHO が記者会見で，武漢市で新型コロナウイルスが検出されたと認定。

1 月 15 日： 日本で武漢市滞在歴がある肺炎患者から新型コロナウイルスを確認。日本国内 1 例目。

1 月 20 日： 鐘南山氏[1]が「現在の統計によると，新型コロナウイルス肺炎は確実に人から人に感染している」と発言。中国衛生部が「人から人への感染」を認める。

1 月 23 日： 1100 万人都市の武漢市を閉鎖。中国当局が春節（旧正月）の関連イベントを中止。湖北省で集団隔離された都市の人口は合わせて 5600 万人。

1 月 30 日： WHO が緊急事態宣言。

2 月 11 日： テドロス氏が新型コロナウイルスの病名を「COVID-19」と命名。

　この記事では，中国政府の初動対応の遅れ，隠ぺい工作等々が報じられている。少なくとも，1 月 7 日には中国で肺炎を起こしているウイルスが特定化され，15 日には日本国内での患者を発見，20 日の時点において人から人への感染が認められている。したがって，それ以降，COVID-19 の日本国内での感染にどのように対応すべきかが，リスクマネジメント上の課題になったといえる。

　リスクマネジメントにおいて重要なことは，リスクファクター（ここでは，COVID-19）がどのような特性を有しているのか，そして，そのリスクファクターが経済・社会などにどのような影響を及ぼすか，「リスク感応度」を見極めることである。ところが，ニューリスクに関してリスクプロファイルを特定化することは容易ではない。ニューリスクは不気味さをともない出現し，人々は見えないものに対して不安心理を抱き，パニックを招来する。

　一般にリスクプロファイルを特定化する際には数値化して把握が行われることが多い。たとえば，金融リスクであれば，価格変動（ボラティリティ）を測るなどして，そのリスクの大きさを認識する。たとえば COVID-19 対策として死亡人数の最小化を目的関数としたとする。死亡者数は患者一人が何人にうつすかという感染力（基本あるいは実効再生産数）と致死率によって決まる（しかしながら，後述するように，爆発的な感性拡大時に死亡数を決定するのは単

1　SARS が流行した当時，広東省で広州市呼吸器疾病研究所の所長を務めていた鐘南山氏が，新型コロナウイルス専門家チームのリーダーになり，1 月 19 日に武漢市金銀潭医院を訪れ，人から人への感染が進んでいるとの認識を示す。

に「感染者数に致命率を乗じた数」ではなく，医師や看護師数・病床数・人工呼吸器数による「医療供給上限を超過した数」となる）[2]。しかし，感染力と到死率という二つのパラメータは確率変数であり，しかもニューリスクは発現当初その分布が未知[3]である点が恐怖を呼び起こす。そしてニューリスクへの対処のときにこそ，リスクマネジメントの真価が問われることになる。このときの要諦は，悲観的なシナリオにもとづいて，迅速に意思決定ができるかどうかにかかってくる。中国が封じ込めに比較的うまく成功したことを，一党独裁による強権的な国家体制に求める向きもある。民主的な国家では，国民の人権擁護の観点から思い切った施策がとりにくく，意思決定にかかわる調整コストがかかり過ぎる。これは，リスクマネジメントにおいて，組織における意思決定メカニズムの在り方，その背後にある組織文化が重要なことを示唆する。旧日本軍を米軍と対比しながらその組織論的な研究を行った，戸部ほか［1984］『失敗の本質』においては，合理性より情実に重きを置く属人的な意思決定，戦略的判断に欠く逐次的兵力投入が，旧日本軍を失敗へと導いたと指摘する。たとえばダイヤモンド・プリンセス号を巡っても，下船させた後に14日間隔離をせずに公共交通機関を使用して帰宅させ，その後陽性反応が出るなど対応の拙さが指摘された。同クルーズ船に関する一連の厚生労働省の対応は，自分たちは間違っておらず船内での隔離以降は二次感染が起きていないという楽観的見通しにもとづく，現実逃避にその因を求められる。これには旧日本軍の悪弊が戦後の官僚組織にも残っていることを連想させる。リスクマネジメントの有効性は組織論的観点から論ずべき課題といえる。

　また，ニューリスクではパニックによる市場システムの崩壊も対処すべき課題となる。複雑な仕組みをもった証券化関連商品の不透明性などが市場崩壊を生じさせたリーマンショックは記憶に新しい。今回の COVID-19 でいえば，中国やイタリアなどで死亡者数が多いのは医療システム崩壊，すなわち患者数に見合うだけの医師・看護師・医療器材が不足することによる。これは銀行取付（預金者が銀行に預金を引き出そうと殺到する行為）がシステミックリスク

2　高山［2020］をもとに下線部に加筆。

3　レボナト［2009］によれば，マルコビッツ『ポートフォリオ・セレクション（Portfolio Selection）』では「確率は事前にはわからない」ことが明記されているのは一か所だけで，あとの部分は既知のものとして記述がなされているという。すなわち，確率が既知でないとすれば，最適な資産選択にかかわる意思決定は極めて複雑となるか，できなくなる。

〔図表 0 − 1〕 ピークカット戦略

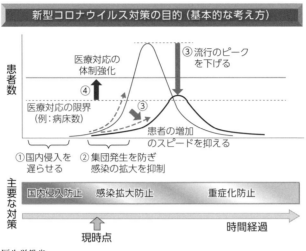

(出所) 厚生労働省。

（連鎖的な銀行破綻）を引き起こすのとよく似ている。金融システムにおいて
は預金保険機構などのセイフティネットが存在するが，医療システムでは同種
のものは存在しない点において被害は深刻となる（中国政府が武漢に突貫工事
で病院を建設したのは，中央銀行による LLR（最後の貸し手機能）に相当する）。
したがって，軽症患者までもが病院に押し寄せて病床数が足らず，医療システ
ムが棄損するのを防ぐことが肝要である。この点，わが国では PCR 検査の実
施が保健所を通した一元管理で他国よりも制限的との批判がある一方，それが
多数の患者が病院に殺到しシステミック・リスクの顕在化を防止できた可能性
も高い点を看過してはならない。

　つぎに，リスクマネジメントを行ううえでは，将来に対して見通しをもつこ
と，すなわち計測モデルによる予測が重要となる。**図表 0 − 1**はピークカッ
ト戦略（集団免疫）を図示したものである。ピークカットとは，医療システム
の崩壊を起こさないように，感染の爆発を防ぐ戦略である。そして，感染をコ
ントールしつつ，長期的に，国民の一定割合をコロナに罹患させることで，集
団免疫がつき終息するとの考え方である。それは**図表 0 − 2**のように免疫を
もつ人がウイルス感染拡大の壁となり，他人への伝染を防ぐからである。

　メルケル独首相は，専門家たちから得た情報によるとドイツの人口の 60 〜

〔図表０－２〕　集団免疫

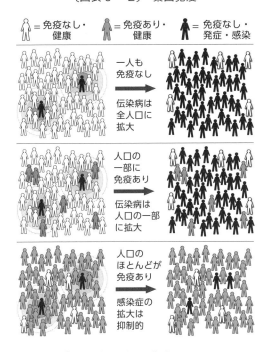

70パーセントがこのウイルスに感染する可能性があると述べた。これはある閾値に達すると、感染が蔓延し終息するからである。基本再生産回数R、集団内での感染に対して感受性のある人々の割合をSとすると、R×S＝1が定常状態を表す。免疫がある人の割合をpとするとSは（1－p）であるからp＝1－1/Rとなる。あるpの値が集団免疫の閾値であり、Rが低いほど閾値は低くなる。裏返して言うと、感染力が強いウイルスに対しては多くの感染者が出る必要があることを意味している。COVID-19のRが2の場合には閾値は50％であり、3の場合には67％となる。したがって、ドイツの専門家は3人程度に感染させる力があるとみていることになる。そして、集団免疫ができるまでの期間、すなわち、終息期間が問題となる。終息期間を決定するのが医療供給上限（**図表０－１**中の表現では「医療対応の限界」）である。重大要素の一つである人口呼吸器数から逆算すると3年くらいかかるとの意見も

ある[4]。

　同戦略の成否は，患者数の曲線を適切に予測しコントロールできるかにかかっている。統計的手法を用いた予測とは，あくまでも推定値であり確定値ではない。計測モデルを用いて予測できるのは曲線ではなく，曲線の「帯」ということであり，それは誤差を含んでいる。すなわち，上振れもすれば下振れもする。感染者数の予測モデルは，株価の時系列モデルと似ている面がある。株価も正の系列自己相関が強ければ（感染でいえばクラスター感染が多ければ）上がり続けるし，そうでなく定常性をもつときには上下動を繰り返しながら期待値（モデルが適切であればその予測値）が一定の値をとるような平均回帰過程に従うことになる。また，株価の予想も感染者数の予想も，ケインズのいう「美人投票」でいうところの人間の行動をどう予測するかにかかってくる。そして完全にコントロールするには，株式市場のサーキットブレーカーや都市封鎖（ロックダウン）のような強制力を伴う措置が必要となるのも同じである。このように，なぜリスクマネジメント論を学ぶ価値があるのかを問われれば，その根底にはデータに基づく統計分析があり，アナロジー（類推）の応用可能性が高いことにある。

　西内［2013］『統計学が最強の学問である』でも，「疫学の父」ジョン・スノウによる 19 世紀にロンドンで発生したコレラ予防の事例を用いて，防疫において統計分析が果たした効能の大きさを説いている。当時原因不明の病気で多数の死亡者が出ていたが，彼は汚染された水を飲んでいることによると推論した。そして，水道会社毎の死亡率データを収集，統計的に有意な差があることを明らかにし，ある水道会社の飲料水が汚染されていることを証明した。しかし，残念なことにわが国では十分な PCR 検査などが行われておらず，データ

4　現在ある人工呼吸器（＝人工呼吸器＋マスク専用呼吸器＋人工心肺（ECMO））数は 97,000 で，うち現在利用可能な数は約 6 万と推計される。医療崩壊を起こさないためには，6 万の人工呼吸器でまかなえるだけの患者数以下にコントロールする必要がでてくる。人工呼吸器を必要とするケースが 5 ％あるのだから，$60,000 \div 5\% = 120$ 万人の感染者であれば同時に医療がさばくことができる。120 万人は，人口の 0.96 ％である。これがピークカット戦略で一度に罹患できる理論最大値である。集団免疫を獲得するゴールは，国民の 70 ％程度が罹患する必要があるとされている。そこで，集団免疫が獲得できるまでの期間を計算する。重篤者は 15 日で人工呼吸器から回復できるとする。すると，人工呼吸器が 1 ヶ月に 2 回転できる。つまり，$0.96\% \times 2 = 1.92\%$／月 をさばくことができる。これをつかって $70\% \div 1.92\% = 36.4$ ヶ月となる。（サトウ ヒロシ［2020］より引用。一部修正。）

が多くない状況で信頼に足る統計分析を行い得るか，換言すると誤差が多い推計となっている懸念がある。この点で関連すると思われるのが，日本的意思決定過程の非論理性である。山本［1983］『「空気」の研究』によれば，日本においては「論理・データ」よりも「空気」が議論を支配すると指摘する[5]。サイパンへの特攻を到達不可能との判断から見送りながら，沖縄への大和特攻を決めたことについて，なぜ実行したのかと戦後聞かれた豊田連合艦隊司令長官が，『ああせざるを得なかったと答うる以上に弁疏しようとは思わない』と答えたことを引き合いに出して，「空気」を説明している。メール会議でも先に多数意見が形成されると，それが合理的ではなくても反対しづらいという雰囲気を感じた経験は誰しもあるのではないか。ではこの「空気」はどのように形成されるかに関して，山本氏は「臨在感的把握」（わかりやすくいえば，感情移入）と「対立概念による把握の欠如」にあるとする。前者は「鰯の頭も信心から」であり，後者は絶対化（精神的に譲れないものになること）を促すからである。COVID-19 に関しても同じような「空気」が醸成されている。その典型が蒲郡の事案[6]である。このウイルスは悪で，罹患して亡くなったのは天罰だとの書き込みがネット上に多数散見された。

　COVID-19 による肺炎の流行がどのような経緯をとり，どのように収束するかを予測するためには正しい疫学データが必要である。データに基づかない要請は，どうしても玉虫色にならざるを得ず，また対処法を自治体に丸投げすることになって，責任の所在が不明確になるという罠に陥ってしまう。それを回避するためには，インフルエンザの場合のようにランダムな地域から一定のサンプルサイズで軽症例を含む感染者数動向を把握する必要がある。3 月 21 日の原稿執筆時点では，「新型コロナが指定感染症とされているため，診断例はすべて入院させなければならない」ので，厚労省などは医療システムが崩壊するのを恐れて，PCR 検査の対象拡大には消極的であると言われる。しかしながら，PCR 検査によって感染者を見つけ出し，症状別に選別して，陽性者の

5　これは先述の『失敗の本質』の指摘をより詳細に分析している点で興味深い。
6　PCR 検査で陽性反応が出た 50 歳代の男性が，受け入れ先の病院が決まるまで自宅にいることを保健所から要請されたにもかかわらず，「ウイルスをまき散らしてやる」と家族に伝えて飲食店に行き，その従業員が感染，当該飲食店も多額の損害を受けたが，入院後に死亡したという事案。この男性が行った行動は社会規範に反するが，死亡したことを天罰だとするのはあまりにも理不尽である。

なかでも重篤者に対し集中的に処置をとることは合理的である。「大阪方式」[7]などの導入を行い重篤者への病床数を確保したうえで，PCR検査の対象を拡大することには価値があると考えられる。

　さらに人々のリスク認知（心理）も，ニューリスクについてはとくに重要となる。リスク認知がパニックを抑制するか，逆に拡大させてしまうかに関係するからである。夜宴での戯言に以下のようなものがある。「ある女子大生が夜はキャバクラでバイトしている」と聞くとふしだらに感じるが，「キャバクラ嬢が昼は大学で学んでいる」と聞けば，まじめに頑張っていると思ってしまう。これはまさに，行動心理学におけるアンカリング効果である。すなわち，最初に提示された数字や条件が基準となって，その後の判断が無意識に左右されてしまうという心理的現象である。これを新型コロナウイルスに置き換えると，「新型コロナウイルスの感染率は高いが，致死率は高くない」と強調すれば若者は自由に行動するであろうし，「新型コロナウイルスの致死率は高くないが，感染率は高い」と説明すればウイルスを伝染させてはいけないと思い，慎重に行動するかもしれない。マスコミやネットでの新型コロナウイルスの情報に振り回されて，人々の恐怖心が過剰に煽られると，当局者によって社会的に見て過度な対策が講じられるかもしれない。その結果として，金融恐慌や経済破綻などが起こりえる。リスク認知が行動を支配するので，リスクマネジメントにおける心理学的アプローチは重要な要素である。

　最後に，リスクマネジメント上最も関心があるのは，COVID-19が日本および世界経済や社会に及ぼす影響である。まず日本経済に及ぼす影響としては，中国人観光客減少によるインバウンド消費の急激な減退があげられる。つぎに，世界の工場である中国での部品生産が一時的に停止し，グローバルなサプライチェーンが停滞，わが国の工業製品などの生産に支障が生じるということである。最後は，日本でもCOVID-19の感染拡大の防止から経済活動の自粛が要請され，消費需要が落ち込むという最も懸念すべき状況がある。このような経

7　新型コロナウイルス感染者の増加を受け，大阪府では13日（2020年3月）に入院フォローアップセンターを立ち上げ，入院先の調整を開始した。今後患者がさらに増えた場合，感染症指定医療機関に入院するのは人工呼吸器などが必要な重症者に限られ，そこまで症状が重くない人は一般の病院に振り分けられる。さらに症状が軽い場合は，現在稼働していない病棟のベッドを活用。そして入院の必要がない軽症者については，自宅待機や宿泊施設で療養を行うことになる（J-castニュース［2020］からの引用）。

済の先行き不透明感は世界的な広がりを見せ，株価はリーマンショック以降で最大の下げ幅を記録した。一方で，テレビの某コメンテーターは，「COVID-19はいわば風邪で，インフルエンザの方が死亡者数も多く危険だ。東京オリンピックを控えて対外的な宣伝効果を狙って，学校閉鎖などを要請したのではないか？　感染予防効果も明らかではなく，行き過ぎている」と述べていた。これは極論かもしれないが的を射た議論でもある。リスクマネジメント上対策を講じる際には，成果を得るためにあるものを犠牲にしていること（「機会費用」）を看過してはならない。ローリスク・ハイリターンな金融商品（フリーランチ）が存在しないように，リスクとリターンはトレードオフである。この場合は，国民の健康と国民経済とが天秤にかけられることになる。方策を実施するかを判断するときに重要なのは，メリット・デメリットをできるだけ客観的に数量化し，その根拠を明確にすることである。この作業は非常に困難を伴うが，それがない場合，のちになってその判断が適切であったか否かの検証が行えない。ニューリスクにさらされたときには，意思決定のプロセスを記録し，その決断の根拠を残しておくことが必要となる。3月10日に，政府は「歴史的緊急事態」に指定することを決め，関連する会議の議事録の作成が義務付けられることになった点は評価ができる[8]。

　以上のように，リスクマネジメントは実務的な面が色濃く，また様々な分野との関連がある学際的な研究領域といえる。リスクマネジメントについて学ぶことが視野を広げてくれることに疑いの余地はない。

　本書は，『経済価値ベースのERM』を大幅に改訂したものである。前著は，保険業における経済価値ベースのソルベンシー規制への流れについて，その必要性とともに限界を明らかにし，ERMの実務的な進展の過程を明らかにすることに目的があった。しかしながら，教科書として使用するうちに，学生はリスクマネジメントの基本的な考え方を理解することがまず必要なこと，銀行業への興味が強いことなどから，大幅に修正・加筆をする必要性が高まった。

　そこで共編著者の安田先生と相談し，教科書的な色彩をより強くすることを企画，『基礎から理解するERM』として上梓することとした。銀行業の事情に精通している廉了（三菱UFJリサーチ＆コンサルティング），矢野聡（地銀

　8　5月29日の新聞報道によれば政府専門家会議の議事録は残されていないという。

ネットワークサービス）の両氏に新たに加わってもらい，旧友である SOMPO ホールディングスのグループ CRO 伊豆原孝氏にも執筆を頂いた。編者である 茶野はリスクマネジメントの基本的な考え方，安田は流動性リスクマネジメントについて書き下すことにした。

　以下，各章の内容を概説する。第 1 章では，リターンとリスクは表裏の関係にあって，自己資本はリスクバッファーとなり，ERM 経営ではこれらを総合的に管理し，プライシングや資源配分などの意思決定に組み込む必要があることを説く。また，ファットテイルリスクがある場合，平均・分散アプローチには限界があることが示される。さらに，リスク（＝分散の大きさ）を計測するよりも，リターン予測（＝トレンド）の見極めが意思決定に対して圧倒的な影響をもち，さまざまな定量的・定性的情報を活用した総合的な判断を重視する必要があることを指摘する。

　第 2 章では，最近の銀行規制強化に関して，リーマンショックの発生とバーゼルⅢの導入についてわかりやすく解説している。バーゼルⅢでは，これまでも導入してきた自己資本比率規制をより厳格化するだけでなく，レバレッジ比率規制や流動性規制などが導入された。また，“グローバルなシステム上重要な銀行（G-SIBs）”を指定し，各種規制の基準を G-SIBs 以外の銀行よりさらに厳しい基準を設定し遵守を求めている。バーゼルⅢは過度になっており，今後，当局は規制の効果について検証し，見直す必要もあろうと述べている。

　第 3 章では，経済価値ベースの考え方を軸に，EU，米国，日本のソルベンシー規制の展開や，国際的な保険のソルベンシー規制の検討状況を概説している。経済価値ベースのソルベンシー評価の下では，資産と負債が市場整合的に評価されることから，経営行動の成果がストレートに反映され，リスクカルチャー醸成に繋がるという利点があると主張する。また，経済価値ベース評価の特徴として，経済環境の変化に対する資産・負債のミスマッチを受けて数字が不安定になる傾向があるので，行政介入ツールとして規制に導入する場合には，数字の不安定性を考慮した監督実務が必要になると述べている。

　第 4 章は，銀行のバーゼル規制の動向とリスク計測・管理手法の精緻化の関係についてまとめたのち，今後の ERM の進展について論じている。VaR 法にはさまざまな限界があるため，期待ショートフォールなどの手法も開発され，ストレステストを経営に活用することが重要となっている。また，ERM の態勢整備には計測手法の高度化のみならず，リスクガバナンスの向上や組織内の

リスクカルチャーの醸成が望まれる。

　第5章では，銀行の流動性創出機能について，流動性リスクと信用リスクや自己資本との関係などに関する学術的研究を中心に概観している。銀行の存在意義である資産変換機能に関して，流動性規制の強化による流動性の増加と流動性創出の機能の低下のトレードオフの問題があること，また，流動性比率規制と自己資本比率規制が銀行のリスクテイク抑制手段としてどのように位置づけられるかを論じている。

　第6章は，地方銀行が抱えるリスクとリスクマネジメントの取組みについて説明する。地方銀行は地域経済に依存しており，地方銀行にとって最大のリスクである人口減少や，地域経済の縮小への対応策である経営統合や融資姿勢などについて，行政当局との見解が一致しないケースも見られる。今後は，行政当局との対話を通じて，地銀各行に適正なリスクマネジメントのノウハウが蓄積されていくことが期待される。

　第7章は，生保のERMについて，銀行との比較を通じてその特性を明らかにする。銀行は信用供与，生保は保険引受を収益源としており，リスクマネジメントの観点からは，銀行は信用ポートフォリオの管理，生保は評価が困難な保険引受リスクを含むより広範囲なリスク評価が必要である。とくに資産負債管理（ALM）の観点からは，契約が長期にわたり，かつ多様なオプション性をもつ生保は，金利リスクを含めリスクマネジメント実務がより困難であると指摘する。

　第8章は，損保のリスクマネジメントの全体像を眺めつつ，保険引受けリスクの中でも損保事業に特有で，かつテールリスクをもつ巨大自然災害リスクとその管理手法について説明する。当該リスクの把握のためのリスク計測モデル（キャットモデル）構造とヘッジ手段としての再保険スキームについて紹介したうえで，キャットボンドなどの資本市場キャパシティの流入によって進んでいる再保険市場の構造変化について述べた後，今後の方向性を示唆している。

　第9章は，近年，ERMの導入・高度化に積極的な日本の上場保険会社と，早くからERMに取り組んできた欧州大手保険会社による関連情報開示の現状を分析し，開示によって期待される効果を考察する。欧州では，定量的な開示で日本よりも充実した事例が見られるほか，定性的な開示は量・質ともに充実しているという。ERM関連情報の開示によって，企業活動の成果だけではなく経営プロセスを伝えることや，投資家による保険事業への理解を深めること

を通じ，企業価値評価の適正化につながることが期待できると述べている。

　第10章は，最高リスク責任者（Chief Risk Officer，CRO）による ERM 論である。SOMPO グループでは，ERM を「戦略的リスク経営」と称し，経営のためのナビゲーターの役割として位置付けている。そして，「お客さまの安心・安全・健康に資する最高品質のサービスを提供し，社会に貢献する」ことを経営理念としてあげている。経営理念が大義であり，経営すべての基本である。リスクマネジメントも，経営理念を守るためにあるといっても過言ではないとする。同グループでは，この理念を実現するために，ERM が目指す姿や基本的な考え方となる「ERM ビジョン」を策定し取り組んでいる。

　最後に，中央経済社の浜田匡氏からは出版に際し有益なアドバイスを頂戴した。ここに篤く御礼を申し上げたい。また，リスクマネジメントと組織論，行動心理学との関係については，次回改訂の機会があれば是非とも取り上げたいと思うトピックスである。なお，本書は武蔵大学から出版助成を受けており，改めて感謝を申し上げたい。

筆者を代表して

茶野　努

《参考文献》

木村正人［2020］，「【新型コロナウイルス】習近平主席が責任逃れのアリバイ作りか「1月7日に感染予防指示」の真相は闇の中」（2020年2月19日）。
　https://blogos.com/article/437038/

サトウヒロシ［2020］，『ピークカット戦略（集団免疫戦略）地獄への道は善意で舗装されている』。
　https://medium.com/@bigstone/only-containment-is-the-option-e689ba0b22ef

高山義浩［2020］，『【新型コロナ】致命率の国際比較から読み解く，被害を減らすためにすべきこと』（2020年3月29日）。
　https://www.huffingtonpost.jp/entry/story_jp_5e802491c5b6256a7a2c0b9f

戸部良一・寺本義也・鎌田伸一・杉之尾孝生・村井友秀・野中郁次郎［1984］，『失敗の本質─日本軍の組織論的研究─』ダイヤモンド社。

西内啓［2013］，『統計学が最強の学問である』ダイヤモンド社。

山本七平［1983］，『「空気」の研究』文藝春秋。

リカルド・レボナト［2009］,『なぜ金融リスク管理はうまくいかないのか』茶野努・宮川修子訳, 東洋経済新報社（R. Rebonato［2007］, *Plight of the Fortune Tellers : Why We Need to Manage Financial Risk Differently.* Princeton University Press）。

J-cast ニュース［2020］,「新型コロナ対策『大阪方式』が素晴らしい！　感染者を明確に 4 段階にわけ, ガラガラのホテルまで隔離施設に活用」（2020 年 3 月 17 日 11 時 22 分）。

https://www.j-cast.com/tv/2020/03/17382391.html

目　次

第1章

ERMとは何か，どこへ進むのか？

茶野　努

【要　旨】

　ERMとは，収益（リターン），リスク，資本を総合的に管理することである。意思決定において，リターンのみを判断基準にするのではなく，リスク調整済みリターンを見なければならない。リターンとリスクは表裏の関係にあって，自己資本はリスクバッファー（リスクの緩衝材）となる。これらを総合的に管理し，プライシングや資源配分などの意思決定に組み込む必要がある。

　基本的な投資理論に，リターン・リスクを平均・分散によって把握する2パラメータ・アプローチがある。しかし，ファットテイルリスク（頻度は小さいけれども大きな損失を被る可能性）を無視できない状況では，同アプローチには限界がある。意思決定を行ううえでの「魔法の公式」など存在しない。ファイナンスやリスクマネジメントの理論を学ぶ必要があるのは，まさにソクラテスの「不知の自覚（無知の知）」である。

　最後に，ERM実務においてはリスク（＝分散の大きさ）を計測することよりも，リターン予測（＝トレンド）の見極めが意思決定に対して圧倒的な影響をもつ。また，確率をどのように見積もるかも重要である。確率には客観的（頻度主義）確率と主観的（ベイズ）確率がある。金融危機が発生する状況，すなわち時間不変性が低く・事象希少性が高い時には，客観的（頻度主義）確率は役に立たない。さらに金融危機時には分散効果の源泉となる相関構造も安定的でなくなる。リーマンショックでは，諸リスク間で正の相関が急速に強まった。これらの問題を解決するためには，リスク計量化手法に過度に依存せず，さまざまな定量的・定性的情報を活用した判断を重視する必要がある。

Keywords　リスク調整済みリターン，サイロ・アプローチ，平均・分散アプローチ，損益分布曲線，ファットテイルリスク

　本章の目的は，ファイナンス理論やリスクマネジメント論などに馴染みのない初学者に ERM とは何かを理解してもらい，今後どのような方向に進むのか，その方向性を示すことにある。ERM とは，収益（リターン），リスク，資本を総合的に管理することである。

　たとえば，林・茶野監訳［2016］『戦略的リスク管理入門』では，「ERM は，事業目的を達成しつつ，収益の変動（リスク）を最小化し，企業価値を最大化するために，主要リスクを管理するための包括的かつ統合的枠組みである」と定義されている。

1　ERM とは何か

1.1　リスクとリターンは表裏一体

　いま，投資プロジェクト A 〜 E があり，図表 1 − 1 で示されるような関係にあることが把握できたとする。同図表は横軸にリスク，縦軸にリターンをとっている（なお，リスク，リターンをいかに計測するかは次節で詳説する）。リターンをあげるためにはリスクをとらなければならない。投資プロジェクト A 〜 E が右上がりの関係にあることが，そのことを示している。

　このときリターンのみをみれば投資プロジェクト E が望ましい選択となる。しかし，投資プロジェクト E はリターンをあげるためにリスクを過度にとっ

〔図表 1 − 1〕　リスク調整済みリターン

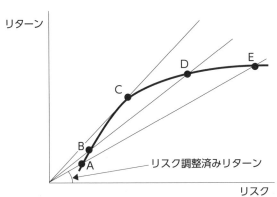

（出所）林・茶野［2016］より引用。

〔図表1－2〕　リスクバッファーとしての自己資本

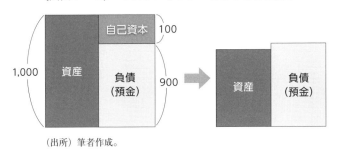

（出所）筆者作成。

ている。われわれが投資判断の基準とすべきは，リスク1単位当たりのリター
ン，すなわちリスク調整済みリターンである。リスク調整済みリターンはリター
ン／リスクであるから，その大きさは投資プロジェクトA～Eの各点から原
点に引いた直線の傾きとして表される。リスク調整済みリターンをみると，そ
れが最大となる投資プロジェクトCを選択することが最適な意思決定となる。

　以上，見てきたように，われわれが投資などを行う際には，リターンのみを
判断基準にするのは適切ではなく，リターンとリスクを両睨みしながら意思決
定すべきである。リターンとリスクは表裏の関係にあって，ERMは単なるリ
スク管理ではなく，必然的に収益（リターン）・リスク管理となる。

1.2　自己資本はリスクバッファー

　つぎに，自己資本はリスクバッファー，リスクの緩衝材であることを説明し
よう。ここでいうリスクとは資産価値の下落を指す。いま，資産額1,000，負
債（預金）額900，自己資本額100である銀行を考える。銀行は預金を集めて，
それを貸付に回すことで利益を上げることができるが，貸出先の企業が事業不
振に陥り破綻に至ることがある。その場合，銀行の資産額は減少する。この資
産額の減少が50であれば，自己資本で吸収できる。

　ところが，多数の貸出先企業が倒産し，資産の減少額が150となってしまっ
た場合はどうなるであろうか。銀行は資金の出し手である預金者に対し，「貸
付に失敗したので，預金を減額してほしい」とは言えない。このとき，銀行も
また破綻する。それは資産価値の減少を自己資本によってカバーしきれないか
らである。このように自己資本はリスクを吸収する緩衝材として機能する
（図表1－2）。

1.3　サイロ・アプローチから統合的アプローチへ

　最後に残されたのは，総合的，包括的，統合的という言葉が何を意味するか
である。30 年ほど前の金融機関では，貸付業務のリスク管理は審査部，株式
投資のリスク管理は株式運用部などが個別に行い，それを運用企画部が統括す
るという体制が一般的であった。これには大きな二つの問題がある。すなわち，
運用企画部には収益向上とリスク管理の相反する機能が同時にあり，牽制機能
が働かないという点である。また，リスク管理の実質的主体は審査部などの個
別部門であり，全社的に過剰なリスクをとっていないか，あるいは逆に過剰な
リスクヘッジをしていないかなど，誰が全体整合性を確保しているのかが明確
ではない点である。このようなリスク管理組織が未分化かつ縦割りであり，リ
スク移転戦略も取引レベルや個別リスクごとに行われてきた手法をサイロ・ア
プローチという。

　また，対象となるリスクの範囲が広がっている点にも留意が必要である。当
初は，信用リスク（取引先などが債務を履行しないリスク）や市場リスク（市
場価格や金利変動のリスク）を計測するということが基本的であったが，規制
対応という観点からオペレーショナル・リスク（人・プロセス・システムがう
まくいかない，あるいは地震や火災など外生的事象が企業に損害を与えるリス
ク）に計測対象が拡大されてきた。リーマンショックにより，流動性リスク
（適時に適切な条件で必要な資金調達ができない，あるいは資産などを売却で
きないリスク）にも注目が集まった。

　さらには，計測手法が確立していない，事業リスク（事業成績などが経営陣や
株主の期待どおりにならないリスク），戦略的リスク（M&A，製品開発などの
事業戦略が失敗するリスク），およびコンプライアンスリスク（企業が法律や
規制を破るリスク）までも取り込んでいこうとする動きがある。これ以外にも，
企業のブランドや評判が損害を受ける，レピュテーションリスクもある。企業
が直面するこれらのリスクは，きわめて相互依存性が強いという特徴がある。

　これらに対処するため，ERM では以下のような統合が行われる必要がある。
① 組織的な統合。取締役会が適切な判断および対応を実施できるように，全
社的なリスク状況を把握し報告する，リスク管理統括部のような組織が必要で
ある。② リスク移転戦略の統合。企業内のすべての種類のリスクについて残
余リスクだけを，デリバティブなどを利用し合理的にヘッジする。③ リスク

管理プロセスの事業意思決定への統合。単にリスクを管理するというのではなく，それがプライシングや資源配分等の事業成果に結びつく意思決定に組み込まれる必要がある。

2　伝統的なファイナンス理論

2.1　平均・分散アプローチ

　伝統的なファイナンス理論に，マルコビッツの平均・分散アプローチがある。同手法ではリターンを収益分布の期待値，リスクを分散で測り，その二つのパラメータをもとに投資の意思決定を行う。ここで，期待値は確率変数 (x) をその対応する確率 (p) で加重平均したものである。

$$\mu = p_1 x_1 + p_2 x_2 + \cdots\cdots + p_n x_n = \Sigma p_i x_i \tag{1-1}$$

　一方，分散は，期待値を中心としてどの程度結果がばらついているかを示す。

$$\sigma^2 = p_1 (x_1 - \mu)^2 + p_2 (x_2 - \mu)^2 + \cdots\cdots + p_n (x_n - \mu)^2$$
$$= \Sigma p_i (x_i - \mu)^2 \tag{1-2}$$

　期待値は，宝くじにいくら支払うかという問題に置き換えると理解しやすい。その宝くじにいくらなら払えるかというのは，その宝くじからいくらの収益を得られるかを予想することになる。たとえば，**図表1－3**のような賞金と当たり本数からなる宝くじが売り出されたとする。

〔図表1－3〕　宝くじの例[1]

	賞金	当たり本数	当選確率
1等	1,000万円	1本	1／100
2等	100万円	4本	4／100
3等	10万円	10本	10／100
はずれ	0円	85本	85／100
計		100本	

（出所）筆者作成。

1　図表1－3，図表1－4の数値例は下和田［2004］を参考に作成した。

　同図表を一目見ただけでは情報量が多過ぎて，判断はできない。最初に思いつく直感的方法は，賞金額にそれが当たる確率を掛けて，すべてのケースを足し合わせることである。すなわち，以下のようになる。

　1,000万円 ×（1/100）+ 100万円 ×（4/100）+ 10万円 ×（10/100）
+0円 ×（85/100）= 15万円

　期待値を計算することで，この宝くじは15万円に値するのかという判断に置き換わる。すなわち，この宝くじを15万円出して購入しますか？　と。

〔図表1-4〕　株式投資の例

収益額	確率（%）	
	A株式	B株式
- 5,000,000	0	10
100,000	25	12.5
500,000	70	52.5
1,000,000	5	15
5,000,000	0	10

（出所）筆者作成。

　つぎは，これを株式投資の問題に拡張してみよう。株式と宝くじの大きな違いは，株式投資の場合は買値より売値が安くて損をしてしまう可能性があるところである。いま，収益額とそれを得られる確率がわかっている，**図表1-4**のような株式Aと株式Bがあるとする。

　先ほどと同じように期待値を計算すると，株式A，Bともに425,000円になることはすぐに確認できる。同じリターンが得られるのであれば，どちらの株式に投資するのが正解だろうか？　ひとつは，株式Aは500万円損をする確率がゼロであるのに対して，株式Bはその確率が10%あるという点に着目する見方である。すなわち，株式Bは損をする可能性があるのに株式Aはない，したがって株式Aに投資するという考え方である。もう1つは，収益額の拡がり方に注意を払うやり方である。すなわち，株式Aは10万円〜100万円の幅に収まっているのに対して，株式Bはマイナス500万円〜500万円というより広い幅の中にある。厳密さにやや欠くが，この分布の幅が分散といえる。もし株式Aでも損をする可能性がある場合には後者の方が有用であり，分散をリスク尺度として活用すればよい。

　(1-2) 式をもとに分散を求めると，株式 A が 46,875,000,000 円となり，株式
B が 5,101,875,000,000 円となる。各収益額と期待値との差（$(x_i - \mu)$），これを
偏差という。いわゆる「偏差値」を思い出せばよい。自分が分布の中心にいれ
ば，偏差値は 50 である。梃子でいえば，期待値は支点であり，支点からどれ
だけ離れているかを表している。偏差は正・負値をとるので単純に足し合わせ
ることは意味がないので，偏差の二乗をその発生確率で加重平均して計算した
ものが分散である。分散は値が大きくなるので，その平方根をとって一次の数
値である標準偏差に戻すと実感しやすい。株式 A の標準偏差が 216,506 円，株
式 B は 2,258,733 円となる。以上から，両株式のリターンは 425,000 円と同じ
であり，一方，株式 A のリスクは 216,506 円なのに対して，株式 B のリスク
はその 10 倍近くの 2,258,733 円である。リスクを回避するのであれば株式 A
に投資するのが合理的だとの結論が得られる。

2.2　ポートフォリオ選択

　いままで「どの株式」に投資すべきかを考えてきた。しかし，「いくつかの
株式を組み合わせる」ことで全体的なリスクを軽減できる。それがポートフォ
リオ選択の問題である。その際に重要になるのは，組み合わせる株式の価格が
同じように変化するのか，異なった動きをするのかという相関係数の概念であ
る。

　株式 n（$n=1,2$）のリターンが r_n，リスクが σ_n^2，投資割合が w_n，相関係数
が ρ_{12}（$-1 \leqq \rho_{12} \leqq 1$）で表されるとき，両株式を組み合わせたポートフォリ
オのリターン（μ_p）とリスク（σ_p^2）はそれぞれ，

$$\mu_p = w_1 r_1 + w_2 r_2 \tag{1-3}$$
$$\sigma_p^2 = w_1^2 \sigma_1^2 + w_2^2 \sigma_2^2 \underline{+ 2 w_1 w_2 \sigma_1 \sigma_2 \rho_{12}} \tag{1-4}$$

となる。式 (1-3) のとおり，株式 1，2 への投資割合を変化させると，ポー
トフォリオのリターンは線形的に変化する。一方，相関係数 ρ_{12} は，株式 1 と
2 が同じに変化する（正の相関）ときには 1，株価が反対の動きをする（負の
相関）ときには相関係数 ρ_{12} が -1 となる。したがって，式 (1-4) をみると，
負の相関をするときは最後の項が負値をとって，ポートフォリオのリスクを小
さくできる組み合わせとなる。

　ここで例題をみよう。株式 1 のリターンが 1 ％，分散が 16，その投資割合
が 40％，株式 2 のリターンが 3 ％，分散が 25，その投資割合が 60％とする。

〔図表1－5〕 二つの株式：どちらが有利か？

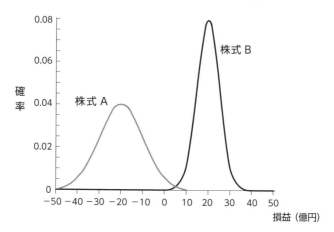

(出所) 茶野・宮川訳〔2009〕をもとに修正。

このとき，このポートフォリオの期待リターンは，$\mu_p = 0.4 \times 1\% + 0.6 \times 3\%$ $= 2.2\%$となる。ポートフォリオの期待リターンは，投資割合が決まれば一意的に決まる。では，ポートフォリオのリスクはどうなるか？ もし，両者の相関係数が1であれば，$\sigma_p^2 = (0.4 \times 4 + 0.6 \times 5)^2 = 21.16$となる。一方でもし，相関係数が－1であれば，$\sigma_p^2 = (0.4 \times 4 - 0.6 \times 5)^2 = 1.96$となって，リスクは10分の1近くになる。このように株価が反対の動きをするものを組み合わせることによって，ポートフォリオのリスクを低減できる。

3 ファットテイルリスク

しかしながら，平均・分散アプローチだけではリスク管理には限界がある。それがファットテイルリスクの存在である。ファットテイルリスクがあるとは損益分布曲線に歪みがあり，頻度は小さいけれども大きな損失を被る可能性を無視できない状況のことを指す。

いま，**図表1－5**のような損益分布曲線で表される株式Aと株式Bがあるとする。損益分布曲線とは横軸に損益額，縦軸に確率をとったグラフである。株式Aは平均的に20億円の損失が予想され，リスク（＝分布の幅）が大きい。一方で，株式Bは平均的に20億円の利益が予想でき，リスクは小さい。これ

は先ほどの**図表1－4**の類似例を，損益分布曲線という直感的に理解しやすい表現に代えたものに過ぎない。

【問題1】　**図表1－5**のような株式AとBが存在した場合に，われわれはどちらに投資すべきであろうか？

【解答1】　株式B。なぜならば，株式Bはリスクが小さく，リターンが高いからである（二つの損益分布曲線が一点で交差しているときには，どちらか一方が絶対的に優位な状況にある）。

　しかしながら，市場が効率的であれば，このような状態はすぐに解消される。なぜならば，誰もが株式Bのほうが株式Aよりも良い投資対象だと気づくので，株式Bを買って株式Aを売る。よって，株式Bの株価は上昇し，株式Aの価格は下落して，株式Bは利益が出にくくなり，逆に株式Aは利益が出やすくなる。すなわち，効率的市場では裁定取引によって，このような絶対的に優位な関係はなくなる。

　その結果，両株式の関係は**図表1－6**のように変わるだろう。株式Aのリターンは株式Bよりも高いが，株式Aのリスクも同様に株式Bよりは高い（二つの損益分布曲線は二点で交差していて，両者に絶対的な優劣関係はない）。

〔図表1－6〕　二つの株式：どちらが有利か？

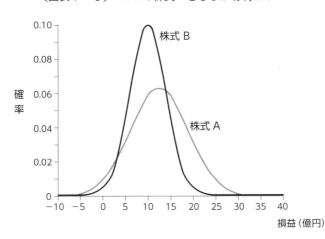

(出所)　茶野・宮川訳［2009］をもとに修正。

【**問題2**】 株式ＡとＢの関係が**図表１－６**のようになったとき，われわれはどちらに投資すべきであろうか？

【**解答2**】 投資家のリスク回避度（効用関数の形状）による。すなわち，リスクをとってもリターンが大きい株式を好む傾向の強い人は株式Ａを選び，リターンは小さくてもリスクを回避したいという思いの強い人ほど株式Ｂを選ぶだろう。

　これまでは損益分布曲線が左右対称であることを前提として議論を進めてきた。これは平均がゼロだとすると，利益も損失もその金額と発生確率が同じだと仮定していることになる。果たして，すべての金融取引がそのような特質を備えているであろうか。相場が安定している時期であれば，株式投資はそのような形に近い形状をしているかもしれない。しかし，ブラックマンデーやリーマンショックのような金融危機が起これば，そうではなくなる。

　さらに，融資（とくに固定金利の貸付）やオプション取引は，その取引の性質上，損益分布曲線が左右対称になることはない。たとえば，100億円を1億円ずつ小口に分けて100社に固定金利5％で貸し出したケースを考えてみよう。この場合，一社も破綻に至らなければ5億円の収益があがる。そのようなことは稀で，融資先企業の何社かは倒産するであろう。たとえば，3社がつぶれて貸付金を全く回収できなければ，収益は1億8,500万円（＝4億8,500万円－3億円）になる。さらには，100社全部が一斉に倒産して貸付金が回収できず，100億円の損失を被ることも，確率はゼロに近いけれども想定はされる。そのとき，損益分布曲線は**図表１－７**のように歪んだ形になる。

〔図表１－７〕　融資の損益分布曲線

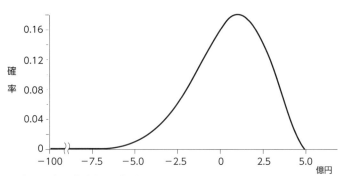

（出所）茶野・宮川訳［2009］をもとに修正。

〔図表 1 － 8〕　ミラー・イメージ（平均・分散が同じ対称的な分布）

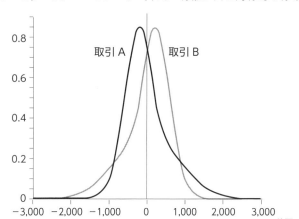

（出所）茶野・宮川訳［2009］をもとに修正。

　オプション取引は，将来における売買価格を現時点で予め決めておくという点では先物取引と同じであるが，その売買を行うかどうかは「権利」であって「義務」ではないという点が決定的に異なる。すなわち，先物は自分が損をするような状況になっても，予め決めた売買価格で契約を履行しなければならない。しかしオプションは選択権だから，自分が損する場合は権利を行使せず，自分に益が出るときにだけ権利を履行すればよい。いわば，オプションは負けのない契約なので，それを只で請け負ってくれる人は存在しない。そこで，オプションを購入するためには，オプション・プレミアムを払う必要がある。オプションは，保険だと考えればわかりやすい。オプションの買い手は保険加入者で，少ない保険料（＝オプション・プレミアム）で大きな補償金を受ける権利を得る。反対にオプションの売り手は保険会社であり，少ない保険料収入の割に大きな損失を被る可能性を抱えている。

【問題 3 】　取引Ａと取引Ｂの関係が**図表 1 － 8** のようになったとき，われわれはどちらの取引を好むか？　ただし，取引Ａと取引Ｂは平均と分散が同じである。
【解答 3 】　実験をすると取引Ａを好む人が圧倒的に多い。

〔図表1－9〕　平均・分散が同じ二つの分布

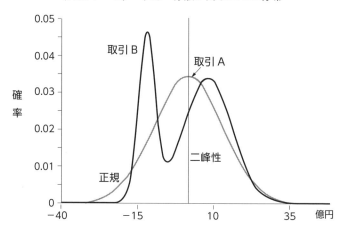

（出所）茶野・宮川訳［2009］をもとに修正。

　取引Aはわずかな保険料を支払い，いざというときに大きな補償金を得る保険加入者のポジションであり，取引Bは少ない保険料収入に比べ大きな損失を被る可能性がある保険会社のポジションである。**図表1－8**のような分布はファットテイルと呼ばれ，平均・分散だけでなく歪度や尖度でもって，その特性を見ることになる。取引A（B）は正（負）の歪度をもっていて，負の歪度が大きい取引Bは損失（左側）の裾野が広がっている。また，尖度が0よりも大きいと正規分布よりも裾が広い，ファットテイルとなる[2]。以上は平均・分散という二つのパラメータだけでは適切な判断ができない場合があること，すなわち平均・分散アプローチの限界を示している。

　さらに議論を進めて，いま，ある銀行が株式に投資する取引と，オプションの売りと買いを同時に行った取引のどちらが良いかという問題に直面しているとする。前者の損益分布曲線は**図表1－9**の取引Aのような正規分布になり，後者のそれは取引Bのような二峰性分布となる。両者の平均・分散は同じである。ところが，二峰性分布における平均・分散といった統計量と正規分布（のような一峰性分布）の統計量とを比べること自体に意味がない。損失の可能性に着目すると，取引Aは20億円を上回る確率が取引Bよりも高いが，一方で，

2　正規分布の尖度を0と定義した場合（3と定義するときもある）。

15億円を上回る損失を被る確率は取引Aのほうが取引Bよりも圧倒的に高い。このようなリスクの違いを，統計量のみから把握することは困難である。

　こうなると意思決定を行う上での「魔法の公式」など存在しないことは明白となる。ではなぜ，われわれはファイナンスやリスクマネジメントの理論を学ぶ必要があるのか？　まさにソクラテスの「不知の自覚（無知の知）」である。「他人は知らないのに知っていると思い込んでいるのに対して，自分は知らないのでそのとおり知らないと思っている。なにかそのほんの小さな点で，自分は他人よりも知恵があるようだ。つまり，自分は，知らないことを知らないと思っているという点で」（納富訳［2012］の一部表現を変更）。人は知らないことをわかっていると，謙虚になり慎重な判断を下すことができる。

4　何が重要か，どこへ進むのか？

4.1　リターン予測の重要性

　ERMはリスク管理であるが，その裏返しとして収益管理であることを最初に説明した。ERMにおいてはリスクの定義やその計測手法が重要であると思われがちであるが，より決定的なのはリターンの予測である。そのことを債券投資の事例をもとに説明しよう。

　いま，満期1年，クーポン（利息）が6万円，償還額が100万円の利付債があるとする。金利が4％，6％，8％のとき，この利付債の債券価格は，

① 　金利4％のとき　（100＋6）／（1＋0.04）＝101.9万円
② 　金利6％のとき　（100＋6）／（1＋0.06）＝100万円
③ 　金利8％のとき　（100＋6）／（1＋0.08）＝　98.1万円

となる。①，②，③の関係をみると金利の上昇は債券価格を下落させる。

　つぎに満期が長い債券としてコンソル債を考える。コンソル債は，英国で発行されている永久に一定額のクーポンが支払われる債券のことである。クーポンC，金利r％のコンソル債の価格Pは，

$$P = C / (1 + r) + C / (1 + r)^2 + C / (1 + r)^3 + \cdots\cdots \quad (1\text{-}5)$$

となる。(1-5)式の両辺に $1 / (1 + r)$ を掛けると

$$P \times 1 / (1 + r) = C / (1 + r)^2 + C / (1 + r)^3 + \cdots\cdots \quad (1\text{-}6)$$

で，(1-5)式から(1-6)式を引くと，

$$(P \times r) / (1 + r) = C / (1 + r) \qquad \therefore P = C / r \quad (1\text{-}7)$$

となる。(1-7)式は，コンサル債価格と金利を掛けると一定額（C：クーポン）になることを表していて，両者は反比例の関係にあることがわかる。いま，クーポンが6万円のコンサル債価格は，金利が4％，6％，8％のとき，

④　金利4％のとき　　　6／0.04　＝150万円

⑤　金利6％のとき　　　6／0.06　＝100万円

⑥　金利8％のとき　　　6／0.08　＝ 75万円

と変化する。④，⑤，⑥の関係をみると，コンサル債においても，当然ながら金利の上昇は債券価格を下落させるが，その変化幅が大きいことが確認できる。すなわち，長期債ほど金利変動リスクが大きい。金利がわずかに変化したときに，債券価格がどれだけ変化するかという尺度が（修正）デュレーションである。一般的に満期期間の長い債券の方が短い債券よりも（修正）デュレーションが大きな値となり金利変動リスクが大きい。

　図表1－10は，二年債，五年債および十年債のそれぞれの予想収益分布を表している。

【問題4】 二年債に相当するのは，**図表1－10**のうちどの債券か？ また，どの債券に投資すべきか？

【解答4】 債券Aが二年債である。債券Aは他の債券に比べて分散が小さい（＝リスクが低い）ので，最も満期の短い債券である。そして，期待収益額はいずれの債券も0なので，リスクの一番小さい二年債に投資するのが良い。

　しかしながら，**図表1－10**の計測に際しては，金利がどう変化するのかというトレンドが含まれていない。今後において金利は低下するだろうとの前提条件を加えたときには，どうなるであろうか？　**図表1－11**が，その状況を示している。金利が低下するとの前提をおくということは，今後，債券価格が

〔図表1－10〕　債券投資のリスク（金利変化のトレンドを含まない場合）

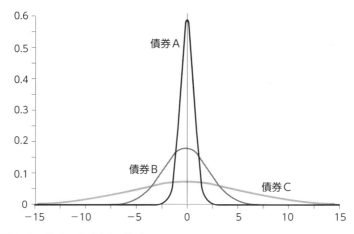

（出所）茶野・宮川訳［2009］をもとに修正。

〔図表1－11〕　債券投資のリスク（金利変化のトレンドを含む場合）

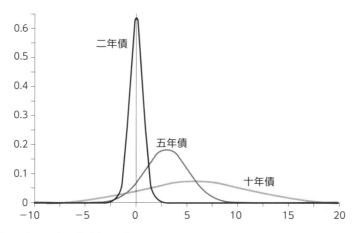

（出所）茶野・宮川訳［2009］をもとに修正。

【問題5】　さて改めて，どの債券に投資すべきか？
【解答5】　十年債はハイリターン・ハイリスク，二年債はローリターン・ローリスクであり，どの債券が望ましいかは一概には言えない。

上昇するとの前提をおくのと同じである。また，先ほどの説明からもわかるように満期の長い十年債ほど価格の上昇幅は大きくなる。

　以上の例は，ERM 実務においてはリスク（＝分散の大きさ）を計測することよりも，リターン予測（＝トレンド）の見極めが意思決定に対して圧倒的な影響をもつことを示唆する。また本例では，金利下落＝債券価格上昇を前提とすることが目に見える形になっている。しかしながら，企業全体で収益シミュレーションを行う場合には，前提条件が複雑になって結果との因果関係が見えにくくなり，結果のみに目が奪われがちになると判断を誤ることにつながる。

4.2　確率・相関関係の不安定さ

　いままでの議論では損益分布曲線の形状は明確であった。すなわち，意思決定に際して確率は既知であるとされてきた。Rebonato ［2007］によれば，マルコビッツ『ポートフォリオ・セレクション（Portfolio Selection）』でも「確率は事前にはわからない」ことが明記されているのは一か所だけで，あとの部分は既知のものとして記述がなされているという。

　しかしながら，実際に ERM 実務を行う際には，確率をどのように見積もるかが重要である。確率には大きく分けて 2 つの種類がある。1 つが客観的（頻度主義）確率で，もう 1 つが主観的（ベイズ）確率である。典型的な客観的確率は，ある事象が起きる頻度の観測結果にもとづいて，無限回繰り返した際の極限値として定義される。サイコロを無限回投げると，1 が出る確率は 1/6 に収束していくという考え方にもとづく確率である。しかしながら頻度主義の場合，一回限りの出来事について確率を割り当てることができない。たとえば，「このサイコロで 1 の目が出る確率」は，頻度主義では「このサイコロを無限回ふったときに 1 の目が出る頻度」と言い換えることになるが，「つぎにこのサイコロをふったときに 1 の目が出る確率」を意味しているわけではない。

　株価や為替など市場リスクに関するものは「データ収集頻度」が高い。「時間不変性」が高くて「事象希少性」が低いような市場が安定した状況で，「予測期間」が短い場合には，客観的確率にも出番がある。しかし一方で，「データ収集頻度」が低い信用リスクを取扱うときには話が違ってくる。また「時間不変性」が低く，かつ「事象希少性」が高い金融危機のような状況にあるとき，さらには「予測期間」が長期に及ぶ場合には，客観的確率は役に立たない。

　分散効果の源泉となる相関構造も安定的とはいえはない。リーマンショックでは，証券化商品の大幅な価格下落が，さまざまなリスクカテゴリーに重大な影響を及ぼした。市場環境が大きく変化するときに，それまでに観察されていた相関構造も大きく変化し，正の相関が急速に強まってリスク分散効果は消滅してしまうという状況が生まれた。

　これらの問題を解決するためには，リスク計量化手法に過度に依存せず，さまざまな定量的・定性的情報を活用した判断を重視する必要がある。従来，リスク把握は，VaRなどのリスク計量化手法を軸とすることがより先進的と考えられる傾向があった。しかし，過去データに大きく依存したリスク計量化手法だけでは，市場環境の大きな変化を的確に捉えることができない。こうしたリスク計測の限界を十分に理解し，リスク計量化手法，ストレステスト，その他の定量的・定性的情報を駆使して，リスクを多面的に評価・把握することが求められる（日本銀行金融機構局［2011］）。

　繰り返しになるが，ERM実務の真価が問われる金融危機への備えにおいて「魔法の公式」など存在しないということであり，定量的・定性的情報をもとに主観的な判断をしていかざるを得ないということになる。

4.3　リスク管理のソフト面

　Lam［2014］は，ERMには陰（ハード）と陽（ソフト）があるという。ハードとは，リスク測定・報告，リスク管理委員会，方針・手続き，リスク評価，リスクリミット運営，監査などである。一方，ソフトとは，リスクの認知（気づき），人，〔経験や訓練によって得られる〕技能，信義誠実，インセンティブ，企業文化や価値である。彼は，これまではハードの充実が図られてきたが，今後はソフトを強化すべきだと指摘する。

　VaR法の普及，ストレステストによる補完，エコノミックキャピタル配賦とリスクリミット運営，リスク管理統括部やリスク管理委員会の設置，リスク管理規定の制定・整備などハードの充実は，規制当局の主導もあって，この十数年で急速に進んだ。

　リスク計測に関連する問題点や課題は論じてきたが，組織や規定にかかわる問題，すなわち，それに捉われ過ぎることの弊害についても考慮しておく必要がある。「オー人事，オー人事」で知られる面白い CM の「承認」篇を見た人もいるだろう。課長に承認をもらうと次は部長……最後は社長と思いきや，会長がでてきて，顧問（ハイパー顧問やグレート顧問まで）がいて承認が必要な上司がやたら多い，最後には「決まらないと思ったらオー人事」という決め台詞で終わる，喜劇でもあり悲劇でもある会社風景。この CM はデフォルメされ過ぎているけれども，意思決定の非効率性を如実に物語っている。さらに興味深いのは CIA に実際に存在した，会社をダメにするためのスパイマニュアルである。**図表 1 － 12** をつぶさにみていくと，リスク管理規定における決裁権限などの煩雑な取り決めを連想させ，逆に ERM をダメにする規定と読めなくもない。

　ハードの充実が ERM 実務を昇華させるのかについては，今後も動静を慎重

〔図表 1 － 12〕　ERM をダメにする方法？

- 「注意深さ」を唱える。自分自身が「合理的」であり，会議出席者にも先々問題が発生するのを避けるため「合理的」であるように促す。
- さらなる「研究と考慮」のため，可能な限りすべての案件を委員会で検討する。委員会はなるべく大きくすることとする。最低でも 5 人以上。
- 何事も指揮命令系統を厳格に守る。意思決定を早めるための「抜け道」を決して許さない。
- 会社内での組織的位置付けにこだわる。これからしようとすることが，本当にその組織の権限内なのか，より上層部の決断を仰がなくてよいのか，といった疑問点を常に指摘する。
- 前回の会議で決まったことを蒸し返して再討議を促す。
- 文書の細かな言葉尻にこだわる。
- 比較的重要でないものも完璧な仕上がりにこだわる。
- 書類事務の仕事をなるべく増やす。
- 業務の承認手続きをなるべく複雑にする。一人で承認できる事項でも 3 人の承認を必須にする。
- 全ての規則を厳格に適用する。

（出所）渡辺［2015］『CIA スパイマニュアルに学ぶ「会社をダメにする 11 の行動様式」』を参考に作成。

に見守りながら努力を続けていく必要があろう。そういう意味で，単純にハードからソフトへということにはならない。ハードについては欠点があるものの対処法が存在するが，ソフトについてはアート（芸術）の世界に近く，感性も必要で，組織における意思決定に馴染みにくい側面が強い。たとえば，リスク管理が各部門で完結したサイロ化された構造にならないように，組織内のさまざまなリスク情報を共有するリスク・コミュニケーションを強化することが求められる。このような企業文化は並大抵の努力では醸成されないし，規定化したところで空文化して実効性があがらないというのはよく目にする光景である。また，さまざまなリスク情報にはエマージングリスクも含まれるかもしれない。エマージングリスクとは，現在は顕在化していない，または認識されていないが，外部環境の変化などにより新たに出現するリスクのことを指す。しかし，そのようなリスクを認知するというのは「言うは易し，行うは難し」である。

　方法論がある程度は確立していたハードに比べて，ソフトの充実が困難を極めることは想像に難くない。ERM実務においても経験から学び，反省し，そして改善を加えて一歩一歩進んでいくほかに道はない。

《参考文献》

下和田功編［2004］，『はじめて学ぶリスクと保険』有斐閣。

ジェームズ・ラム［2016］，『戦略的リスク管理入門』林康史・茶野努監訳，勁草書房（J. Lam［2014］, *Enterprise Risk Management: From Incentives to Controls:* Wiley）。

日本銀行金融機構局［2011］，『国際金融危機の教訓を踏まえたリスク把握のあり方』，BOJ Reports & Research Papers，2011年3月。

プラトン［2012］，『ソクラテスの弁明』納富信留訳，光文社。

リカルド・レボナト［2009］，『なぜ金融リスク管理はうまくいかないのか』茶野努・宮川修子訳，東洋経済新報社（R. Rebonato［2007］, *Plight of the Fortune Tellers : Why We Need to Manage Financial Risk Differently.* Princeton University Press）。

渡辺千賀［2015］，『CIAスパイマニュアルに学ぶ「会社をダメにする11の行動様式」』（ON OFF AND BEYOND テクノロジー・ベンチャー・シリコンバレーの暮らし），2015年11月。
　　https://chikawatanabe.com/2015/11/04/cia_sabotage_manual/

第2章

リーマンショックの背景とバーゼル規制強化

廉　　了

【要　旨】

　2008年に世界的な金融危機（リーマンショック）が発生したが，この背景には「サブプライム問題」がある。

　サブプライム問題は，信用力の低い個人や低所得者層を対象にした高金利の住宅ローンが引き起こした問題で，世界中の投資家がこのサブプライム住宅ローンを組み込んだ証券化商品を購入したため，証券化市場を通じ問題が世界中に拡散・複雑化したため，リーマンショックが発生したのである。

　日本の場合，金融危機時の経験がリーマンショックの対応において活かせたため，金融システムがリーマンショックから受けた影響は軽微に済んだ。

　リーマンショックの反省から，世界中の金融当局は危機再発防止のための金融監督体制再構築・規制強化に動いたが，中心は，バーゼル銀行監督委員会による規制強化，バーゼルⅢの導入である。

　バーゼルⅢでは，これまでも導入してきた自己資本比率規制をより厳格化するだけでなく，レバレッジ比率規制や流動性規制が導入された。それ以外でも，デリバティブズ規制やグローバル金融機関への規制など，各種さまざまな規制が導入される。

　また，バーゼルⅢのもう1つの特徴は，"グローバルなシステム上重要な銀行(G-SIBs)"を指定し，各種規制の基準をG-SIBs以外の銀行よりさらに厳しく設定し遵守を求めていることである。

　バーゼルⅢは，自己資本比率規制を中心に2013年から段階的に導入する段階に入っており，概ね2019年には完成するのが当初予定であった。しかし，新しい規制項目が追加・強化され，完成の時期も2019年以降となるものも増えている。当局は，今後，既に導入している各種バーゼルⅢ規制の効果について検証し，規制の取りやめも含め見直す必要があろう。

Keywords　リーマンショック，サブプライム問題，証券化商品，バーゼルⅢ，G-SIBs

1 バーゼル規制強化をもたらしたリーマンショック

　1990年代から2000年代前半の先進国を中心とする世界の金融行政や規制状況は，規制緩和の流れにあったと言える。資本主義経済において，いわゆる市場経済がIT技術の発達もあり発展するなか，自由競争が求められるようになったため，過度の競争を防ぐために導入されていたさまざまな規制は緩和・撤廃された。その代表例は，1999年に制定された米国のグラム・リーチ・ブライリー法（Gramm-Leach-Bliley Act, GLB法）である。米国では，それまで世界大恐慌への反省により1933年に制定されたグラス・スティーガル法（Glass-Steagall Act, GS法）により，商業銀行業務や投資銀行業務，保険業務の兼業は禁止されていたが，GLB法により，GS法は廃止され，持株会社の傘下で商業銀行，投資銀行，証券会社，保険会社を保有することが認められた。これにより，銀行・証券・保険の相互参入が可能となったが，その狙いは米国金融業の国際競争力の強化であった。

　この規制緩和を促したのは，大手米銀であるシティバンクを傘下にもつシティコープと大手投資銀行ソロモンブラザーズ，大手証券会社スミス・バーニー，保険会社トラベラーズを傘下にもつトラベラーズ・グループとが1998年に合併したシティグループの誕生である。そしてシティバンク，スミス・バーニー，プライメリカとトラベラーズを含んだブランドの下で銀行，証券，保険業務を統合した。本来なら，この統合はGS法により認められなかったが，既存業務を最大5年間維持できることから，米議会で規制緩和の議論が進んでいることもあり，規制緩和の可能性が高いとみてGLB法制定の前年に合併に踏み切った。シティグループ誕生はGLB法制定を促し，GLB法は，シティグループを合法化するために制定されたものとも言える。

　しかし，2008年に発生したリーマンショックにより，世界の金融行政・規制環境が一変し，欧米を中心にそれまでの規制緩和から規制強化へと当局の舵が切られた。とくに，先進国を中心に世界の銀行をさまざまな観点から規制・監督する枠組みであるバーゼル規制が劇的に改革され，いわゆる"バーゼルⅢ"の枠組みが構築された。

　ここでは，こうしたバーゼル規制強化という銀行の規制環境を大きく変えたリーマンショックの発生の経緯について触れたい。

1.1　リーマンショックの背景にあるサブプライム問題

　2008 年 9 月 15 日にリーマン・ブラザーズが破綻したことをきっかけに世界的な金融危機が発生した。因みにリーマンショックは和製英語で，海外ではリーマンショックという言葉は使われず，"Financial Crisis" ないしは "Great Recession（1920 年代の世界大恐慌 "Great Depression" との対比）" と呼ばれる。

　リーマンショックは突然発生したことも事実だが，何の背景もなく起こったのではなく，いわゆる「サブプライム問題」がこの金融危機を引き起こした。前年の 2007 年 6 月 22 日に大手米国証券会社であるベア・スターンズが傘下ファンドの不振により金融支援を行い，同年 8 月 9 日に BNP パリバの傘下ファンドが新規募集や解約を凍結したことで，サブプライム問題は顕在化した（**図表 2 − 1**）。

〔図表 2 − 1〕　リーマンショック前後の年表

< 2007 年>　6 月 22 日　ベア・スターンズ，傘下ファンドへ資金支援
　　　　　　　8 月　9 日　BNP パリバ，傘下ファンドの新規募集や解約を凍結。

サブプライム問題発生

　　　　　　　9 月 14 日　英当局，ノーザンロックに緊急融資（英で 140 年ぶりの取り付け騒ぎ）
< 2008 年>　3 月 16 日　JP モルガン，ベア・スターンズを買収
　　　　　　　9 月　7 日　米財務省，ファニーメイ，フレディマックへの支援策を発表。
　　　　　　　9 月 15 日　リーマン・ブラザーズ，連邦倒産法第 11 章適用を申請し破綻

リーマンショック発生

　　　　　　　9 月 15 日　バンク・オブ・アメリカがメリルリンチを救済合併
　　　　　　　9 月 16 日　FRB が AIG 救済策を公表
　　　　　　　9 月 19 日　ポールソン財務長官，金融安定化策（公的資金 7,000 億ドル等）発表
　　　　　　　10 月 3 日　緊急経済安定化法成立（9 月 29 日，下院で一旦否決）

（出所）　各種資料をもとに作成。

1.2 サブプライム問題とは

　サブプライム問題であるが，その問題の中心であるサブプライム住宅ローンとは，住宅ローンやクレジットカードで延滞を発生させるなど信用力の低い個人や低所得者層（サブプライム層）を対象にした高金利の住宅ローンである。2000年前半の利下げ・低金利局面のなか，米国政府による低中所得者層に対する住宅推進政策が進められ住宅ブームが起こったため，銀行ではない住宅ローン専門会社がサブプライム層向けに積極的に住宅ローンを行った。その結果，サブプライム住宅ローン残高は2006年末には1.3兆ドル程度に達し住宅ローン全体の1割を占めるまでに至った。しかし，2000年代半ばの利上げ・高金利局面に入ると，サブプライム住宅ローンの延滞が2007年頃より急増し，2008年には30日超の延滞債権の比率が20％を超えるようになったため，米国のなかでも，サブプライム問題は社会問題化した（**図表2－2**）。

　サブプライム住宅ローンは，日本ではそれに相当する住宅ローンはあまり見られないが，米国では昔から存在していた。そのため標準的なサブプライム住宅ローンであれば，リスク管理に関する手法もあり問題はなかったと思われる。しかし，急増したサブプライム住宅ローンは，これまでなかった新型の商品が

〔図表2－2〕　米国の住宅ローンの30日超延滞率の推移

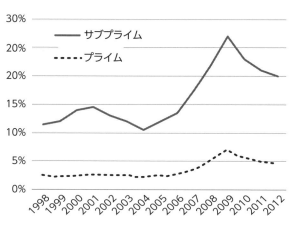

（出所）モーゲージ・バンカーズ協会。

中心となったため問題が深刻化した。とくに問題が多かった商品は，以下の3つの商品である。

① インタレストオンリー……当初の2〜10年間は固定金利分のみが支払われ，元本支払いは据え置かれる商品。当初一定期間終了後，変動金利に切り替わり，元本返済も開始。

② オプションARM……最低支払金額を自ら設定するため，支払額を金利以下に設定することも可能な商品。当初一定期間は固定金利が適用され，その後変動金利に移行。当然後日返済すべき借入残高は増加。

③ 提出書類軽減型……ローン申込時における証明書類提出負担を軽減。所得証明不要の場合もあり。

　こうした新型の商品のローンのうち，とくに①②は，当初返済負担は軽いが，徐々に重くなる仕組みであるため，サブプライム住宅ローンの顧客層が長期間に渡り返済を続けることが難しい住宅ローンである。したがって，実質購入住宅を転売することが前提となっているケースも多く，投機に使われていたと思われる。住宅価格が上昇している間は担保価値が高まり，ローンの借り換えが可能になるため，貸し倒れなどは少なかったが，サブプライム問題が発生する前の頃には住宅価格の上昇は止まり金利が上昇したことから，返済不能に陥るケースが相次いだ。したがって，借入人の信用力での審査が有効でなかったと考えられる。

　③については虚偽の申告により借入金を詐取することが可能であるため，実際詐欺的な借入も多かった模様である。通常貸出のリスク管理は，景気や金利などのマクロ指標をベースとしているが，こうした詐欺案件が多数含まれる貸出に対しては，マクロ指標にもとづくリスク管理は有効とは言えない。

　また，住宅ローン専門会社のサブプライム住宅ローンについては，"証券化＝外部の投資家が住宅ローンを実質買い取り"を前提に貸し付ける（ホールセール・モーゲージ）も多く，多くの住宅ローンが証券化された。こうした住宅ローンは，顧客が延滞を起こしたり破産しても，証券化商品を購入した投資家が損失を負担し住宅ローン専門会社は損失を被らないため，住宅ローン貸付時の審査が甘く杜撰なものであったという問題も発生した。米国の場合，銀行と異なり，こうした住宅ローン専門会社を監督する当局が不在であるため，杜撰な審査が放置されやすいという行政サイドの体制不備という問題も背景に

あった。

こうした新型の商品はサブプライム住宅ローンが中心であったが，延滞したこともなく信用力の高い中高所得層（プライム層）の住宅ローンにおいても取り入れられたため，幅広い住宅ローンで問題が発生した。

1.3 証券化商品にサブプライム住宅ローンを組み込んだことで問題が複雑化

サブプライム問題は，証券化市場を通じ問題が世界中に拡散・複雑化した。

証券化市場とは，貸出や債券などの債権とその債権から発生するキャッシュフローを担保として発行される有価証券である証券化商品の市場である。担保となる債権には，住宅ローン，クレジットカード，自動車ローン，法人向けローン，商業用不動産向けローンなどさまざまある。

米国では，伝統的に証券化市場が発達しており，中核となっていた証券化商品は住宅ローンを担保とする証券化商品で，住宅ローン担保証券（Residential Mortgage Backed Securities：RMBS）と呼ぶ。具体的にはプライム住宅ローンを多数集めて，それを貸倒れリスクなどの信用度合いを評価した格付けごとに階層化し分ける。もっとも信用度が高い階層には AAA（ないしは Aaa），以降信用度が低下するごとに AA（ないしは Aa），A，BBB（ないしは Baa），BB（ないしは Ba）などの格付けが付与される。こうした各階層に分けられた証券化商品を機関投資家が購入し，担保となっている住宅ローンが生み出すキャッシュフローを受け取る仕組みとなっている。

米国では，RMBS のうち，政府または GSE（Government Sponsored Enterprise）と呼ばれる政府支援機関が元利金支払を保証するもの（エージェンシー MBS）や，政府支援機関の保証はないもののプライム住宅ローンを担保とするノン・エージェンシー MBS[1] を中心に，これまでも多く組成され世界中の多くの機関投資家が購入していた。

しかし，2000 年代前半の低金利・住宅推進政策のなか，低金利で運用難に悩む投資家にとって，格付け対比で高いリターンを得られる証券化商品は運用対象として魅力的なものと捉えられ人気を集めるようになったため，エージェンシー MBS などの伝統的な証券化商品だけでは需要をカバーできなくなった。

---

1 投資家が住宅ローンの信用リスクを負う。流動性でもエージェンシー MBS に劣る一方，相対的に高いリターンが見込める。

〔図表2－3〕　住宅ローン証券化商品の組成プロセス

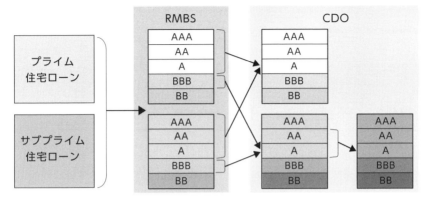

（出所）　各種資料をもとに作成。

　また，証券化商品に関する金融技術が急速に発達した結果，RMBSの担保にサブプライム住宅ローンが加えられたり，RMBSの各格付け階層を組み合わせて組成する証券化商品である債務担保証券（Collateralized Debt Obligation：CDO）や，CDOの各格付け階層を組み合わせて組成する証券化商品であるCDOスクエアード（CDO-Squared）なども登場し急増した（**図表 2－3**）。

　こうした証券化商品は，格付けの信頼性に依存している。またその格付けもこれまでの担保である債権の過去の実績データ（破綻確率，破綻時の損失率など）をベースとして評価している。しかし，新型商品の住宅ローンがRMBSの担保債権として多く組み入れられている場合，多くの問題債権が含まれていることとなるため，過去のデータが通用しなくなる恐れが高まることとなる。また，CDOやCDOスクエアードは，RMBSやCDOのAA以下の信用度の低い商品を組み合わせてAAAの商品を生み出している。これは，"住宅ローンは一斉かつ同時に延滞・破綻は起こさないから，証券化商品は数多くの住宅ローンを組み入れれば信用度の高い部分を作ることができる"ことを前提に統計的に作られた商品である。詐欺的であったり，杜撰な審査で組成した住宅ローンについては，とくにこうした実態が暴かれた場合，一斉かつ同時に延滞・破綻が発生する可能性は大いにある。格付けの信頼性がますます低下することになろう。その場合，RMBS以上にCDO，さらにCDOスクエアードで，想定

外の損失が発生する可能性が高まることとなる。

　以上のように，サブプライム問題は，サブプライム住宅ローンが抱える問題に加え，証券化商品が抱える構造的な仕組みの問題が重なり複雑化した。そのため，サブプライム住宅ローンやRMBSのみならず，RMBS以外の商品化商品全体に対する投資家の信頼性を失わせた。つまり，この影響は単に損失が想定以上に増えたということではなく，証券化商品の損失がどこまで膨らむのか，影響がどこまで広がるのか誰にも見通せなくなる事態に陥り，投資家に不信感を惹起させ疑心暗鬼にさせることとなった。

　新型の住宅ローン商品の登場や証券化商品は，当時，金融技術の発達がもたらしたものとして捉えられていた。とくに証券化商品は，リスクを分散・平準化させ，リスク管理上も既存の金融商品よりも利便性が高い商品と見なされ，将来を有望視されていた。それだけにサブプライム問題が，金融業界に与えた影響は大きかった。

1.4　サブプライム問題は世界中に伝播・拡散

　こうしたRMBSやCDOを世界中の銀行や保険会社，年金基金などの機関投資家だけでなく，PEファンドやヘッジファンドも購入した。しかし，あまりにも幅広く購入層が広がっていたことから，RMBSやCDOをどこがどの程度保有しているのかという証券化商品の保有状況を当局も把握できず，サブプライムローンの損失リスクを誰がどれだけ抱えているかが見えなくなり，関係者は疑心暗鬼に陥り，全投資家が証券化商品の購入を停止するパニックのような事態となった。

　このため，証券化商品の保証をする保険会社であるモノラインは機能不全に陥り事実上業務停止に陥った。また，欧米金融機関も，幅広い証券化業務に携わり業務展開していただけに影響は大きかった。欧米金融機関は，証券化商品を組成した後，投資家に販売しているため，組成した証券化商品をすべて保有していたわけではないが，業務を行っている関係で，在庫的な意味で多額の証券化商品を保有していた。しかしすべての証券化業務が機能不全に陥り，証券化商品がさばけなくなると大量の証券化商品を保有することとなり，多額の含み損を抱えていると疑われ，欧米金融機関の信用不安が発生した。この信用不安の発生が広く全世界に広がり，次々に大手欧米金融機関が破綻するなか，リーマンショックへと結びついたのである（**図表２－４**）。

〔図表2-4〕　サブプライム問題の波及経路

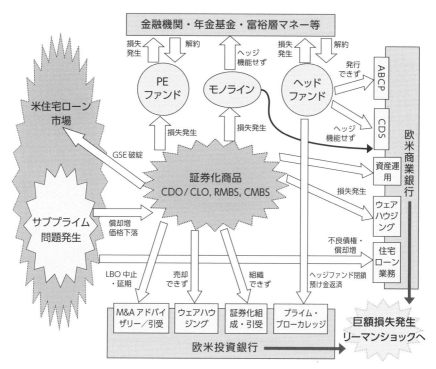

(出所)　各種資料をもとに作成。

　米当局については，リーマンショック前は，破綻金融機関を他の大手行に救済させることで対応していたが，こうした手法は弥縫策に過ぎず，有効な手段と見なされた金融機関への公的資金投入も，世論の批判も強かったため打ち出すことができず，大手米国証券会社であり世界的に著名で歴史あるリーマン・ブラザーズが破綻に至り，世界的な金融危機が発生することになったのである。

　実際，サブプライム問題・リーマンショックの損失額（2007～2010年，対象国：米国，欧州）は，過去の金融危機である米国S&L危機（1986～1995年，対象国：米国），アジア通貨危機（1998～1999年，対象国：韓国，タイ，フィリピン，インドネシア，マレーシア，シンガポール），日本のバブル崩壊（1990～2003年，対象国：日本）の損失を遥かに上回る水準である（**図表2-5**）。危機時の実体経済への影響を見ると，他の危機と比較してもインパクトは大きい。

〔図表２－５〕　過去の金融危機との比較

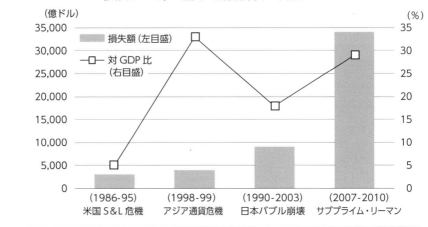

| 危機ピーク時の成長率 | ▲0.1%（1991） | ▲7.1%（1998） | ▲2.0%（1998） | 米：▲2.8%（2009）欧：▲4.5%（2009） |

（出所）IMF 資料をもとに作成。

1.5　リーマンショックの教訓とは～日本の金融危機との比較

　日本にとって，リーマンショックや 1990 年代～ 2000 年代前半まで続いた日本の金融危機から学べる点は多く，次の金融危機発生を未然に防ぎ，仮に金融危機が発生しても的確に対応できる教訓が多く存在する。しかし，リーマンショックと日本の金融危機を比較すると共通点と相違点が存在し，すべて同じではない。

　共通点としてあげられるのは，下記の４点である。

①　両者ともに不動産価格の値上がりの前提として融資が行われたこと。

②　不動産価格の下落が金融危機発生の発端となっていること。

③　金融機関の業務や金融市場の混乱が実体経済に波及したこと。

④　金融システムの危機に繋がったこと。

　また，相違点としてあげられるのは，下記の４点である。

①　日本の金融危機は日本国内に限定されたのと違い，リーマンショックは証券化商品を通じ，リスクが世界中に伝播した地域的広がりが異なること。

②　日本では，銀行のバランスシートにリスクが集中していたが，リーマン

　ショックは，商業銀行，投資銀行のみならず，ファンドなどの機関投資
　家にまで波及した業態的広がりが異なること。
③　日本の金融危機時は，日本銀行が金融機関や市場に潤沢に資金を供給し
　たが，リーマンショックでは急速に資金（とくにドル資金）が枯渇した
　点で，流動性の状況が異なること。
④　日本の金融危機の波及速度は比較的遅かったが，リーマンショックは早
　く危機の進展のスピード感が異なること。

　こうした相違は，欧米の場合，直接金融中心で，銀行がO&D（Originate &
Distribute）ビジネスモデルで必ずしもリスクを抱えているわけではなく，リ
スクが投資家に分散しやすい構造であるのに対し，日本の場合，間接金融中心
で，リスクが商業銀行に集約しやすいこととも関係している。
　日本の金融危機とリーマンショックから学べるのは，下記の4点である。
①　迅速かつ正確な損失額を認識することの重要性。
②　バランスシートから不良資産をいち早く切り離し，追加損失の発生を回
　避。
③　潤沢に市場に流動性を供給することによる危機の伝播スピードの緩和。
④　金融機関が資本不足に陥った時，公的資金の活用も視野に入れ，迅速に
　資本注入などを実行。
この教訓は，日本当局の政策や邦銀の業務運営に活かされることとなる。

1.6　リーマンショック時の日本政府の対応

　リーマンショックは欧米発であり，邦銀は，欧米のサブプライムローン業務
や証券化業務への関与が限定的であったため，邦銀を中心とする日本の金融シ
ステムについてはリーマンショックに関する直接的影響は少なかった。
　しかし，欧米経済への打撃は大きく，2009年の米国経済の成長率は▲2.8%，
欧州の場合で▲4.5%と大きく落ちこんだため，輸出などを通じて，日本の金
融システムも大きく影響を受けることとなった。そのため，日本政府は，銀行
の外貨資金繰り支援や日本企業の資金繰り支援を中心に行うことで，リーマン
ショックの影響を和らげ，不測の事態発生を回避し成功したと言える（**図表2
－6**）。その意味では，日本の場合，日本の金融危機時の経験がリーマンショッ
クの対応において活かせたと言える。

〔図表２－６〕　日本のリーマンショック時の危機対処策

> ➤ **銀行等の自己資本比率規制の一部弾力化**
>   - ✔ 国内基準行は，国債，株式・社債等の含み損を Tier 1 控除せず。
>   - ✔ 国際基準行は，国債の含み損を Tier 1 控除せずを認める。
>
> ➤ **時価会計の見直し**
>   - ✔ 流動性が乏しい金融商品の内部算出理論価格での評価を容認。
>   - ✔ 一旦「売買目的」とした有価証券について，「満期保有目的」や「その他有価証券」への振替可能に。
>
> ➤ **金融機能強化法**
>   - ✔ 旧同法の適用期限延長，経営強化計画，公的資金注入要件，協同組織中央機関への注入の枠組みなどを見直し・拡充。
>   - ✔ 公的資金を予防的に金融機関へ注入することが可能に。
>
> ➤ **日銀，銀行等保有株式取得機構による株式取得の再開**
>   - ✔ 取得機構……期限 2012/3 末，枠 20 兆円。売却期限 2022/3 末。
>   - ✔ 日銀…………期限 2010/4 末，枠 1 兆円。売却期限 2017/9 末。対象先は株式保有額が Tier 1 の 5 割超，5,000 億円超，国際基準行。

（出所）各種資料をもとに作成。

2　規制緩和から規制強化へ～バーゼルⅢの導入

　2008 年 9 月に起きたリーマンショックは，金融システム全体の脆弱性を浮き彫りにした。また，巨額の公的資金を使った銀行救済は，金融危機の沈静化に大きな役割を果たしたものの，世論の銀行批判を強めた。こうした状況に対処するべく，世界中の金融当局は危機再発防止のための金融監督体制再構築・規制強化に動いた。

　なかでも，世界的に影響が大きいのは，バーゼル銀行監督委員会によるバーゼルⅢである。バーゼルⅢは，バーゼルⅡをベースに，リーマンショックの反省と教訓をもとに，欧米主導で，バーゼル規制がさまざまな観点で見直され規制が強化された。2013 年以降，バーゼルⅢが段階的に導入されている。

　まずは，そもそもバーゼル規制の導入の経緯と，バーゼルⅠⅡの概要，今回のバーゼル規制改革であるバーゼルⅢについてみてみたい。

2.1　バーゼル規制導入の経緯

　バーゼル規制は，日本を含む 28 の国と地域の銀行監督当局と中央銀行により構成されるバーゼル銀行監督委員会（以下，バーゼル委員会）が公表している銀行の自己資本比率や流動性比率などに関する国際統一基準のことであり，多くの国が銀行規制として採用している。バーゼル規制は，これまでも何度か見直しがなされており，1988 年にバーゼル I が最初に策定され，2004 年にバーゼル II に改定され，2010 年に新しい枠組みであるバーゼル III が成立している。

　当初，バーゼル規制が導入されることとなった背景には，1980 年代以降，国際金融市場が，IT 技術の飛躍的進歩等と相まって急速に拡大する一方，途上国の累積債務問題の深刻化や米国での大手銀行の破綻によるシステミックリスクが認識されるようになったことがある。また，1980 年代以降，日本の銀行の海外でのプレゼンスが拡大し，欧米勢が邦銀を牽制するためと見る向きもある。いずれにしても，バーゼル規制は，さまざまな問題はあるものの，今や国際金融規制のインフラとも呼べるまで定着しているといえる。

2.2　バーゼル I の概要

　バーゼル I では，国際的な銀行システムの健全性強化と国際業務に関わる銀行間の競争上の不平等の軽減を目的に，金融機関が貸し渋りをする信用収縮（クレジット・クランチ）を予防するために設定された。具体的には，国際業務を行う銀行に対して信用リスクを加味して算出したリスク資産（連結ベース）の8 ％以上，海外に拠点を持たない銀行は 4 ％以上の自己資本を保有することを義務づけている。日本では 1992 年度末から本格的に適用された。また，1996 年には市場リスク（価格変動リスク，金利変動リスク，為替リスク）に対する自己資本の改定が追加された。

2.3　バーゼル II の概要

　しかし，年々リスクが複雑化・高度化するなかで，バーゼル I の枠組みの限界が認識され，金融機関の自己規律と市場規律を活用する枠組みの導入が検討され，バーゼル II が導入された。バーゼル II では，最低所要自己資本比率は 8％と変わらないものの，バーゼル I で貸出などの信用リスクを顧客の信用力を問わず一律で計測していたものを，3 つの計測手法（標準的手法と 2 つの内

部格付手法）の選択肢を銀行にあたえ，事務事故や不正行為などによる損失発生リスク（オペレーショナルリスク）の概念を導入するなど，リスク計測を精緻化することとした。また，銀行自身が経営上必要な自己資本額を検討し当局が妥当性を検証することとした。加えて充実した情報開示を通じ市場規律の実行性を向上させることもしている。日本では 2006 年度末からバーゼル II に移行した。

98 年からバーゼル委員会で① 金融機関の抱えるリスクの複雑化，高度化，② 金融機関の業務内容やリスク管理手法の多様化，③ 従来の規制の限界（リスク計測手法が精緻でないなど）といった観点から自己資本比率規制の見直しが始まり，04 年 6 月までに 3 つの柱からなる新しい自己資本比率規制（バーゼル II）の枠組みが取りまとめられた。

具体的には，精緻な最低自己資本比率規制（第 1 の柱）に加え，金融機関が自己資本の充実度を自己管理して監督当局がこれを検証し（第 2 の柱），広範な情報開示を通じて市場規律の実効性を高める（第 3 の柱）こととされた。

日本では 06 年 3 月までに自己資本比率規制にかかわる告示が発出され，金融機関が抱える多様化・複雑化したリスクを自ら適切に管理し，リスクに見合う適正な自己資本を維持するとともに，当局や市場がそのリスク管理方法を検証・評価するといった金融機関の健全性向上を促す枠組みが整備された。

2.4　バーゼルⅢ

バーゼル II の枠組みでもリーマンショック発生を防ぐことができなかったことから，その反省を踏まえ，金融危機の再発防止と国際金融システムのリスク耐性を高めるため，国際金融規制の見直しと強化を検討し，バーゼルⅢが導入された。

バーゼルⅢでは，これまでも導入してきた自己資本比率規制をより厳格化するだけでなく，大手金融機関が流動性不足により破綻した反省から定量的な流動性規制が導入された。また，自己資本比率がリスク資産をベースに規制しており，過度なリスクテイクを抑制することができなかったことから，オンバランス資産のみならずオフバランス資産も勘案した，いわば自己資本比率規制を補完するノンリスクベースの指標であるレバレッジ比率を導入した。それ以外でも，デリバティブズ規制など，各種さまざまな規制が導入される。

また，バーゼルⅢのもう 1 つの特徴は，一律に金融機関を規制するのではな

く，規模や金融システムの影響度に応じて規制基準を分けていることである。とくに，グローバルベースでは G-SIBs となる銀行を指定し，自己資本比率規制やレバレッジ比率規制を中心に，各種規制の基準を G-SIBs 以外の銀行よりさらに厳しく設定し遵守を求めている。

G-SIBs とは，"Global Systemically Important Banks"の略で，「G-SIBs（グローバルなシステム上重要な金融機関）」のなかで，金融安定理事会（FSB）が世界的な金融システムの安定において欠かせないと認定した世界の大手銀行"グローバルなシステム上重要な銀行"のことを指し，世界の銀行のなかから約 30 行が指定される[2]。

G-SIBs の指定方法としては，世界の大手銀行に対して，主要なリスク要因に対応した指標（国際的活動，規模，相互関連性，代替可能性，複雑性）を用い，各銀行の点数を算出し一定以上の点数となった銀行は「G-SIBs」に認定され，点数に応じて，5 つのグループに区分される（毎年公表）。また，各グループの区分に従い，「G-SIBs サーチャージ」と呼ばれる，バーゼルⅢにおける自己資本比率やレバレッジ比率の水準に上乗せした自己資本の積み上げが求められる。

バーゼルⅢの大枠の項目は既に合意し，自己資本比率規制を中心に 2013 年より段階的に導入されている。ここではバーゼルⅢにおける代表的な規制指標である①自己資本比率規制，②レバレッジ比率規制と，流動性規制指標である③流動性カバレッジ比率，④安定調達比率，を紹介する。

2.4.1　自己資本比率規制

バーゼルⅢにおいては，自己資本の概念に従来の Tier 1 のなかに，普通株等 Tier 1（コモンエクイティ Tier 1，CET 1）が設けられた。

Tier 1 は，バーゼル委員会が，1983 年 6 月に定めた銀行の自己資本比率に対する規制の中で使われる自己資本の概念の 1 つで，資本金，法定準備金，利益剰余金や優先株，優先出資証券などから構成され，損失を吸収する良質な資本と位置づけられてきた。

しかし，リーマンショックを教訓に銀行の自己資本の質のさらなる向上を

2　G-SIFIs は，毎年，FSB により公表されており，2011 年と 2012 年は「G-SIBs」のみだったが，2013 年からは「G-SIBs」の他に「G-SIIs（グローバルなシステム上重要な保険会社）」も公表。

〔図表 2 − 7〕　バーゼル I II とバーゼル III の自己資本比率構成

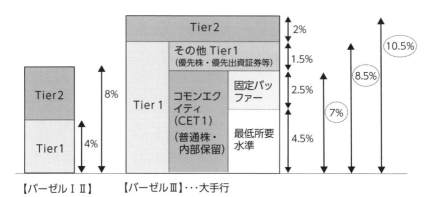

(出所) バーゼル発表資料，金融庁資料，各種報道などより作成。

図る必要性が認識され，Tier 1 から優先株や優先出資証券などを除いたより損失吸収力の高い CET 1 の概念が導入され，CET 1 の一定比率の確保を求められることとなった。したがって，財務内容の健全性を表す「自己資本比率（＝自己資本／リスク資産）」のなかでも，CET 1 比率は，より質の高い自己資本の割合を示した指標といえる。また，CET 1 比率は，同時に，固定バッファー（資本保全バッファー）の概念が導入されるなど，最低限要求される比率の水準も実質的に引き上げられており，実質的最低水準は CET1 比率 7 ％，Tier 1 比率 8.5％，Tier 1 ＋Tier 2 比率 10.5% と，バーゼル I II の Tier 1 比率 4 ％，Tier 1 ＋ Tier 2 比率 8 ％より上昇している（**図表 2 − 7**）[3]。

2.4.2　レバレッジ比率規制

　リーマンショック時において，自己資本比率の最低基準である 8 ％を大きく上回るグローバル銀行においても破綻の危機に瀕した事実がある。これは，グローバル銀行のなかに，レポ取引などを中心とした借入を巨額に実行し総資産が膨れ上がっていたことが大きく影響している。こうした借入の場合，国債などを活用しているため，幾ら借入を増やしても，バーゼル規制における自己

3　固定バッファーとは，内部留保の蓄積を促すための制度。最低所要水準（CET1 比率 4.5%）に上乗せして 2.5％の積み上げが求められる。最低水準を満たすが固定バッファーを満たさない場合，社外流出（配当，役員報酬）が制限される。

資本比率には全く影響していない（国債のリスクウェイトはゼロ）。

　そのため，バーゼル委員会は，自己資本比率を補完するリスク指標としてレバレッジ比率を導入した。これは，リスクウェイトなどの調整をすることなく，会計上の総資産にオフバランス分を加えたものを分母とし，分子を Tier 1 で計算するもので，3％以上になることを求めている[4]。

$$\text{レバレッジ比率} = \frac{\text{資本（Tier1）}}{\text{バランスシート上の総資産＋オフバランス}} \geq 3\%$$

2.4.3　流動性カバレッジ比率（LCR）

　バーゼルⅢでは，流動性規制において具体的なリスク指標を2つ設けている。その1つLCRは，預金流出などのストレスに加え，短期金融市場からの資金調達の困難化などの調達市場のストレスが発生した場合でも，30日間の流動性需要に対応できる流動性資産の保有を義務づける指標であり，G-SIBs や国際業務を行う国際統一基準行は，100％以上を求められている（**図表2-8**）。

　この規制については従来，中銀預金や国債などの資産のみが，高流動性資産として認められていたが，2013年1月の見直しで，RMBS・社債・株なども一定の掛け目はあるものの高流動性資産に追加することが認められ，金融危機発生などストレスについては，一時的なLCR100％割れも許容されるなど，緩和されている。

$$\begin{array}{l}\text{流動性}\\\text{カバレッジ}\\\text{比率（LCR）}\end{array} = \frac{\text{高流動性資産}}{\underset{\text{（資金流出項目－資金流入項目）}}{\text{30日間のストレス期間に必要となる流動性}}} \geq 100\%$$

4　G-SIBs は資本サーチャージの50％を上乗せしたものがレバレッジ比率の最低基準となる。

〔図表2−8〕 流動性カバレッジ比率の構成

高流動性資産

項目	掛け目
(レベル1資産)	
現金,中銀預金,リスクウェイト0%の国債,中銀発行証券,政府／中銀保証債等	100%
(レベル2資産) …高流動性資産の40%が上限	
(うちレベル2A)	
リスクウェイトが20%の政府・公共部門の資産,非金融社債(AA-以上),カバードボンド(AA-格以上)	85%
(うちレベル2B) …高流動性資産の15%が上限	
RMBS(AA以上)	75%
社債(A+〜BBB-),株式	50%

(注1) 資金流入総額の上限は資金流入額の75%。
(注2) リテール・中小企業預金の安定性を判断する基準は,預金保険制度の保護対象かつ給与振込み先口座である等,顧客との関係が強固であること。
(注3) オペレーショナル預金とは,清算,カストディ,CMSサービスを提供している預金。
(注4) レベル1資産を担保とした場合0%,レベル2A資産の場合15%,レベル2B資産の場合25%〜50%,それ以外は100%。

(出所)バーゼル発表資料,金融庁資料より作成。

主な資金流出項目

項目	掛け目
リテール預金(個人・中小企業預金)	
安定預金(注2)	3%
その他預金	10%
ホールセール調達	
無担保調達	
オペレーショナル預金(注3)(付保対象)	5%
オペレーショナル預金(付保対象外)	25%
上記以外の事業法人,政府・中銀等からの調達(付保対象)	20%
上記以外の事業法人,政府・中銀等からの調達(付保対象外)	40%
上記以外の金融機関からの調達(付保対象外)	100%
有担保調達(注4)	0%〜100%
非金融機関向け未使用の流動性枠,クレジット枠	30%,100%
銀行向け未使用の流動性枠,クレジット枠	40%
その他金融機関向け未使用の流動性枠,クレジット枠	100%,40%

主な資金流入項目 (注1)

項目	掛け目
30日以内に満期を迎える金融機関向け健全債権	100%
30日以内に満期を迎えるその他の健全債権	50%

2.4.4 安定調達比率(NSFR)

　流動性規制に関するもう1つのリスク指標NSFRは,保有資産ごとの流動性リスク(1年以内に現金化できないリスク)の総和(所要安定調達額)に対して,安定的な調達(預金・長期借入・資本等)を義務づける指標である。G-SIBsと国際統一基準行に対し,100%を上回ることが求められている(**図表2−9**)。

　しかし,米国でNSFR導入手続きが進んでおらず,日本の金融機関が規制上の不利益を受けるのを避けるため,日本についても延期されている。

$$\text{安定調達比率}_{(\text{NSFR})} = \frac{\text{安定調達額(ASF;資本＋預金・市場性調達の一部)}}{\text{所要安定調達額(RSF;資産×流動性に応じたヘアカット)}} \geq 100\%$$

〔図表 2 - 9〕　安定調達比率の構成

安定調達額		所要安定調達額	
主な項目	掛け目	主な項目	掛け目
資本 (Tier1,Tier2 等)	100%	現金, 中銀預け金, 残存期間 6 ヶ月未満の金融機関向け貸出	0%
残存期間が 1 年以上の負債	100%	レベル 1 資産 (国債, 政府保証債等)	5%
個人・中小企業からの安定預金 (注1)	95%	レベル 2A 資産 (国際機関債等)	15%
個人・中小企業からのその他預金	90%	レベル 2B 資産 (RMBS 等), 非金融機関発行の社債等 (A- ～ AA-), 上場株式	50%
オペレーショナル預金	50%	オペレーショナル預金	65%
非金融機関からのホールセール調達 (残存期間 1 年未満)	50%	高品質の貸出 (注2)	50%
金融機関からの調達 (残存期間 6 ヶ月以上 1 年未満)	50%	個人向け貸出 (残存期間 1 年未満, 抵当付住宅ローンを除く)	50%
金融機関からの調達 (残存期間 6 ヶ月未満)	0%	残存期間 6 ヶ月以上 1 年未満の金融機関向け貸出	50%
		残存期間 1 年未満の非金融機関向け貸出	50%
		残存期間 1 年以上の資産 (金融機関向けを除く)	85%
		金融機関向け貸出 (残存期間 1 年以上の資産)	100%

(注 1) 預金の安定性を判断する基準案は, LCR と同じ。
(注 2) バーゼル II の標準的手法において, リスク・ウェイトが 35% 以下貸出。

(出所) バーゼル発表資料, 金融庁資料より作成。

2.4.5　実行段階に入っているバーゼルⅢ

　G-SIBs 行は, 自己資本比率を中心に, バーゼル委員会が 2019 年に達成を求めている基準を 2016 年末の段階において既に満たし, 各国が, 独自に設定しているバーゼル委員会の基準をさらに上回る基準をも満たしている（**図表 2 - 10**）。

　バーゼルⅢは, 自己資本比率規制を中心に 2013 年から段階的に導入されており, 概ね 2019 年には完成するのが当初予定であった。しかし, その後新たな問題が発生するごとに, 新しい規制項目が追加・強化され, 完成の時期も 2019 年以降となるものも増えている[5]（**図表 2 - 11**）。

　つまり, バーゼル委員会をはじめとした規制当局は, 規制を緩めることなく, むしろ長期間にわたり強化してゆく姿勢を示しているようにみえる。今後, 現時点でも予想・予定していない更なる新規制項目の導入が検討され, 新たな規制項目が追加される可能性も否定できない。民間銀行としては, 規制対応が非常に難しくなっておりやっかいな問題となっている。

　リーマンショックを教訓に, 今後金融危機が発生しないよう, 発生しても公

5　2022 年より実施予定であった各種バーゼルⅢの最終項目は新型コロナ対応のため 1 年延期された。

〔図表2－10〕　G-SIBs30行のバーゼルⅢ CET1比率（2017年末）

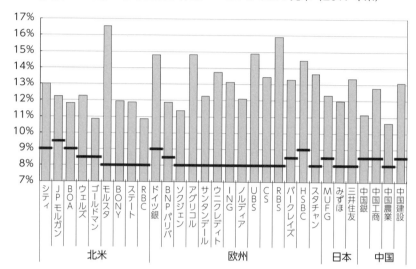

注1)　RBCは2016年10月末の数値。

注2)　太横線は，CET1最低所要水準（4.5%）＋固定バッファー（2.5%）＋各行のG-SIBs資本サーチャージ。

（出所）各行決算資料。

的資金を使うことがないよう，欧米当局を中心に金融機関への規制強化を図っているが，近年の規制強化の動きをみると，やや目的を逸脱し，欧米の金融機関への厳しい世論への配慮が中心となっている印象がある。リーマンショックにおいては，とくに欧米金融機関が過度にリスクをとったことが危機発生の原因となっているが，それに適切に対応できなかった当局にも問題があった。いたずらに，自己資本比率規制や流動性規制を強化しても問題解決にはならない。当局は，今後，既に導入している各種バーゼルⅢ規制の効果について検証し，規制の取りやめも含め見直す必要があろう。

［図表2－11］　バーゼルⅢの導入スケジュール

	2013年	2014年	2015年	2016年	2017年	2018年	2019年	2020年	2021年	2022年
コモンエクイティ比率（CET1比率）	3.5%	4.0%	4.5%	5.125%	5.75%	6.375%	7.0%			
最低所要水準	3.5%	4.0%	4.5%							
固定バッファー				0.625%	1.25%	1.875%	2.5%			
G-SIBs資本サーチャージ（1~2.5%）		段階的適用 →					完全実地			
コモンエクイティ控除項目導入割合		20%	40%	60%	80%	100%				
Tier1比率（固定バッファー含む）	4.5%	5.5%	6.0%	6.625%	7.25%	7.875%	8.5%			
Tier1比率（固定バッファー除く）	4.5%	5.5%	6.0%							
Tier1＋Tier 2（固定バッファー含む）	8.0%	8.0%	8.0%	8.625%	9.25%	9.875%	10.5%			
Tier1＋Tier 2（固定バッファー除く）	8.0%									
可変（カウンター・シクリカル）バッファー				設定の25%	〃50%	〃75%	〃100%			
既存Tier1-2 証券のうち不適格となる割合	10%	20%	30%	40%	50%	60%	70%	80%	90%	100%
TLAC（対リスクアセット比）						16%	18%			
レバレッジ比率（≧3%）	施行期間		（開示）		調整	第一の柱				
流動性カバレッジ比率（LCR ≧100%）	観察期間		60%	70%	80%	90%	100%			
安定調達比率（NSFR ≧100%）	観察期間					導入予定→延期	導入			
与信集中リスク管理	－	－	－	－	－	－	－			
IRRBBへの規制強化	－	－	－	－	－	導入				
デリバの評価手法SA-CCR導入	－	－	－	－	導入					
実効的なリスクデータ集計とリスク報告	－	－	－	遵守						
信用リスク標準的手法の見直し	－	一次案	二次案		最終案発表					導入　新型コロナ対応のため1年延期
信用リスクのIRBの見直し・利用制限（資本フロア）	－	－	－		最終案発表		72.5%			50%→27年　新型コロナ対応のため1年延期
CVAリスクの取り扱い見直し	－	－	二次案		最終案発表					導入　新型コロナ対応のため1年延期
オペリスク計測手法の見直し	－	一次案			最終案発表					導入　新型コロナ対応のため1年延期
ソブリンリスクの見直し					取り下げ					
気候変動が金融に与える影響						Task force（報告書→活動継続 (monitoring)）				

（出所）各種資料より筆者作成。

《参考文献》

廉了［2016］,『銀行激変を読み解く』日本経済新聞出版社。

佐久間浩司［2015］,『国際金融の世界』日本経済新聞出版社。

浪川攻［2018］,『銀行員はどう生きるか』講談社。

みずほ総合研究所編［2017］,『国際金融規制と銀行経営―ビジネスモデルの大転換―』
　中央経済社。

山沖義和・茶野努編著,［2019］『日本版ビッグバン後の金融機関経営―金融システム
　改革法の影響と課題―』勁草書房。

Davies, H.［2015］, *Can Financial Markets be Controlled ?*, Polity Press.

金融庁, 日本銀行, 首相官邸, 全国銀行協会, バーゼル委員会の公表資料。

G-SIBs 決算資料。

第3章

保険ソルベンシー規制の国際動向と
生保経営への影響

増井　正幸

【要　旨】

　本章では，経済価値ベースの考え方を軸に，EU，米国，日本の各ソルベンシー規制のこれまでの展開や今後の方向性を概説する。

　現在，諸外国では，経済価値ベースのソルベンシー規制に向けた取組みが進められている。EU では，資産と負債の市場整合的評価にもとづく経済価値ベースのソルベンシー規制が 2016 年から導入されており，日本においても経済価値ベースのソルベンシー規制の導入に向けた検討が進められている。

　経済価値ベースのソルベンシー評価のもとでは，資産と負債が市場整合的に評価されることから，経営行動の成果がストレートに反映され，保険会社内のリスクカルチャー醸成に繋がるという利点がある。具体的には，資産と負債を経済価値ベースで評価することによって，金利の変動に対して資産と負債が同方向に増減し，リスクの実態が適切に表される。また，継続率の改善や事業費などの経営効率の改善の結果が保険負債評価に反映されることにより，経営行動の結果が適切に反映されることになる。一方で，経済環境の変化に対して数字が不安定になる傾向があるのでその不安定性を考慮した監督実務が必要となると考えられる。

　また，保険監督者国際機構（IAIS）は，2025 年には行政介入基準としての適用に向けて国際的なソルベンシー規制の検討を進めている。わが国においてもこの動向を注視し，適切に対応していくことが必要となろう。

Keywords　ソルベンシーⅡ，RBC 規制，ソルベンシー規制の中期的見直し，
ICS，G-SIIs

1 EUのソルベンシー規制

EUではソルベンシーⅠと呼ばれるソルベンシー規制が約40年前に導入された（生命保険には1979年，損害保険には1973年に導入）。その後，ソルベンシーⅡと呼ばれる，経済価値ベースのソルベンシー規制が2016年に導入された。本節では，ソルベンシーⅡの概要を述べる。

1.1 ソルベンシーⅡの概要

EUのソルベンシーⅡは，保険会社の破綻可能性と破綻時の保険契約者のコストの最小化を目指すものであり[1]，銀行のバーゼル規制に倣って3本の柱アプローチを採用し，保険会社の自己管理と市場規律を中心とした監督を目指している。第1の柱は「資本要件」である。保有するリスクに対応できる資本水準が確保されているかを検証し，保険会社の量的側面を監督する（図表3－1）。第2の柱は「監督の検証プロセス」である。リスク管理や内部管理の有効性の確認により，ガバナンス面の監督を行う。第3の柱は「市場規律と開示」である。開示を推進し透明性を高めることにより，保険会社の自律的な行動を促す。

第1の柱では，資産と負債を時価評価し，両者の差額である自己資本の変動をリスクとしてとらえ，必要資本を算出する。保険会社は必要資本を上回る自己資本の確保が求められる。図表3－1にあるように，必要資本に関しては，自己資本が必要資本未達の場合に適用する行政措置に応じて，ソルベンシー必要資本（Solvency Capital Requirement：SCR）と最低必要資本（Minimum Capital Requirement：MCR）の2段階の必要資本がある（SCRとMCRの各々の特徴については図表3－2を参照のこと）。自己資本がSCR未達の場合に保険監督当局は資産処分の禁止などの措置を発動できる。自己資本がMCR未達の場合，保険監督当局は清算を含む，究極的措置を発動できる。

ここで，資産と負債を時価評価するにあたり，保険義務の履行に備えて負債として積み立てる保険負債も市場整合的に評価する。具体的には，保険義務を他の保険会社に移転する場合に支払うべき金額（移転価格）で評価する。この

---

1 絶対に破綻が発生しないことを強固に保証する制度の構築は不可能であることから，破綻ゼロを目指す体制でないことが明記されている。

〔図表3－1〕　ソルベンシーⅡの資本要件

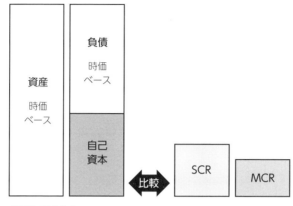

（出所）筆者作成。

〔図表3－2〕　SCR と MCR の特徴比較

	SCR	MCR
概念	• 期間 1 年の 99.5％の信頼水準の VaR に相当	• 期間 1 年の 85％の信頼水準の VaR に相当
計算の概要	• 想定されるリスク（例えば，株価が 30％下落）が生じた場合の純資産の変動量がリスク量 • 対象とするリスクは，保険会社がさらされている全ての計量可能なリスクを考慮 • 具体的には，損害保険引受リスク，生命保険引受リスク，健康保険引受リスク，市場リスク，信用リスク，オペレーショナルリスクなどが対象 • 最終的な SCR は上記リスクを，相関を加味して合計 • SCR の計算は，標準算式または内部モデルを使用（内部モデルは保険監督当局の承認が必要）	• 究極的な行政措置の判断のための基準となることから単純かつ客観的な計算方法を採用 • 保険負債，保険料，危険保険金などに所定の係数を乗じる • 上記の計算結果に対して SCR の 25％以上 45％以下の制限を適用

（出所）筆者作成。

移転価格は，最良推定負債とリスクマージンで構成される。最良推定負債は，評価日時点の死亡率や解約率などの計算前提にもとづいて将来に保険契約から発生する保険金支払や保険料収入などの将来キャッシュフローを見積もり，それをリスクフリーレートで割り引いた現在価値で計測する。リスクマージンは，保険負債が移転価格に等しくなるように最良推定負債に上乗せされる部分であり，将来キャッシュフローの変動に備えるための必要額である。

1.2　2008年リーマンショック後の動向

2009年に法律に相当するソルベンシーⅡ指令が採択され，ソルベンシーⅡは2012年11月に適用予定であった。しかしながら，2008年のリーマンショック，2009年以降の欧州ソブリン危機により，金融市場が不安定になったことを受けて，保険負債の割引率などの再検討が行われ，適用時期が延期された。その後，2014年に改正内容が合意され，ソルベンシーⅡの適用開始は2016年1月となった。

この割引率の改正内容は2014年4月に採択されたソルベンシーⅡの一部改正指令に含められている。改正指令採択以前では，保険負債の割引率として，スワップレートをベースとした「リスクフリーレート」が候補とされていた（保険負債のキャッシュフローの流動性に応じた調整を加算後）。改正指令では，リーマンショックなどを受けて短期的な金利変動の影響を回避する目的で，ボラティリティ調整やマッチング調整という割引率の加算調整が盛り込まれた。

ここでいうボラティリティ調整は，金融危機時にEU内で社債等のスプレッドが著しく上昇したことに対応する措置である。この措置は，債券スプレッド（対リスクフリーレート）が著しく拡大した場合，保有資産の運用利回りと保険負債の割引率の水準が大きく乖離し，資産と負債の評価が不整合となることを避けることを目的としたもので，「債券利回りを一部反映した保険負債の割引率」の使用を認めるというものである。当初は金融危機時にのみ適用するという枠組みで検討されていたが，金融危機の状態にあるかどうかを判断するのは難しいため，上乗せ水準を縮小して，金融危機にかかわらず常時適用することとされた。

マッチング調整は，保険負債のキャッシュフローに合わせた裏付け資産を満期まで保有するという資産負債管理（Asset Liability Management：ALM）を行っている場合でも満期までの間，短期的な金利変動により純資産が変動し

得るということに対処するものである。対象となる保険負債は，契約者から将来の保険料の払込みがなく，解約に制限があるなどの条件を満たすものに限定される。利用にあたっては監督当局の事前承認が必要である。マッチング調整を適用できる場合，当該保険負債の「裏付け資産（固定金利商品に限定）の利回りにもとづく割引率」が使用できる。

　これらの加算調整の他に，短期的な金利変動の影響を回避する目的で保険負債の割引率の超長期の部分に「終局フォワードレート」という仕組みが導入された。これは，保険負債の割引に用いるイールドカーブのうち金融市場で観察できない超長期の部分をマクロ経済見通しにもとづいて設定するものである。具体的には，ユーロの例では，市場金利は20年の年限まで用い，20年以降のフォワードレートについて，年限とともに終局フォワードレートに近づくように設定し，最終的に60年の年限のフォワードレートが終局フォワードレートに等しくなるようにイールドカーブを設定する。この終局フォワードレートは60年以降のすべての年限に適用される。終局フォワードレートは，期待実質金利と期待長期インフレ率の和として定義され，ユーロでは2016年時点で4.2%（期待実質金利が2.2%，期待長期インフレ率2%）に設定された。

　このような形で保険負債の割引率の改正が合意されたことを受け，前述のようにソルベンシーⅡの一部改正が採択され，2016年にソルベンシーⅡが適用された。

2　米国のソルベンシー規制

　米国ではリスク・ベースド・キャピタル（Risk Based Capital：RBC）と呼ばれるソルベンシー規制が定められている。RBC規制は1980年代後半から90年代初頭に相次いだ保険会社の破綻を受けて導入された規制であり，RBC比率の指標により自己資本の充実を判定する。RBC比率算定のベースとなる責任準備金は保険監督会計にもとづくもので，標準責任準備金評価法で積立水準が定められている。RBC比率は，保険会社間の資本充実度を比較するためのものではなく，個々の保険会社の財務健全性を判断し，必要な行政措置を実施するために用いられる。

　米国では保険会社は各州の保険監督規制に服しており，RBC規制や標準責任準備金評価法は，全米保険監督官協会（National Association of Insurance

Commissioners：NAIC）がモデル法を作成し，それを各州で州法に取り込む形で全米共通の保険監督が行われている。

2.1　RBC 規制の概要

　RBC 規制では，RBC 比率に応じて 4 つの行政介入段階（会社行動段階，監督上の行動段階，権限による管理段階，強制的管理段階）が定められている。生命保険会社，損害保険会社，医療保険会社では直面するリスクが異なるため，各々に適用する RBC 比率の計算式が用意されている。

　これらの RBC 比率は，保険監督会計にもとづいて計算した調整後自己資本を分子とし，個々のリスクカテゴリー毎に規定のリスク係数を保険監督会計の財務諸表数値に乗じて算出したリスク量を分母として算出される。このリスクカテゴリーは，大きく，子会社の資産リスク，資産リスク，保険リスク，金利リスク，事業リスクの 5 つに分類される。

　生命保険会社では，次式に各リスクの算出結果をあてはめて RBC 比率を算出する[2]。

生保 RBC 比率＝

$$\frac{調整後自己資本}{\{C0+C4_a+\sqrt{(C1_o+C3_a)^2+(C1_{cs}+C3_c)^2+(C2)^2+(C3_b)^2+(C4_b)^2}\}\times\frac{1}{2}} \tag{2-1}$$

　また，損害保険会社では，次式に各リスクの算出結果をあてはめて算出する[3]。

損保 RBC 比率＝

$$\frac{調整後自己資本}{\{R0+\sqrt{(R1)^2+(R2)^2+(R3)^2+(R4)^2+(R5)^2}\}\times\frac{1}{2}} \tag{2-2}$$

　RBC 比率算出のベースとなる責任準備金は，生命保険に関しては，標準責任準備金評価法で将来給付の現在価値から将来の修正純保険料の現在価値を控

2　調整後自己資本＝資本の部＋資産評価準備金＋配当負債×0.5
　　$C0$；子会社の資産リスク，$C1_{cs}$；資産リスク（株式），$C1_o$；資産リスク（その他），
　　$C2$；保険リスク，$C3_a$；金利リスク，$C3_b$；医療保険信用リスク，
　　$C3_c$；市場リスク，$C4_a$；事業リスク，$C4_b$；医療保険運営リスク。
3　調整後自己資本＝資本の部＋資産評価準備金＋配当負債×0.5
　　$R0$；子会社の資産リスク，$R1$；資産リスク（固定金利資産），$R2$；資産リスク（株式），
　　$R3$；資産リスク（信用），$R4$；保険引受リスク（支払備金），
　　$R5$；保険引受リスク（収入保険料）。

除したものと規定され，所定の計算基礎（普通生命保険死亡表，評価利率）を用いて算出する。ここで，普通生命保険死亡表は保険監督官標準死亡表を用い，評価利率はムーディーズ社が公表する月次の社債利回りにもとづく計算式にしたがって算出する。これらの計算基礎は将来にわたり変更されず契約時点のまま固定される（ロックイン方式）。

2.2　ソルベンシー規制の見直しプロジェクト

　2008年6月からNAICは，EUなどの国際動向の進展を背景に，ソルベンシー規制の枠組みを評価する目的でソルベンシー現代化イニシアチブ（Solvency Modernization Initiative：SMI）という取組みを開始した。この一環として行われているソルベンシー規制の見直しとして，生命保険の原則主義ベースの責任準備金評価・リスク評価がある。これは，（現行RBC規制の特徴である）規定の算式と計算基礎を用いたフォーミュラーベースのアプローチの課題に対処するものである。フォーミュラーベースのアプローチに対してアメリカン・アカデミー・オブ・アクチュアリーズは次のような欠点を挙げている[4]。

①　静的な算式は保険契約のすべてのリスクを捕捉していない可能性がある。
②　新しい商品や経済の進展につれて調整が必要である。
③　保険会社のリスクプロファイルにかかわらず規定の計算前提を一律に使用する十把一絡げのアプローチである。
④　アクチュアリーの専門的判断を厳格に制限している。

　これら欠点の解決のために原則主義ベースの責任準備金評価・リスク評価の導入に向けた取組みが進められた。ただし，RBC規制の見直しの方向性として，NAICは現行のソルベンシー規制の枠組みを大きく変えずに適宜アップデートしていくという考え方を示している[5]。原則主義ベースの取組みも，このアップデートの一環である。NAICは「米国の保険財務規制は数十年にわたり利用され，有効に機能してきた。米国の保険規制者は，まだ確認されていない新しい理論をもとに一から始めるよりも，現在の実績ある規制枠組みを改善することを支持する」という考え方を示している。

4　American Academy of Actuaries［2010］，Introduction to PBA.
5　NAIC［2013］，The U.S. National State-based System of Insurance Financial Regulation and the Solvency Modernization Initiative.

　生命保険の原則主義ベースのアプローチの特徴としては，契約に関連する重要なリスクや保証を捕捉するためテール・シナリオ重視，確率論的手法を含むリスク計量化手法の採用，保険会社独自の計算前提の使用といった点があげられる。原則主義ベースのアプローチは，金利リスクから着手された。同アプローチでは，会社固有の資産・負債ミスマッチ状況を反映するように複数シナリオを用いた将来キャッシュフローによる評価手法を採用している。この対象は変額商品，一時払い契約，年金商品である。

　また，責任準備金評価においても原則主義ベースのアプローチの導入が進められた。原則主義ベースの責任準備金評価は，死亡率等の計算前提を各社が自社の経験値などにもとづいて設定すること，確率論的手法を採用すること，計算基礎を定期的に見直すことが主な特徴である。このアプローチを導入後も，基本的には現行方式により計算した責任準備金の水準が下限となる。

　原則主義ベースのアプローチの導入に向けた法制化に関しては，2009年に標準責任準備金評価法が改正され，2012年12月に原則主義ベースの評価手法の細目を定める評価マニュアルが採択された。2017年に改正法が発効し，その後3年の経過措置を経て，2020年に強制適用された。ただし，改正法発効後の新契約のみが原則主義ベースの責任準備金評価の対象となる（既存契約は現行方式による）。

3　日本のソルベンシー規制

　わが国では，1996年の保険業法改正の際に，ソルベンシー・マージン比率（以下，SM比率）が導入された。保険会社は，通常予測できる範囲のリスクに対して，将来の保険金等の支払に備え責任準備金を積み立てている。SM比率は，大災害や株価の暴落など，通常の予測を超えて発生するリスクに対応できる支払余力を有しているかどうかを判断する保険監督上の指標の1つである。SM比率は米国RBCを参考にして導入されたものであるが，その後の諸改正を経て，現在，経済価値にもとづくソルベンシー規制への転換に向けた検討が進められている。本節では，わが国のソルベンシー規制の概要と今後の方向性を概説する。

3.1　現在のソルベンシー規制と短期的見直しの概要

わが国の現在の SM 比率は，純資産，危険準備金などの諸準備金，その他有価証券評価差額金などの，通常の予測を超えて発生するリスクに対応できる支払余力を「ソルベンシー・マージン総額」としてとらえ，これを保険リスク，予定利率リスク，資産運用リスクなど通常予測できる範囲を超える諸リスクを数値化して算出した「リスクの合計額」に2分の1を乗じた額で除して得られる健全性指標である。

$$SM\ 比率 = \frac{ソルベンシー・マージン総額}{リスクの合計額 \times \dfrac{1}{2}} \qquad (2\text{-}3)$$

SM 比率は，1999 年に導入された早期是正措置の発動の判定基準の1つであり，SM 比率が 200％ を下回った場合には，その未達状況に応じて監督当局が業務改善などの命令を発動する。

保険会社の支払能力の中核をなす責任準備金に関しては，1996 年の改正保険業法において導入された標準責任準備金制度により，責任準備金の積立方式と計算基礎が監督当局によって定められることとなった。標準責任準備金制度では，平準純保険料式で積み立てることとされ，予定死亡率は日本アクチュアリー会が作成し，金融庁長官が検証したもの，予定利率は国債の利回りを基準に設定されている。現行の責任準備金は，契約時の予定死亡率・発生率にもとづく将来の支出（事業費を含まない）と収入（純保険料）の差額を契約時の予定利率で割り引いて評価する。この予定死亡率等の計算基礎は将来にわたり変更せず（ロックイン方式），また，保険契約の 100％ 継続を前提とする。

SM 比率に関しては，2010 年に算出基準の一部変更（ソルベンシー・マージン基準の短期的見直し）により，マージン算入項目およびリスク係数の厳格化が行われた[6]。また，ほぼ同時期に連結ベースの SM 比率の導入が行われた。この短期的見直しは，2007 年の SM 比率の算出基準等に関する検討チームの報告書にもとづくものである。この報告書は，現行の算出方法に関して，保険

6　この短期的見直しでは，SM 比率の分子であるマージンの算入厳格化（繰越欠損金等に係る繰延税金資産のマージン算入制限等）が行われるとともに，分母であるリスクについても計測の厳格化（価格変動等リスクのリスク係数の信頼水準の引上げ（90％から95％）等）が行われた。

会社のリスク管理の高度化や財務体質の強化を図る観点から，さらに改善を行う必要はないかなどの見地からとりまとめられたものである。報告書では，「見直しにおいて，信頼水準の向上などにより，早期是正措置のトリガーとしての200％が真に有効な水準であると消費者等に受け止められるようにすることが適当である」という考え方が示されている。金融庁は，この報告書を受けて，保険業法施行規則・告示の改正案を意見募集に付し，2010年4月に改正規則・告示が公布された。この改正内容は2012年3月期から適用されている。

3.2　主要国ソルベンシー規制との特徴比較

　これまで述べてきた日本のソルベンシー規制の特徴について，EUのソルベンシーⅡ，米国RBC規制と比較・整理したものが**図表3-3**である。

　この図表からわかるように，EUのソルベンシーⅡのみが資産と負債の経済価値をベースとしたものとなっている。経済価値ベースのソルベンシー規制のもとでは，資産と負債が整合的に評価されることから，保険会社のリスクの実態や経営行動の成果が適切に表され，保険会社内のリスクカルチャー醸成に繋がるという利点がある。このような特徴を持つ経済価値ベースのソルベンシー規制について，日本での検討状況を次節で述べる。

3.3　日本における今後の方向性

　前記の検討チーム報告書では，SM比率の算出基準見直しに係る短期的対応に加えて，ソルベンシー規制の中期的見直しとして，経済価値ベースのソルベンシー評価を目指すべきと提言されている。

　検討チーム報告書では，「現在の規制では，資産が時価評価により変動しても，負債は固定されたままである。（中略）現行のソルベンシー評価の方式では，例えばALMによりリスク管理を行っていてもそれがリスク量やマージンの十分な評価に必ずしもつながらないこととなり得る」という問題意識から，「ソルベンシー規制の今後あるべき姿として，経済価値ベースで保険会社のソルベンシーを評価する方法を目指すべきである」という提言が行われている。

　これを受けて，金融庁は2010年6月に経済価値ベースのソルベンシー規制導入に係るフィールドテスト（各社影響調査）を実施した。このフィールドテストは，各保険会社に対して金融庁指定の方法で，経済価値ベースの保険負債等の試算を依頼するものである。金融庁におけるフィールドテストの目的は，

〔図表３－３〕　EU，米国，日本のソルベンシー規制の特徴比較

	EU	米国	日本
資産の評価 （有価証券）	• 時価評価	• 償却原価評価（債券等），または時価評価（上場株式等）	• 保有目的に応じて償却原価評価または時価評価
保険負債の評価	• 市場整合的評価（将来キャッシュフローの割引現在価値にもとづく）	• 契約時点の計算基礎にもとづく評価（ロックイン方式）に加えて，将来キャッシュフロー分析により追加の責任準備金の要否を判断 • 原則主義ベースの責任準備金の評価において計算基礎は定期的に見直されるが（ロックフリー），この導入後も基本的には現行方式の責任準備金の水準が下限となり，負債の増加方向に対してのみロックフリーとなる	• 契約時点の計算基礎にもとづく評価（ロックイン方式）に加えて，将来キャッシュフロー分析により追加の責任準備金の要否を判断
必要資本 （リスク量）	• SCR と MCR の２種類 • SCR，MCR 各々について未達の場合の監督措置を規定 • SCR の信頼水準は 99.5％，MCR では 85％	• リスク量は１種類（RBC比率の分母） • RBC 比率に応じて４段階の行政介入水準を規定 • 信頼水準は個々のリスク毎に異なり，全体としての信頼水準は明示されていない（例えば資産リスクでは 94％から 96％）	• リスク量は１種類（SM比率の分母） • SM 比率が 200％ を下回った場合，未達状況に応じて監督措置を発動 • 信頼水準は 95％（価格変動等リスク等）

（出所）筆者作成。

　各保険会社の対応状況を把握し，その過程で抽出された実務上の問題点などを今後の導入に向けた検討に活かしていくことにある。フィールドテストの試算において，経済価値ベースの保険負債評価の計算方法，金利水準，リスク係数などの前提条件等は，金融庁から全社一律のものが提示された。またリスク量の前提となる信頼水準は短期的見直しと合わせた 95％とされた[7]。

7　2010 年 6 月の金融庁プレスリリース「経済価値ベースのソルベンシー規制の導入に係るフィールドテストの実施について」による。

　続く2011年5月には，金融庁はこのフィールドテストの結果の概要を公表した。この概要では，経済価値ベースの保険負債評価などについて各社のアンケート結果が次のようにとりまとめられている。

　まず，経済価値ベースの保険負債評価については，つぎのとおりである。

①　資産負債の一体管理が可能となり，ALMの促進やリスク管理の高度化に資するため重要であると多くの保険会社は認識している。

②　各社の社内で進めている経済価値ベースのリスク管理との整合性や国際会計基準，国際的な規制との関係から，経済価値ベースの保険負債評価にもとづくソルベンシー規制の導入を是とする意見が多かった。ただし，長期保険負債に対応した超長期債市場が十分でないことなどから，ALMの効果が不十分となるため規制導入の際には配慮すべきとの意見もあった。

実務的な課題については，以下のような課題が明らかになった。

①　保険負債計算の将来キャッシュフローの推計などにあたっては計算負荷が大きいとの意見も多く，合理的な範囲で一定の簡便な計算手法の検討などが必要である。

②　内部モデルについては，計算の信頼性向上の途上にあるものの，保険会社内で既に内部モデルによる計測を行っている先も多く，今後，規制の導入にあたっては，承認基準の策定などが必要である。

　なお，この結果概要において，今後の検討にあたり，実務的課題などについては，日本アクチュアリー会や損害保険料率算定機構等の専門組織と連携し検討を進めていくことが示された。また，今後の検討の進め方として，あらかじめロードマップを明らかにするなど，十分に予測可能性を高めつつ，関係者との対話を通じ，新たな枠組みづくりに着実に取り組んでいく方針が示された。

　その後の検討を受けて，金融庁は，2014年6月に経済価値ベースのソルベンシー規制導入に係るフィールドテストを実施した。このフィールドテストは，前回同様に各保険会社の対応状況を把握し，その過程で抽出された実務上の問題点等を今後の導入に向けた検討に活かしていくことを目的に行われた。今回のリスク量の信頼水準はEUなどの経済価値ソルベンシー規制を参考にした水準（99.5％）とされた。

　その後，金融庁は，2016年，2018年，2019年にIAISで検討中のICS（保

険の国際資本基準，P.60 で詳述）と基本的に整合的な内容でフィールドテストを実施した。2019 年 6 月に金融庁が公表した 2018 年フィールドテストの結果概要では，経済価値ベースのソルベンシー比率（経済価値ベースの適格資本を必要資本で除した値）は，2018 年 3 月末では生命保険会社が 141%（41 社平均），損害保険会社が 189%（51 社平均）と，いずれも適格資本が必要資本を超える水準となったことなどが示されている。この結果概要では，保険会社から「フィールドテストで指定の計算手法について，生命保険リスクおよび損害保険リスクのリスク係数・ストレスシナリオが日本の実態を反映していないので修正すべき」，「必要資本の計算においては，内部モデルの活用を認めるべき」というコメントが多かったと分析されている。また，規制全般に関して保険会社から「意図せざる影響を回避する制度設計とすべき」，「早期是正措置は柔軟にすべき」，「規制導入時の経過措置を検討すべき」，「国際規制と国内規制の整合性に配慮すべき」というコメントがあったと整理されている。

　金融庁は ICS に遅れないタイミングでの導入を念頭に議論を行っており，2019 年には国際的な議論も踏まえた国内規制の方向性を検討するため，外部有識者による「経済価値ベースのソルベンシー規制等に関する有識者会議」を設置し，検討を進めた。2020 年 6 月には有識者会議の報告書が公表され，2022 年頃に制度の基本的な内容を暫定的に決定することを目指すという今後の検討タイムラインが示されている。

4　IAIS のソルベンシー規制

　前述のとおり，各国のソルベンシー規制には固有の成り立ちや特徴があり，検討段階が異なっている。このような現状のなかで，国際的な保険の統一資本基準の開発を進めているのが保険監督者国際機構（International Association of Insurance Supervisors：IAIS）である[8]。IAIS は，200 以上の国・地域の保険監督当局をメンバーとする団体であり，銀行業におけるバーゼル委員会に相当する。本節では，IAIS の保険のソルベンシー規制について概説する。

8　銀行においては，バーゼル規制という国際的な統一の自己資本比率規制があるが，保険会社向けにはバーゼル規制に相当するような国際統一規制はない。

4.1 保険の基本原則

保険の基本原則（Insurance Core Principle：ICP）は，保険監督の国際的な枠組みを提供し，実効的な保険監督の基礎となる。ICP は，各国の保険監督の基本的なベンチマークとして，国際的に整合的な監督の枠組みの導入を促進させるもので，各国の監督体制において改善が必要となる分野の特定に利用される。ICP は，原則，基準，ガイダンスという 3 段階の要素で構成される。このうち，原則は最上位のものであり，保険監督において不可欠な要素である。基準は，ICP を実施するためのハイレベルな要件を記載し，各国が原則の遵守を示すために満たさなければならない要素である。ガイダンスは，ICP の原則や基準を満たすような例示や基準の意味を解説するものである。

ICP は，世界銀行，IMF が共同で実施する金融セクター評価プログラム（Financial Sector Assessment Program：FSAP）の金融制度評価に使用されている。世界銀行と IMF は，各国の金融制度を評価するために国際的に認識された基準を用いるが，保険セクターでは ICP が使用されている。

ICP は 1997 年に初めて公表され，その後，数度にわたり改正されている。現在の ICP は ICP 1 から ICP 25 で構成される。このうちソルベンシー規制に関係するものは，ICP 14「評価」，ICP 17「資本十分性」である。また，ERM に関するものとして ICP 16「ソルベンシー目的の統合的リスク管理」がある。これらの ICP を順に概説する。

4.1.1 ICP 14「評価」

ICP 14 は，ソルベンシー目的の資産と負債の評価の要件を定めるものである。資産と負債は経済価値ベースで評価するとされている。ここでいう経済価値とは，基本的に将来キャッシュフローの現在価値にもとづく市場整合的評価を指す。

4.1.2 ICP 16「ソルベンシー目的の統合的リスク管理」

ICP 16 では，すべての重要なリスクに対応するための統合的リスク管理を保険会社に求めるものである。大まかな内容としては，統合的リスク管理の枠組み，および，リスクとソルベンシーの自己評価（Own Risk and Solvency Assessment：ORSA）の要件が定められている。概要としては，リスクの性質，

規模および複雑性に適切で，リスク管理，資本管理，ソルベンシー目的におい
て適当な技法を用いて，リスクの特定と計量化を行うとともに，リスク管理方
針，リスク許容度の設定を求めている。また，自社のリスク管理の十分性，お
よび，現在と将来のソルベンシー状態に関する十分性を評価する ORSA を定
期的に実施することを求めている。なお，この ORSA については，保険会社
の取締役会および上級管理職が責任を負わねばならない。

4.1.3　ICP 17「資本十分性」

ICP 17 では，保険会社が困難な状況においても保険契約者に対する義務履
行のために十分な水準の規制上の必要資本を設定し，これを満たす資本リソー
スを保険会社が維持することを求めている。この必要資本として，規定必要資
本（Prescribed Capital Requirement：PCR）と最低必要資本（Minimum Capital
Requirement：MCR）の２つがある。

PCR は，この水準以上あれば，資本十分性に関して保険監督者から介入を
受けないソルベンシー水準である。MCR は，この水準を下回る保険会社が是
正行動をとらない場合に保険監督者が最も厳しい措置を行う水準である。

4.2　国際的な保険監督規制を巡る動き

2008 年のリーマンショック以降，G20 主導で，金融システムの安定，金融
危機の再発防止を目的として金融安定理事会（Financial Stability Board：
FSB）が金融機関の監督規制の強化を進めている。**図表３－４**にあるように，
金融機関の監督強化に向けた FSB の決定事項は，IAIS，バーゼル銀行監督委
員会（Basel Committee on Banking Supervision：BCBS），証券監督者国際機
構（International Organization of Securities Commissions：IOSCO）により，
保険，銀行，証券の各金融セクターの国際的な金融監督規制の枠組みに反映さ
れ，各国の金融監督規制に影響を与えることとなる。

〔図表3－4〕　国際的な金融・保険の監督規制の検討体制

（出所）金融庁資料をもとに筆者作成。

〔図表3－5〕　G-SIIs と IAIG に適用される監督規制

	適用対象		
	G-SIIs	IAIG	左記以外の保険グループ，保険会社
ICP	ICP を適用		
コムフレーム	コムフレーム（ICS を含む）を適用		——
G-SIIs 向けの規制	HLA を適用	——	——

（出所）IAIS 資料をもとに筆者作成。

4.2.1　G-SIIs と IAIG

　保険セクターでは，IAIS が，グローバルなシステム上重要な保険会社（Global Systemically Important Insurers：G-SIIs）の監督規制，コムフレーム[9]の検討を進めている。**図表3－5**にあるように，G-SIIs には，上乗せ資本（Higher

---

　9　コムフレーム（ComFrame）は，Common Framework for the Supervision of Internationally Active Insurance Groups の略であり，国際的に活動する保険グループの監督のための共通の枠組みのことを指す。

Loss Absorbency：HLA）の資本要件までが適用される。国際的に活動する保険グループ（Internationally Active Insurance Groups：IAIG）には，保険の国際資本基準（Insurance Capital Standard：ICS）が適用される。各々の規制強化の概要を述べる。

4.2.2　G-SIIs の監督規制

　金融システムにおいて重要な地位を占める金融機関が破綻した場合，その金融機関と取引を行っている多くの金融機関に信用不安が伝播し，その結果として金融システム全体が機能不全となり，国民生活全般に大きな影響を及ぼす可能性が懸念される。このような経済社会に対する悪影響を避けるため，2008年の金融危機において，各国政府は公的資金を投入して金融システムにおける重要な金融機関を存続させざるを得ない事例が生じた。このときの教訓から，破綻した場合に金融システムに大きな影響を与えるような金融機関を特定し，当該機関に対してより高い損失吸収能力を保持することを課すとともに，経営破綻の場合でも，公的資金なしに円滑な破綻処理を可能とする仕組みを整備することが G20 で国際的に合意された。これを受けて FSB が規制強化を主導することとなった。

　この規制強化の対象となるのはグローバルなシステム上重要な金融機関（Global Systemically Important Financial Institutions：G-SIFIs）である。この G-SIFIs の内訳としては，銀行セクターはグローバルなシステム上重要な銀行（Global Systemically Important Banks：G-SIBs）であり，保険セクターはG-SIIs である。規制強化に向けた具体的な検討は，まず銀行を対象に着手された。2011 年 11 月にカンヌで開かれた G20 において，G-SIFIs は再建・破綻処理計画の策定および追加的な資本要件に服するという政策が承認された。その後，同月，FSB から G-SIBs の最初のリストが公表され，日本のメガバンク3行を含む 29 行が指定された[10]。この指定を受けると，追加的な資本要件として，バーゼルⅢの自己資本比率に対して（当該銀行のシステミックリスク評価に応じて）1％から 2.5％の上乗せが求められるとともに，事前に再建・破綻処理計画の策定が求められることになる。

　保険セクターについては，まず，保険会社の経営危機が金融システムに重大

10　その後の定期見直しにより，2019 年 11 月時点では 30 行が指定されている。

な影響を与えるかという分析が進められた。2011年11月にIAISは「保険と金融安定」を公表した。このなかで，IAISは，伝統的な保険業務がシステミックリスクを誘発または増幅するという証左はないが，非伝統的保険業務（最低保証付きの変額年金，証券貸与，金融保証など）や非保険業務（CDSの引受けなど）を行う保険グループは，システミックリスクを誘発または増幅する可能性があるとの考えを示した。このような検討を経て，2013年7月に欧州，米国等の保険会社9社がG-SIIsに指定された（日本の生損保は該当せず）。

IAISでは，HLAと呼ばれる上乗せ資本の適用などのG-SIIs向けの規制について2016年までに一通りの検討を終えた。その後，このG-SIIs向けの規制の枠組みについて「システミックリスクの包括的フレームワーク規制」への置き換えが検討され，2018年11月に公開草案が公表された後，2019年11月に最終化された。これに伴ってG-SIIs指定は停止されている状況にある。この背景としては，G-SIIs規制という個別会社を対象とする規制では規制の対象範囲が狭いのではという問題意識からG-SIIsの追加規制に代わるものとして，すべての保険会社を対象に個々の事業活動ベースで規制する「システミックリスクの包括的フレームワーク規制」の検討が開始されたものである。この包括的フレームワーク規制の主な要素には，監督モニタリング，リスクエクスポージャーの管理（流動性リスク管理，カウンターパーティ・エクスポージャー管理など），危機管理計画，監督上の介入権限（システミックリスク増加につながる事業活動の制限など）が含まれている。

4.2.3 コムフレーム

米国AIG社の破綻において，複数国で活動する同社の経営実態を監督当局が把握できていなかったことを契機に，コムフレームを開発することになった。コムフレームは，IAIGのグループ全体の監督手法の開発，保険監督者間の連携・協調の推進，保険監督ルールの国際的調和を目的としたものである。

(1) コムフレームとICS

コムフレームは，適用範囲，グループ監督者，IAIGが従うべき要件の3つの分野で構成される。まず，適用範囲については，IAIGが適用対象とされ，具体的にどの保険グループがIAIGに該当するかは，国際活動基準と規模基準の2つの要件にもとづいて関係国の保険監督当局と協議のうえ，本国の保険監督当局が指定する。IAISは，IAIGの総数として50社程度を想定している。

IAIG の認定基準は，国際活動基準として「3カ国以上で事業展開かつ保険料収入の 10% 以上が海外」，規模基準として「収入保険料 100 億ドル以上または総資産 500 億ドル以上」とされている（この 2 つは，かつ要件）。日本では，3 大メガ損保と第一生命の 4 社が IAIG に認定される見通しとの新聞報道[11] もあるが，最終的にどの保険グループが該当するかは現時点では公表されていない。

　グループ監督者に関しては，グループ監督者の役割，協力などが規定されており，グループ監督者の権限の明確化や強化が図られている。

　IAIG が従うべき要件に関しては，経営構造，ガバナンス，ERM に関する定性的要件，資本十分性評価があげられている。この資本十分性評価は，適格資本リソースと資本ベンチマーク（必要資本に相当）を比較することにより行うこととされている。この具体的な中身は，現在検討中の ICS に置き換わることとなる。

　コムフレームは 2019 年 11 月に最終化され，その後，各国で適用される予定である（ICS は別途の適用スケジュール予定）。

(2) ICS の概要

　ICS はフィールドテスト（影響調査）を通じて検討が進められている。ICS は，銀行セクターにおけるバーゼルⅢに相当するような国際的に統一された定量的な保険の資本基準を開発しようとする「世界初の試み」である。これを数年間で開発するという計画で検討が進められている。2014 年 12 月，IAIS は ICS の公開草案を公表した。

　この公開草案では，資産・負債の評価として，時価評価を基本（保険負債は，最良推定負債にもとづく）としつつ，この他，各国の一般目的の財務諸表の数値に調整を加えるアプローチ[12] にも言及している。公開草案で提案された ICS の概要は**図表3－6**のとおりである。

　その後，IAIS は 2017 年 7 月に ICS バージョン 1.0 を公表した。これは今後のフィールドテストに用いるためのものであり，欧米間の意見対立を背景に割引率やリスクマージンなどに複数の算出手法が選択肢として残されていた。これらの選択肢の検討のため IAIS は，2016 年，2018 年には ICS の公開草案を

11　2014 年 12 月 4 日付産経新聞「世界保険大手に資本規制　国内は東京海上，第一生命など 4 社が対象に」。

12　本アプローチの具体的な手法は提示されておらず，今後の検討事項である。

〔図表３－６〕　公開草案で提案された ICS の概要

	特　徴
ICS 比率	• ICS 必要資本に対する適格資本の比率 • 少なくとも 100％ 以上であることが必要
適格資本	• Tier1 と Tier2 の２つに分類
必要資本	• IAIG がさらされているすべての重要なリスクを反映 • 信頼水準として 99.5%VaR，90％ 条件付き（テール）VaR を提案 • 主なリスクカテゴリーは，保険引受リスク，市場リスク，信用リスク， 　オペレーショナル・リスク

(出所) IAIS 資料をもとに筆者作成。

公表し，フィールドテストを通じて影響分析を進めた。そして，2019 年 11 月に ICS バージョン 2.0 の原則部分が IAIS で採択された（細目は 2020 年 3 月に公表）。必要資本の信頼水準は 99.5％ VaR とされている。今後は，2020 年からの５年間をモニタリング期間として，その間に ICS バージョン 2.0 に更なる改良を行ったうえで，2025 年に行政介入基準として適用される予定である。しかしながら，欧米間の意見対立は根深いことから，今回採択された内容も将来への結論の先送り感が強いため，モニタリング期間における国際議論の動向に引き続き注視が必要であると考えられる。

5　経済価値評価の特徴と生保経営への影響

　前述のとおり，EU や日本では経済価値ベースのソルベンシー評価についての取組みが進められている。経済価値評価は現行の保険会計と比較してどのような特徴があって保険会計にどのような影響があるのであろうか。本節では，現行の保険会計の基礎となる考え方を簡単に紹介したのち，経済価値評価の特徴と生保会計への影響を述べる。

5.1　生命保険数理と責任準備金

(1) 収支相等の原則と保険料計算

　保険制度においては，収入する保険料総額と支出する保険金（および諸経費）総額とが等しくなるように保険料を定めることを基本原則としている。これが，保険料計算における収支相等の原則である。数値例をあげると，

＜保険料の数値例＞

1万人の集団を対象に今後1年間の間に死亡すれば1年後に10万円の保険金を支払う保険契約を考える。この集団の1年間の死亡率は0.003，受領した保険料は2％の利率で運用できることとする。

この保険料をPとすると，

保険金支出＝1万人×0.003×10万円＝300万円

保険料収入＝1万人×P

利息収入＝1万人×P×2％

収支が相等するには，保険料収入＋利息収入＝保険金支出となればよい。

そして，1万×P×1.02＝300万円　を解いて保険料は約295円となる。

この例は保険金支払に充てる予定の保険料である純保険料の計算イメージを示したものである。実際には保険事業を運営するための諸経費がかかるため，諸経費に充てる予定分を純保険料に上乗せする。この上乗せ分の保険料を付加保険料という。純保険料に付加保険料を加えたものが，一般に保険料と呼ばれる営業保険料である。純保険料は保険金支払に充てる予定の部分であり，予定死亡率と予定利率にもとづく。付加保険料は保険事業の運営の諸経費に充てる予定の部分であり，予定事業費率にもとづく。これらの予定死亡率，予定利率，予定事業費率を保険料の計算基礎という。この保険料の計算基礎の「予定」は保険事業を長期継続して営むことを前提に安全目を見込んだものである。現行の保険会計では，この予定と実績の差が剰余（又は損失）となる。

（2）自然保険料と平準保険料

生命保険の対象となるリスクには死亡保障のように，年齢に応じて大きくなるものが多い。たとえば，30歳時に保険期間40年の保険に加入し，毎年リスクに応じた保険料を支払うとすると30歳から年齢が上がるにつれて保険料が高くなるため高齢時に高い保険料を支払うことができなくなるという欠点がある。

この欠点の解決のために，保険料負担の平準化が考えられた。これは，異時点間の収入と支出のずれに対応するため予定利率で割り戻した現価で収支相等させるように計算する方法である。こうして平準化された保険料を平準保険料，平準化を行う前の保険料を自然保険料という。

(3) 責任準備金

保険料は平準保険料なので保険期間の初期には保険料収入が保険金支出を上回って余りが出るが，保険期間の後期には保険金支払が保険料収入を上回り不足することになる。このため，将来の保険金支払に備えて初期に発生する収支差額の一部を積み立てておく必要がある。また，満期保険金を支払う保険契約では，将来の満期保険金支払のために満期保険金支払の財源の積み立てが必要である。これらの将来の保険金支払に備えて積み立てておくべき金額が責任準備金である。責任準備金は，保険業法および保険業法施行規則に定められた保険会社の負債項目の一つである。日本における現行の責任準備金は，契約時の予定死亡率・発生率にもとづく将来の支出（事業費を含まない）と収入（純保険料）の差額を契約時の予定利率で割り引いて評価する。この予定死亡率などの計算基礎は将来にわたり変更せず（ロックイン方式），また，保険契約の100％継続を前提とする。

5.2　経済価値評価の特徴と生保会計への影響

　経済価値ベースの保険会計では，最新の見積りによる将来の支出（事業費を含む）と収入（営業保険料）の差額（支出−収入）を最新の金利で割り引いた評価額をもとに保険負債が計上される。この将来キャッシュフローの現在価値にリスクマージンを別途加算したものが経済価値ベースの保険負債となる（両者を明示的に分離）。このリスクマージンは，将来キャッシュフローの変動に備えるために保険負債に含まれるものであり，その算出方法には概念上，さまざまな手法（アサンプション法，パーセンタイル法，資本コスト法など）がある。前述のICSバージョン2.0ではパーセンタイル法が採用されている。これは，将来キャッシュフローの現在価値を平均として，正規分布を前提に一定パーセンタイル点（生保では85パーセンタイル）との差額をリスクマージンとする方法である。また，EUのソルベンシーⅡでは資本コスト法を採用している。資本コスト法では，リスクマージンは，将来にわたって必要資本を維持するための資本を資本市場から調達するコストの現在価値として計算される。

　一方，現行の日本の保険会計では，契約時の予定死亡率などにもとづく将来の支出（事業費を含まない）と収入（純保険料）を契約時の予定利率で割り引いた評価額が貸借対照表に負債として計上される。現行の保険会計では計算基礎に安全目が見込まれているので，これを通じてリスクマージンは暗黙的に負

〔図表3－7〕　継続率改善が貸借対照表に与える影響

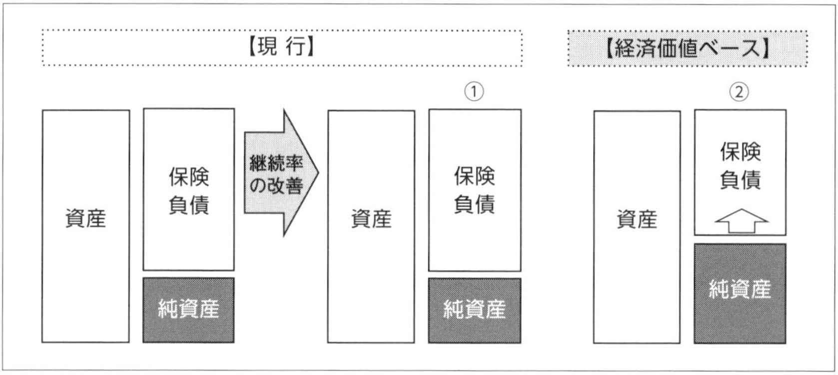

- **現行の保険会計（中央 ①）**
  保険事故発生による消滅を除いて契約が100％継続する前提で評価するため，継続率が改善しても保険負債（責任準備金）は変動しない（結果，純資産は変動しない）。
- **経済価値ベース（右 ②）**
  支出・収入の見積りに使用する継続率が改善すれば保険負債は減少し，純資産が増加。

（出所）筆者作成。

債に含まれている。

　経済価値ベースの保険会計と現行会計では，貸借対照表における継続率，金利などの変動の影響について以下のような違いがある。

（1）継続率改善が貸借対照表に与える影響

　経済価値ベースの保険会計は保険負債の実質的な財務状況が表される。この評価モデルでは，継続率が改善すると，それに伴って**図表3－7**のとおり保険負債の経済価値も変動する。死差益，費差益がある保険契約，すなわち死差益，費差益で利差損を埋め合わせできる契約では，保険負債の評価に使用する継続率が改善すると，その改善により残存契約が多くなることで将来の死差益，費差益が大きくなり，その結果，保険負債は減少する。これを予定利率が市場金利よりも低い順ざや契約のケースで説明する。保険負債の計上額は，（支出の現在価値）－（収入の現在価値）である。順ざや契約では，継続率が改善すると後の年度に支出がずれることに加えて，継続率の改善により残存契約が多くなり，収入の現在価値が大きくなることから保険負債は減少する。

　現行の保険会計では，保険事故発生による消滅を除いて契約が100％継続す

〔図表３－８〕　金利変動が貸借対照表に与える影響

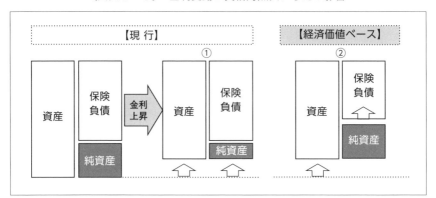

- 現行の保険会計（中央 ①）

  金利が上昇すると資産（債券）は時価で評価されるため資産計上額が減少するが，保険負債（責任準備金）は契約時の予定利率により評価されるため変動しない。
- 経済価値ベース（右 ②）

  保険負債は最新の割引率にもとづいて評価されるため，金利上昇により資産が減少するだけでなく，保険負債も減少する。

（出所）筆者作成。

る前提で評価するため，継続率が改善しても負債は変動しない（結果，純資産は変動しない）。経済価値ベースの保険会計では，継続率が改善すれば負債は減少する。言い換えると，継続率の向上という保険会社の経営政策の効果が貸借対照表の純資産の増加というかたちで貸借対照表に現れる。

（2）金利変動が貸借対照表に与える影響

　現行の会計では，金利が変動すると資産が増減するが，負債は増減しない。一方，経済価値ベースの保険会計では，金利が変動すると資産だけでなく，負債も増減する。図表３－８の金利上昇を例に説明すると，現行の保険会計では，金利が上昇すると資産（債券）は時価で評価されるため資産計上額が減少するが，負債（責任準備金）は契約時の予定利率により評価されるため変動しない（資産の減少額のみが純資産に反映され，結果，純資産が小さくなる）。

　経済価値ベースの保険会計では，保険負債は最新の割引率にもとづいて評価されるため，金利上昇により資産が減少するだけでなく，負債も減少する。通常，金利変動に対して資産と負債の変動額は異なるため，その差が純資産に反

映される。多くの保険商品では，金利変動に対する負債の変動額は資産の変動額よりも大きいため，金利上昇の場合には，純資産が増加することになる（金利低下の場合は逆の結果となる）。

5.3　経済価値評価の意義と課題

　経済価値ベースの評価では，将来のキャッシュフローなどの情報を反映した保険会社の実態が，より適切に表されるようになる。また，経済価値ベースの評価は企業価値の増大といった経営目標とも整合的であることから多くの生保において内部管理で使用されている。

　一方で，経済価値ベースの評価は，経済環境の変化に対する資産・負債のミスマッチを受けて数字が不安定になる傾向がある。そのため経済価値ベースのソルベンシー規制の導入にあたっては，数字の不安定性を考慮した総合的かつ複眼的な視点が必要となると考えられる。ある一時点の経済価値のみにもとづいて行政介入を行うと会社の存続可能性の判断を誤る可能性があるためである。また，保険会社間の比較可能性を重視した画一的な資本基準によって行政介入が行われると，個々の保険会社のリスク特性を適切に捉えずに保険会社の健全性を誤判定してしまう恐れもある。経済価値のみにもとづいて一時点の状況で行政介入の判断を行うような枠組みは必ずしも適切でないと考えられ，経済価値ベースの規制においてはさまざまな監督ツールを併用する監督実務が必要となると考えられる。

　加えて，海外子会社の連結に固有の留意点もある。ICS バージョン 2.0 の採択においては，カナダなどの一部の国は反対の意向を示しており，ICS は国際合意として強固なものとは言えない面もあり，近い将来に全世界の全ての保険会社が ICS に服する状況になるとは想像しがたい。このため経済価値ベースの連結ソルベンシー評価の検討にあたっては，ICS の取扱いをそのまま流用すると問題が生じるような場合には必要に応じて，海外の保険子会社の評価基準の調整などを行う必要があると考えられる。

《参考文献》

金融庁［2011］，『経済価値ベースのソルベンシー規制の導入に係るフィールドテスト（結果概要）』。

金融庁［2019］，『2018 年フィールドテストの結果概要及び 2019 年の方向性について』。

経済価値ベースのソルベンシー規制等に関する有識者会議 [2020]，『「経済価値ベースのソルベンシー規制等に関する有識者会議」報告書』。

生命保険協会［2019］，『生命保険講座 生命保険計理』。

ソルベンシー・マージン比率の算出基準等に関する検討チーム［2007］，『ソルベンシー・マージン比率の算出基準等について』。

中村吉男［2000］，「生命保険商品（第 5 章）」住友生命総合研究所編著『21 世紀の生命保険産業—ザ・セイホの時代を超え自助社会の主役へ—』金融財政事情研究会。

American Academy of Actuaries［2010］，"Introduction to PBA."

European Commission［2003］，"Design of a Future Prudential Supervisory System in the EU."

IAIS［2019］，"Insurance Core Principles and Common Framework for the Supervision of Internationally Active Insurance Groups."

NAIC［2013］，"The U.S. National State-based System of Insurance Financial Regulation and the Solvency Modernization Initiative."

第4章

リスク計測・管理手法の変遷と課題

浅見　潤一・西山　昇

【要　旨】

　リスク管理を行ううえでリスク計測は必須である。国際的な銀行規制であるバーゼル規制は，銀行を取り巻く環境の変化を踏まえ，リスク計測・管理手法について徐々に精緻化・高度化を図ってきた。これがリスク計測手法の標準化に貢献してきたという面がある。もっとも，最終的には経営責任を伴った金融機関自らの態勢整備の強化が重要なことは言うまでもない。

　リスクを評価する代表的な手法である VaR は，一定の前提をおいて統計的手法により計測される「推計値」に過ぎず，さまざまな限界があることは従来から指摘されてはいたが，2007 年のグローバル金融危機以前は VaR への過信があった。VaR 法の欠点を補うために，期待ショートフォール，ストレス VaR，シナリオ分析などの補完的手法がますます利用されるようになっている。

　今後は，幅広く自身のリスクを特定し，リスクアペタイトを明確化したうえで，リスク限度枠を設定することや，リスクプロファイルを踏まえて設定した仮想シナリオにもとづいてストレステストを実施し，経営に活用することによって，自律的に ERM の態勢整備を進めていくことが重要である。

　ERM の態勢整備には完成形はなく，内部・外部環境の変化に対応し，高度化に向けた不断の取組みが必要である。リスクガバナンスの向上や組織内のリスクカルチャーの醸成は，ERM の枠組みを有効に機能させる。また，リスク調整済みリターンの尺度を用いて効果的な案件や事業に対して経営資源を投下する「攻め」のリスク管理に転換することも望まれる。

Keywords　期待ショートフォール，リスクアペタイト（リスク選好），
　　　　　　リスク許容度，ストレステスト，リスクカルチャー

1 銀行規制およびリスク計測手法の変遷

1.1 リスクとは何か

　リスク計測・管理手法の変遷について述べる以上，リスクとは何かを明確にしなければならない。有名な定義は Knight［1921］によって示された。彼は，可能性を計量できる変動を「リスク」，全く計量できない変動を「不確実性」として区別すべきだとした。リスク量（期待損失）とは，単純化すれば「リスクが発生したときの損失額」に「リスクの発生確率」を乗じた積になる。では，たとえば地震はリスクなのか。いまのところ地震の発生確率を知ることができないので，リスクよりは不確実性といえるであろう。しかし，今後の科学技術の進歩によってはリスクになり得るかもしれない。このようにリスクと不確実性の区分は曖昧であり，時とともに変化するものといえる。

　また，リスク管理には経営者の経験と判断にもとづく芸術的（Art）側面と，デリバティブによるリスクヘッジや，VaR モデルを使ったリスク計測など，どちらかといえば学問的（Academic）な領域がある。この線引きにも揺らぎがあって，たとえば，リスクの発生確率を客観的確率ではなく主観的確率で認識しようとすれば，前者の色彩が濃くなる。

　リスクを計測する際にはその認識を行わなければならない。リスクは大まかに次のような種類に分類される。市場リスク，信用リスク，流動性リスク，オペレーショナルリスク，法務・規制リスク，事業リスク，戦略リスク，レピュテーションリスクなどである。さらに，市場リスクは株価リスク，金利リスク，為替リスク，コモディティリスクなどに分類される。管理すべき重要性に応じて，リスクは細分化され得る。たとえば，2007 年のグローバル金融危機以降，信用リスクにおけるカウンターパーティーリスクがより注目されるようになった。

1.2 バーゼル規制の変遷

　第 2 章でも考察したが，リスク計測手法の進展についてバーゼル規制の変化を通してみておく。1988 年のバーゼル合意において，初めて国際的な自己資本比率規制（バーゼル I）が導入された。信用リスクのみを対象とした「クッ

クレシオ」(リスクベースの自己資本比率)の導入である。これは，リスクアセット額（たとえば，国債は0％というように，資産カテゴリーごとに定められたリスクウェイトを，それぞれの資産額に乗じた加重和）を分母とし，自己資本額を分子とする比率のことであり，これを8％以上とすることが決められた。四半世紀前のことであり，ポートフォリオマネジメントにおけるリスク管理ではなく，当該金融機関の破綻確率を管理するというERM的なリスク管理が胎動した瞬間でもあった。

　しかしながら，バーゼルⅠには当時からリスクウェイトの適切さや分散効果を考慮していないことなどへの批判があった。そして，より重大な欠陥は，1980年以降拡大していた銀行のトレーディング業務のリスクを捕捉していない点にあった。1996年修正合意（1998年導入）では，信用リスクに加えて市場リスクが対象となった。この修正合意の革新的な点は，一定の定性的・定量的基準を満たせば，J.P.モルガンが内部モデルとして使用していたVaRモデルの使用が認められた点にある。モデルの適切さはバックテストによって担保された。これは，バーゼル銀行監督委員会の3ゾーン・アプローチとして知られている。たとえば，損失がVaRを超過する回数が1年間に10回を超えれば「まず間違いなくモデルに問題がある（レッドゾーン）」と評価し，VaR値に乗じる係数を問題がない（グリーンゾーン）ときより3から4にすることでリスク量を大きくするルールであった。これは内部モデルを自主的に開発しようとするインセンティブを与えるとともに，ペナルティを課す仕組みであった。

　2004年のバーゼルⅡでは大きな改定が実施された。その内容は，①オペレーショナルリスクを資本賦課の対象とすること，②内部格付手法の活用による信用リスク計測手法の精緻化[1]，③自己資本要件を第1の柱，銀行の自己資本管理と監督上の検証を第2の柱，開示による市場規律を第3の柱とする「3本の柱」アプローチの導入である。オペレーショナルリスクや信用リスクは，その分布特性が左右非対称であることから，費用や引当金などで対処すべき「期待損失」（直感的には平均的損失）と，資本で対応すべき「非期待損失」（一定の信頼水準を超える壊滅的な損失を除いた部分で，平均を上回る損失）の概念が定着していった。

　2007年に起きたグローバル金融危機では，多くの銀行がトレーディング勘

　1　本章は信用リスクについては取り扱わないので，Crouhy, et al.［2013］等を参照。

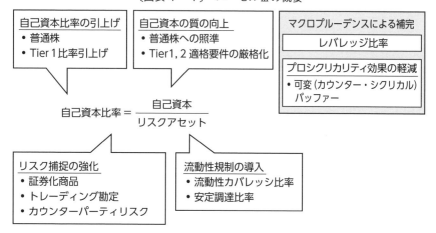

〔図表4－1〕　バーゼルⅢの概要

（出所）国際決済銀行の資料をもとに筆者作成。

定で損失を被った。バーゼルⅡの本格的改定を行う前の応急的措置として 2009年にバーゼル2.5が合意され，ストレスVaRが導入された。

　続いて，一連のバーゼルⅡの抜本的見直し（バーゼルⅢ）が行われた。その内容は，①自己資本水準の引上げと自己資本の質の向上（より厳格な資本の定義），②流動性規制の導入[2]，③（店頭デリバティブやレポ取引における）信用カウンターパーティーリスクの捕捉強化，④プロシクリカリティ（景気循環増幅）効果を軽減するための可変（カウンター・シクリカル）バッファー[3]の導入，⑤リスクウェイト算定が銀行リスクをとらえられない場合の補完としてのレバレッジ比率[4]の導入，⑥システム上重要と考えられる銀行（G-SIBs）への追加的な規制要求などからなる。④～⑥はシステミックリスクに応じた枠組

2　流動性規制は流動性カバレッジ比率（Liquidity Coverage Ratio）と安定調達比率（Net Stable Funding Ratio）である。前者は，監督当局指定の30日間の資金繰りストレスシナリオを耐えるに十分な高品質の流動資産の保有を求めるものである。後者はより長期（1年間）の比率で，危機時には当てにできないホールセール市場への資金調達依存度を下げるように設計されている。

3　カウンター・シクリカルバッファーは，各国当局が与信総額の対GDP比からみて信用拡大が過剰で金融システム全体にリスクが蓄積している状態と判断した場合に発動される。

4　レバレッジ比率は自己資本計測のための単純な指標である。バーゼルⅢのリスク量ベースの比率を補完し，金融システム内のレバレッジ積上げの制約となる。レバレッジ比率は，オフバランスシートを含むエクスポージャー総額とTier1資本の比率（四半期の平残で算定）で，これが3％以上となることを求めている。

みである（**図表4－1**）。

　バーゼルⅢについては，枠組みが複雑でコストがかかり過ぎる，自己資本水準に偏重し過ぎる規制は銀行行動を歪めるといった批判がある。（自己資本の定義の見直しを含む）銀行リスク耐性力の強化と複雑な規制体系によるコスト増を巡る政策的な議論が，今後とも起こり得るということであろう。

2　VaR 法の限界と対応

　リスク計測手法の中核を成している VaR 法の限界と対応を通して，リスク計測が抱える課題を俯瞰していく。

2.1　VaR 計測によるリスクの評価

　リスクを計量化する指標として，最も一般的なのは VaR である。VaR は，

〔図表4－2〕　VaR モデルを巡るさまざまな論点

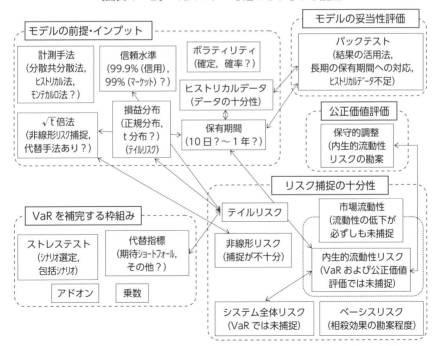

（出所）金融庁・日本銀行［2012］『トレーディング勘定の抜本的見直し（市中協議文書の概要）』。

保有期間（将来のある一定期間）と信頼水準（損失が想定内に収まる確率, M%）によって決定され, 保有期間（N 日）後に（1 − M%）の確率で被る最大損失額と定義できる。

VaR には, ①リスクが金額ベースで表示されるので経営者にとって理解しやすい, ②損益分布が正規分布に従うと仮定すると, 信頼水準と VaR が 1 対 1 で対応するので（たとえば, 95％は 1.65 × 1 標準偏差, 99％は 2.33 × 1 標準偏差など）扱いが容易, ③データに時系列相関がないような場合には $\sqrt{t}$ 倍法によって保有期間を調整可能（保有期間が 9 倍になれば, リスク量は 3 倍となる）といった長所がある。一方で, ①劣加法性（たとえば, 2 つのポートフォリオを合算したリスク量は, 個々のリスク量の和より小さくなる）を満たさない, ②損益分布が正規分布でない場合にはテールリスクを過小評価する可能性がある, ③ヒストリカルデータのみを使用して計測する場合, データ数は十分なのかなどといった短所がある。これら VaR モデルが持つ欠点については, 従前よりそれを補完する仕組みなどが整えられてきており, また, 先般のグローバル金融危機への規制対応を通していまなお改善が図られている（**図表４−２**）。

まず, VaR には分散共分散法（デルタ法）, モンテカルロ法, ヒストリカル法といった計測手法があり, リスクプロファイルに応じて, これらを使い分ける必要がある（**図表４−３**）。

具体的には, 分散共分散法は, 市場流動性が高く, プレーンな商品を運用対象として選定し, 市場リスクを計測する場合などに使用できる。一方, 市場流動性が低い運用資産や期限前償還リスクがある住宅ローンが多く含まれている場合, あるいは特定企業への与信が集中しているポートフォリオに関して市場リスクや信用リスクを計測する場合には, モンテカルロ法を使用することが望ましい。また, 計測対象に負債も含めた経済価値ベースで市場リスク（金利リスク）を計測するにあたって, 負債に内包されるオプションを考慮する場合も同様である。ヒストリカル法[5]は, 計算負荷を考慮したときに, モンテカルロ法を使用することが困難なケースなどで使用される。VaR の計測にあたって, 比較的手法が確立されているのは, 市場リスクである。

VaR では低頻度, 高損失で発生するテールリスクを適切に把握できないと

5　ヒストリカル法のなかには, 時系列分析の SVM（Stochastic Volatility Model）, EWMA（指数加重移動平均）を利用した VaR 計測手法や, GARCH（一般化分散自己回帰ボラティリティ予測モデル）などを利用したハイブリッド型の VaR 計測手法がある。

〔図表4－3〕　代表的な VaR の計測手法

計測手法	分散共分散法（デルタ法）	モンテカルロ法	ヒストリカル法
概要	・過去の観測データから標準偏差を推定。また，正規分布を想定。	・乱数を利用し，繰り返しリスク・ファクターの予想値を生成。	・特定の確率分布を想定せず，過去のデータ変動を利用。
長所	・計算内容がわかりやすい。 ・要因分析（投資 / 相場要因）が容易。 ・計算負荷が小さい。	・非線形のリスク・ファクターにも対応可能。 ・変動が正規分布でない場合にも対応可能。	・非線形のリスク・ファクターにも対応可能。 ・変動が正規分布でない場合にも対応可能。 ・計算負荷が小さい。
短所	・リスク・ファクターが非線形，変動が正規分布でない場合に，計算精度が低下。	・計算負荷が大きい。 ・要因分析が困難。	・過去に生じた事象以外を考慮できない。 ・要因分析が困難。
使用可能なケース	・非線形のリスク・ファクターが少ないポートフォリオ。	・オプション性の強いポートフォリオ。 ・理論計測モデルの説明力が高いケース[6]。	・ほとんどすべてのケース。

(出所) 筆者作成。

　いった問題点を解決する代替指標として，条件付き VaR（CVaR），あるいは期待ショートフォール（以下，ES と略記）と呼ばれるものがある。ES では，損失が VaR 値を超える状態での期待値を計算することになる。上記それぞれの手法に対応して VaR と ES を計算できる。正規分布を前提にする場合には，95%（99%）VaR は 1 標準偏差の値を 1.65（2.33）倍すれば求められるが，それに対応する ES は 2.06(2.67)倍になる。10 万通りのモンテカルロ・シミュレーションを行った場合，95%（99%）信頼水準での ES は 5,000（1,000）通りのワーストシナリオの平均損失額となる。10 万個のヒストリカルデータを使った場合には，95%（99%）信頼水準でのヒストリカル法の ES は損失が大きいデータ 5,000（1,000）個分の単純平均値となる[7]。

6　株式など単純な金融商品の場合にはモデル・リスクはそれほど重要ではない。しかしながら，店頭デリバティブ市場で取引を行う金融機関にとってモデル・リスクは重要である。市場に流動性がない場合は，理論計測モデルを用いて値洗いする必要があるからである。

7　ポートフォリオリターンのヒストリカル分布のテール部分を一般化パレート分布(Generalized Pareto distributions：GPD) に当てはめ，GPD をキャリブレートして VaR と ES を解析的に求めることもできる。

ES は劣加法性を満たし，信用リスクやオペレーショナルリスクなど損益分布が正規分布ではないリスクの計測に適している。バーゼル委員会は 2012 年に VaR の代わりに ES を採用することを提言した。

2.2 バックテスト

VaR は過去の観測データを用いて，一定の前提をおき，統計的な手法を用いて計測された推計値である。市場リスクを計測する場合，市場が平時の場合は VaR の信頼性は高いが，市場が混乱し変動性が大きくなった場合，リスクを過小評価してしまう可能性がある。そのため，実際の損益と VaR を比較し，定期的にバックテストによる検証を実施することが必要である。

具体的には，事後的に VaR を超過する損失が発生した回数を調べ，VaR を超過するような損失の発生回数が信頼水準から想定される回数を大幅に上回っていないかどうかを確認する。たとえば，99％の信頼水準の VaR を計測している場合は，VaR を超過する損失が発生する確率が，100 回に 1 回と想定される。先述の 3 ゾーン・アプローチでは，信頼水準 99％，保有期間 10 日のトレーディング損益に関する VaR モデルについて，250 日のうち何回 VaR を超過する損失が発生したかによって，その精度を評価する。その場合，大切なことは VaR が損失を超過した発生要因や背景を十分に分析することである。

さらに，VaR 計測の前提が妥当かどうか，多面的な視点から保守性や正確性が担保されているかを定期的に確認し，問題がみられた場合は，すみやかに計測手法の見直しを検討する。

2007 年のグローバル金融危機中におけるバックテストの実態が調査された。その結果によると，バックテストの超過のピークは，2007 年 8 月にインターバンク市場のスプレッドやクレジット関連商品のスプレッドが拡大した時期，および 2008 年 10 月のリーマン・ブラザーズが破綻した直後であった。超過要因となったリスクファクターとしては，金利リスク，株価リスク，為替リスクであった。超過が生じた主な要因としては，ヒストリカルデータが定期的に更新されていなかったこと，損失の要因となったリスクファクターが VaR モデルに盛り込まれていなかったことにあるとされている。

2.3　VaR 法の限界を踏まえた対応

　VaR は一定の前提をおいて統計的手法により計測される「推計値」に過ぎず，さまざまな限界があることは従来から指摘されてはいたが，2007 年のグローバル金融危機以前は VaR への過信があった。また，VaR の限界を補うために，グローバル金融危機以前からストレステストは実施されてはいた。しかしながら，信頼水準の引上げや相関関係を勘案しないなど，VaR 計測の単なる焼き直しや過去のいくつかのショック時の変動を形式的に想定するだけで形骸化していた。また，グローバル金融危機の結果をみる限り，VaR の限界に対する経営陣の理解は不十分で，ストレステストの結果も経営に活用されることはなく，対応が不十分なケースが多かった。

　先般のグローバル金融危機では，市場における流動性が急激に枯渇していくような状況，あるいは CDS（クレジット・デフォルト・スワップ）取引のようなファットテールをもつ取引において当該リスクが顕在化した場合，VaR 法では十分に対応できないことが明らかになった。ストレス状況下での流動性リスク，リスクの相互連関や伝播効果も過小評価されており，過去のシナリオを用いた統計的手法のみでリスク評価を行うのは根本的な誤りであることが判明した。

　グローバル金融危機後，米国で当局による 3 つのストレステストが実施された。第 1 が，2009 年に実施された SCAP（Supervisory Capital Assessment Program），第 2 が 2011 年と 2012 年に行われた CCAR（Comprehensive Capital Assessment Review），最後が 2013 年以降実施されている，ドッド・フランク法ストレステスト（Dodd-Frank Act Stress Test：DFAST）である。ドッド・フランク法は，連結総資産 500 億ドル以上の銀行持株会社，金融安定監視評議会（Financial Stability Oversight Council）が連邦準備銀行（FRB）の監督を受けるように指定したノンバンク金融会社に対して，FRB による年次のストレステストの実施を求めている[8]。

　グローバル金融危機時の損失発生要因となったポジションは，モーゲージや資産担保証券（ABS）のトレーディング，CDS などの信用リスク関連商品における価格下落，貸出債権のオリジネーション・シンジケーションにおける流

---

[8]　欧州銀行監督局（European Banking Authority：EBA）も，2010 年と 2011 年に，域内 21 カ国の 90 金融機関に対してストレステストを実施した。

動性低下に伴う損失であった。これらの損失にかかわる実態調査やバックテストの実態調査を踏まえて，バーゼル2.5として知られるルールの改正が行われた。市場リスクに「ストレスVaR」が加えられ，所要資本は（4-1）式のようになった。

$$所要資本 = VaR + ストレス VaR + IRC（追加的リスク賦課）\quad（4-1）$$

　VaRは保有期間10日間，信頼水準99％で計測され，ストレスVaRは保有期間10日間，信頼水準99％で，2007～2008年のような市場にストレスがかかった期間のデータを使って計算される。また，IRC（Incremental Risk Charge）は信頼水準99.9％，保有期間1年の信用VaRのことである[9]。ストレスのかかった期間のボラティリティが通常の市場環境の3倍（損益分布は正規分布）であると仮定すると，ストレスVaRは通常のVaRの3倍の値となる。これに対しては，①VaRにストレスVaRを積み上げる方式では資本の二重賦課であり枠組みに一貫性を欠く，②市場流動性の捕捉が不十分で包括的な枠組みでない，③VaRの保有期間を10日間としているのは，銀行が10日間でポジションを解消できることが前提だが，これはストレス状況下では非現実的であるといった批判がなされている。

3　ERMに活用するリスク管理の枠組み

　新たなリスク（たとえば，90年代半ば以降のオペレーショナルリスク）の顕在化や，それまでは予想さえしなかった金融危機の発現によって銀行規制が強化され，それに応じてリスク計測手法も改良を加えるということがここ20年近く繰り返されてきた。しかし，このような金融危機と規制強化との循環はいたちごっこにすらみえる。おそらく規制対応だけでは正解はみえず，最終的には経営責任を伴った金融機関自らのリスク管理態勢の強化が重要である。「汝自身を知れ」ということであり，自律的にERMの態勢整備を進めていくほかに道はない。以下，ERMに活用するリスク管理の枠組みとして，リスクアペ

9　証券化関連商品の個別リスク計測に際しては，原則，銀行勘定と同様の取扱いをロング・ショート双方のポジションに適用。ただし，コリレーション・トレーディングのポジションについては，包括的リスク（CRM）を捕捉することを条件に，内部モデルによるリスク捕捉を許容。

タイト・フレームワークの概要を説明する。経営陣は，組織を取り巻くすべて
のリスクを特定したうえで，経営戦略やリスク特性などと整合的に，リスクを
許容し管理する枠組みを整備する必要がある。

3.1　リスクアペタイト・フレームワーク

　まず，「リスクアペタイト（リスク選好）」とは，どのようなリスクを引き受け
て，収益機会を得ていこうとするかという組織全体の定性的な姿勢のことである。
　つぎに「リスク許容度」は，組織が積極的に受け入れるリスクの総量を定量
的に表現するもので，信頼水準，保有期間を設定のうえ，許容可能な損失額を
決定する。リスク許容度は，経営戦略で想定しているリスクの全範囲をカバー
するように全社レベルで設定される。各リスク量は相関係数を用いて合算され，
統合リスク量が算出される。相関係数は各々のリスクプロファイルに応じて設
定する。自己資本の充実度は，資産負債差額（純資産）やリスク許容度と統合
リスク量を対比することで評価する。
　さらに，リスク許容度の内側に，「リスク限度枠」を設定することで，統合
リスクを適切に管理する。リスク限度枠とは，リスク許容度を遵守するために
設定する内訳であり，特定のリスクカテゴリー，事業部門や商品別に設定され
る。リスクアペタイト，リスク許容度，リスク限度枠の関係のイメージは**図表
4－4**のとおりである。これらの限度枠に基づき，モニタリング，コントロー
ルを行っていく。続いて，リスク管理のプロセスの詳細について説明する。

3.2　リスクの特定

　まず，「リスクの特定」とは，業務を遂行するにあたって，顕在化の可能性
があると予想されるリスクを洗い出す作業のことである。
　リスクには，運用ポートフォリオのように社内で発生するコントロール可能
な内部要因によるもの，法律や制度の改正，社会情勢の変化のように社外で発
生するコントロールできない外部要因によるものがある。リスクの特定では，
内部・外部の両方について，どのような要因によって何が引き起こされるか，
どのような結果を避けるべきなのか，といった観点で検討しなければならない。
　リスクを洗い出した後，各リスクのプロファイルを把握し，組織全体のリス
クプロファイルを分析・勘案して，どのようなことが起きたら組織として影響
が大きいか，「重要リスク」を洗い出す。また，新しい商品への投資や大口投

〔図表4－4〕　リスクアペタイト，リスク許容度，リスク限度枠の関係

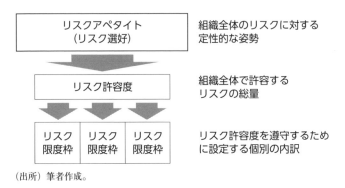

（出所）筆者作成。

資を行う際には，経営への影響を事前に確認する。

　なお，2009年の新型インフルエンザ（H1N1型）の世界的流行，2011年の東日本大震災，タイ大洪水の大規模自然災害発生，2012年の中国での反日暴動，2014年のエボラ出血熱の流行，相次ぐサイバー攻撃など，金融機関を取り巻く事業環境および経営上のリスクはますます多様化，深刻化してきている。日常的な業務上のリスク管理については，一定の手法が定着してきていると考えられるが，組織の経営基盤を揺るがしかねない，想定外のリスク（エマージングリスク）についての識別，管理方法については，定着しているとはいえない。

　欧米の先進的な金融機関では，経営基盤を揺るがす甚大なリスクを予見し，経営者自らが主体的にエマージングリスク管理を実践する取組みがみられる。ERMに活用するリスク管理の枠組みにおいて，このエマージングリスク管理を重要なプロセスに取り込む必要性がますます認識されつつある。

3.3　リスクアペタイト（リスク選好）の明確化

　リスクを特定した後，経営戦略を踏まえてリスクアペタイトを明確にする。リスクアペタイトは，組織の戦略目標を達成するために，収益，リスク，資本のバランスを勘案して決定される。この枠組みでは，組織がどのリスクを取る必要があるのかが明確に表現されるべきである。取るべきリスクは，収益の源泉でないリスクや，組織の戦略目標と矛盾するリスクと明確に区別されるべきである。

　リスクアペタイトを明確にしたら，「リスク管理方針（リスクアペタイト・

ステートメント）」を策定する。たとえばこれには，リスクプロファイルが不明瞭な投資は行わない，金利リスクを中期的には削減する，一定の期間利益の範囲内で為替リスクテイクを行い，収益力を高めることなどが含まれよう。

　このようなプロセスを経ることで，つぎのようなメリットを享受できる。まず，リスク管理方針や経営理念を取締役会から末端まで組織内の共通認識とすることができ，組織のリスクカルチャーの醸成に役立つ。また，リスクアペタイトが明確であれば，リスク管理部門はリスクアペタイトに照らして個別案件への異議申立てを行うことが容易になる。さらに，取締役会は経営戦略の策定にあたって，リスクアペタイトと整合的であるかを確認のうえ，意思決定を行うことが容易になる。

3.4　モニタリング

3.4.1　統合リスク量の計測

　各リスクを VaR などの統一的な尺度で計測し，それらを統合（合算）することで，組織全体の統合的なリスクの状況を把握・管理する際の問題の 1 つは，「保有期間」や「信頼水準」，「相関係数」をどう設定するかである。

　保有期間は，つぎの観点から検討する必要がある。VaR は現時点のポジションを前提として計算するため，保有期間を長くするほど，現時点のポジションとの乖離が大きくなる可能性がある。また，リスクが顕在化した場合の対応として，リスクの削減を検討，実施するために要する期間を考慮する必要がある。さらに，VaR 計測に使用する観測データの更新頻度や資本調達に要する期間，計画策定頻度と整合性をとる必要もある。

　信頼水準は，組織の収益目標や財務の健全性といった経営方針に照らして判断するが，実務的には，信頼水準を上げると十分なデータが確保できないため，計測の精度が低下してしまうことに留意が必要である。また，目標とする格付水準も考慮する必要がある。たとえば，年間のデフォルト率が 1 ％水準の格付取得を目標とした場合，年間で 99 ％の確率でデフォルトしないような経営が求められる。ただし，自己資本の充実度と比較し，相対的に高い格付取得を目指すと，リスク許容度が増加し，自己資本からリスク許容度を差し引いた経営余力（未配分の資本）が減少してしまう。

　リスクを統合する際に用いる相関係数は，①単純合計による方法（相関係数は 1 ），②正規分布を仮定し，相関を考慮する方法，③コピュラ（Copula）を

用いる方法 [10] などがある。

　各リスクの計測手法や統合リスクの算出方法の概要については，経営陣に報告し，経営陣は計測手法に内包されている前提や限界についても認識する必要がある。

3.4.2　リスク限度枠運営

　リスク管理部門は，組織が定める規定に基づき，内部・外部環境の状況に照らして定期的にモニタリングを行う。計算された統合リスク量は，組織全体のリスク資本の基礎となる。つぎに，経営陣は，ストレステストあるいは VaR 値などを勘案して，市場リスク・信用リスクなどのリスク限度枠を設定する。このリスク限度枠にリスクアペタイトや経営計画を反映させていれば，この段階で事実上リスク資本の配賦を行っていることになる。さらに，市場リスクに関しては，銀行勘定や債券投資にかかわる金利リスク，株式投資にかかわるトレーディングリスクなど管理対象を細分化して，それぞれのリスクプロファイルに応じたリスク限度枠を設定する。

　リスク限度枠は，目的に応じて**図表4－5**に記載のとおり，「ハードリミット」，「ソフトリミット」，「アラームポイント」を設定する。価格変動性が大きい資産について，収益向上のための積極的な取引を行う場合にハードリミットやアラームポイントを設定する。

　VaR が計測できるリスクについては，定期的に VaR の計測を行い，リスク限度枠の遵守状況や使用状況を確認する。また，内部・外部環境の変化を踏まえ，必要に応じて随時モニタリングを行う。VaR が計測できないリスクについては，期初に設定したモニタリング項目や定性情報を定期的に確認する。

　リスク管理部門は，リスク限度枠の遵守状況や使用状況，自己資本の充実度の状況についても定期的にモニタリングを行い，経営陣にわかりやすく報告する。

3.4.3　ストレステストを経営に活用

　VaR 計測による限界を補完するために，ストレステストを実施し，自己資

10　ラテン語で「連結」を表す言葉で，リスクファクターのテール部分の依存関係を決定し，かつ周辺分布を組み合わせた同時分布を表現するための関数のこと。市場リスク内のリスクの合算や統合リスク量の算出に用いられる。ヒストリカル法とシミュレーション法を組み合わせてモデル構築する例がある。たとえば，Rachev et al. [2005] を参照。

〔図表4－5〕　リスク限度枠の種類と内容

種　　類	内　　容
ハードリミット	● 損失限度等を超過した場合にポジションを強制的に削減することを求めるルール。
ソフトリミット	● 損失限度等を超過した場合に相場環境を踏まえ，今後の対応を検討する。 ● ハードリミットとは異なり，必ずしもポジションの強制的な削減を求めないため，より柔軟な対応が可能。
アラームポイント	● 注意喚起あるいは今後の対応の協議を行うため，損失限度などの手前の水準に認定する。

(出所)　筆者作成。

本の充実度の評価を行う。ストレスシナリオは，リスクプロファイルを踏まえて多様なシナリオを想定し，いざというときに備えてあらかじめ対応策を協議し，経営に活用することが重要である。また，シナリオの策定にあたっては，リスク管理部門が経営陣の懸念事項を聴取し，フロント部門と連携して定量・定性情報を勘案する必要がある。

　先般のグローバル金融危機の経験を踏まえると，過去実績をそのまま適用するヒストリカルシナリオでは，経営陣が適切に意思決定することができないことが明らかになった。そのため，目的に応じて「短期」の視点だけではなく「中長期」の視点も，蓋然性の「高い」シナリオだけではなく蓋然性の「低い」シナリオも，「軽度」のストレスだけではなく「重度」のストレスも合わせ，複数のシナリオを検討する必要がある。

　さらに，ストレスシナリオは組織全体のリスクプロファイルを踏まえ，信用リスク，市場リスク，流動性リスクなどのリスクカテゴリー間の相互作用を想定した仮想シナリオも策定する必要がある。たとえば，景気の悪化から大口与信先の連鎖倒産，日本国債の暴落が発生して市場の混乱や解約増加による流動性逼迫に波及するシナリオなどが考えられる（**図表4－6**を参照）。

　また，ヒストリカルシナリオにもとづくストレステスト，リバース・ストレステスト[11]の結果は，経営陣が常時みておくべきものであるため，定期的に

11　通常のストレステストは，特定のシナリオを想定し，その影響度を計算する。一方，リバース・ストレステストは，経営が危機的状況（例：規制資本要件を満たせなくなる，債務超過となる）を迎えるという影響度から出発し，それを引き起こすシナリオを確認する。

〔図表4－6〕 ストレスシナリオの例

客観性重視 （短期，蓋然性：高，軽度） ※過去実績をそのまま適用	柔軟性重視 （中長期，蓋然性：低，重度） ※仮想シナリオを想定
• ブラック・マンデー時の株価下落 • リーマン・ショック時の相場変動 • 各リスク・ファクターの過去 10 年の最大変動	• リスク間の相関係数を考慮しない • イールドカーブの形状変化 • 大地震の発生 • パンデミックの発生 • 大口与信先の連鎖倒産 • 日本国債の暴落 • 市場の混乱や解約増加による流動性逼迫 • 上記リスクの波及

（出所）筆者作成。

実施する必要がある。ストレスシナリオと損失額のイメージは，**図表4－7**のとおりである。ただし，仮想シナリオで，損失額がリバース・ストレステストを超えるような極端な事象を想定すればするほど，そのシナリオが顕在化する蓋然性についての納得感が損なわれてしまう。したがって，ストレスシナリオの策定段階から，経営陣が関与しておくことが望ましい。

　予期せぬ状況が発生したときに削減可能なリスク，とくに市場リスクについては，①リスク削減の優先順位，実行手順の検討，②リスク限度枠の設定・見直しを行う。また，削減が困難なリスク，たとえば，流動性リスクについては，①流動性資金の確保方法・実行手順，②バックアップ体制や業務継続計画の策定検討を行うことになる。

　ストレステストを実施した後，実施結果を取締役会に報告し，経営陣が組織のリスク状況を正しく認識し，経営に活用することが重要である。また，関係部門間でも共有し，コミュニケーションを改善することで，リスクの予兆管理につなげることができる。

3.5　コントロール

　ERM や自己資本の充実度の評価対象外としているリスクの影響が軽微でない場合や，適切な管理ができないリスクがある場合，当該リスクを有する業務からの撤退・縮小をするか否かを検討する。

　また，リスク限度枠を超過した場合，速やかにリスクの削減またはリスク限度枠の変更についても検討する。予め抵触時の手続を整備し，抵触した要因に

〔図表4－7〕　ストレスシナリオやVaRの損失額のイメージ

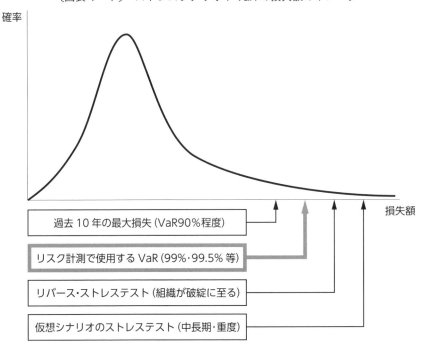

(出所) 筆者作成。

応じて，リスク削減やリスク限度枠の増額，モニタリングの強化，ヘッジ策を講じてリスクをコントロールする。経済環境の急変や自然災害などにより早急な対応が必要な場合も想定しておくと，機動的に対応できる。

　自己資本の充実度が十分でない場合には，速やかに資本増強策を検討する。対応策を講じるまでに一定の時間を要するため，アラームポイントを設定すると有効である。

　なお，VaRの検証と同様，リスク管理手法についても，内部・外部環境の変化を踏まえ，組織の戦略目標，業務の規模，リスクプロファイルと照らして，問題ない手法かどうかを定期的に検証し，問題がみられた場合は適宜見直す必要がある。

4 さらなる高度化に向けての課題

ERM の態勢整備には完成形はなく，とくに，①個別リスク管理，②計量化が困難なリスクの評価，③リターンを考慮した「攻め」のリスク管理という観点から，高度化に向けた不断の取組みが必要である。

① 個別リスク管理

ERM といえば，統合リスク量の計算やリスク資本配賦などに目が奪われがちである。統合リスク量の計算に関して，「相関係数は同時分布の特徴を1つ表すのみである。周辺分布と相関係数から同時分布を一意に定めることは一般にできない」（石井［2014］）との指摘は重要である。相関係数の設定如何が統合リスク量に大きな影響を与える以上，安易に相関関係を想定してリスク量を合算することには慎重でなければならない。とくに，経営者がその決定に関与していない場合には，意思決定に及ぼす危険性が高まることに留意する必要がある。

また，リスクプロファイルからみて管理すべき保有期間が異なるリスクを $\sqrt{t}$ 倍法などで調整して比較（あるいは合算）することの意味を問う必要がある。Rebonato［2007］はリスク管理において重要な確率について議論している。彼は，市場リスクのように，データ収集頻度が高く，予測期間が短い場合，また，時間不変性が高く，リスク事象の希少性が低い場合には，客観的（頻度主義）確率が良い。一方，そうでない信用リスクやオペレーショナルリスクについては主観的（ベイズ）確率を用いるほうが適切な判断ができると指摘する。リスクプロファイルに応じてリスク管理手法そのものを大きく変えるべきだというのは慧眼である。個別リスク管理と統合リスク管理の管理手法は必ずしも整合性のある一貫したものではない可能性がある点を看過してはならない。

② 計量化が困難なリスクの評価

Knight［1921］の定義に従えば，ある種のパラドクスであるが，リスクでなく不確実性に近いものほど，すなわち計量化が困難なリスクほど，事業の継続に重大な影響を及ぼす可能性があるため重要ということになる。計量化が困難なリスクには，流動性リスクやレピュテーションリスク，金利が急騰するリスク，事業の集中化リスクなどがある。これらのリスクの管理は，定性的な情報によりリスクの予兆などを把握し，残高上限等の限度枠を設定のうえモニタ

リングを行い，リスクをコントロールする必要がある。

　リスクの予兆を組織全体として把握できるようにするためには，リスクカルチャーの醸成とリスクガバナンスの整備が有用なことはいうまでもない。リスクガバナンスの態勢を整備してリスク管理のプロセスに経営陣が積極的に関与し，リスクアペタイトを明確にすれば，リスク管理の動機づけ，奨励を行うリスクカルチャーの醸成に役立つ[12]。そして，リスクカルチャーを醸成するためには，役職員間でコミュニケーションをとり，相互牽制を行うことが重要である。組織内の良好なリスクカルチャーは，包括的なリスクの把握や管理の枠組みを有効に機能させる基礎となる。

③　「攻め」のリスク管理

　リスク管理の次のステップとしては，健全性の観点から損失を一定限度に抑える「守り」のリスク管理から，収益性の観点も含めたリスク調整済みリターンの尺度を用いて効果的な事業や案件に対して経営資源を投下する「攻め」のリスク管理に転換し，ERM に活用することが望ましい。すなわち，部門や事業別にリスク資本を配賦し，どれだけのリスクを取って，どれだけのリターンをあげたかを評価し，今後の経営方針を決めていくという経営の PDCA サイクルを構築していくことになる。

　部門別に資本配賦する場合，たとえば，株式運用部に株式のリスク資本，国際金融部に外債のリスク資本を配賦することを考えてみよう。両部門が与えられたリスク資本の配賦内で，裁量を持って業務執行をすることが想定されており，各部門の意思決定に馴染みやすく，組織のリスクアペタイトを反映することが可能である。ただし，営業職員チャネルを中心とする生保会社の保険引受けのように，資本の有効活用を図れるほどには事業や地域の多様化が進んでいない場合や，販売する保険商品の種類が限定的でリスクテイクについての裁量が小さいような場合には，資本配賦を行うことによる効果は限定的となる。部門別資本配賦による「攻め」のリスク管理では，業務特性に応じた手法を検討すべきである。

12　この点に関する欧米保険会社の取組み事例については，第9章を参照のこと。

《参考文献》

石井昌宏 [2014]，「第 5 章　リスク計測方法の概観」損害保険事業総合研究所編『保険 ERM 経営の理論と実践』金融財政事情研究会。

大山剛 [2011]，『バーゼルⅢの衝撃―日本金融生き残りの道―』東洋経済新報社。

金田幸二 [2015]，「国際保険資本規制の動向―銀行のバーゼルⅢとの比較を踏まえて―」，『損保総研レポート』第 110 号，pp. 1 - 42。

菅野正泰 [2014]，『入門　金融リスク資本と統合リスク管理（第 2 版）』金融財政事情研究会。

金融庁・日本銀行 [2012]，『トレーディング勘定の抜本的見直し（市中協議文書の概要）』。

日本銀行金融機構局金融高度化センター [2011]，『市場リスク管理体制の整備』。

日本銀行金融機構局金融高度化センター [2013a]，『金融危機後のリスクマネジメント』。

日本銀行金融機構局金融高度化センター [2013b]，『市場リスクの把握と管理』。

日本銀行金融機構局金融高度化センター [2014]，『金融機関のリスクガバナンス』。

Crouhy, M., Galai, D., & Mark, R. [2013], *The Essentials of Risk Management* (second edition), McGraw Hill.（三浦良造訳者代表 [2015]，『リスクマネジメントの本質』第二版，共立出版）。

Knight, F. H. [1921], *Risk, Uncertainty and Profit*, Boston, MA: Hart, Schaffner & Marx, Houghton Mifflin Company.

Rachev, S. T., Menn, C., & Fabozzi, F. J. [2005], *Fat-Tailed and Skewed Asset Return Distributions: Implications for Risk Management, Portfolio Selection, and Option Pricing*, John Wiley & Sons.

Rebonato, R. [2007], *Plight of the Fortune Tellers : Why We Need to Manage Financial Risk Differently*.（茶野努・宮川修子訳 [2009]，『なぜ金融リスク管理はうまくいかないのか』東洋経済新報社）。

第5章

銀行の流動性創出機能について
－流動性リスクとリスク管理の観点から－

安田　行宏

【要　旨】

　世界金融危機において，米国の金融機関は短期資金の調達と長期資金の運用のミスマッチから流動性リスクに直面した。この反省の下に世界的に規制が強化されている。銀行の流動性に関する問題は，バーゼルⅢに見られるように，世界金融危機の経験から金融規制改革の重要な焦点の1つとなっている。

　本章では，銀行の流動性創出機能について，流動性リスクと信用リスクや自己資本との関係に関する学術的研究を中心に概観していく。銀行の存在意義である資産変換機能に関して，流動性規制の強化による流動性の増加と流動性創出の機能の低下のトレードオフの問題があること，また，流動性比率規制と自己資本比率規制を銀行のリスクテイクの抑制手段としてどのように位置づけられるかが論点であることを以下で論じていく。

Keywords　流動性創出，流動性リスク，バーゼルⅢ，リスクテイク

1 金融仲介機関として銀行が果たす経済的機能

本節では，まず銀行の果たす経済的機能について概観しよう。この点に関する理解は，銀行の存在意義を理解することでもあるため，銀行を取り巻く経済環境の変化に対する今後の銀行ビジネスについて考える際にも有用であろう。

1.1 金融取引とは？

金融とは，資金の余剰主体から資金の不足主体に資金を融通することである。ここで想定される資金の不足主体は，有利な投資機会に恵まれているが資金制約に直面している赤字の経済主体であり，具体的には生産主体である企業が通常は想定される。他方で，資金の余剰主体は，豊富な資金があるものの投資機会に恵まれていない黒字の経済主体であり，具体的には家計が想定される。金融は，金融取引が遂行されなければ実現されなかったであろう投資について，資金の移転を通じて実現するものである。これを原理的に言うと，金融取引は，赤字主体である借手にとって，将来所得の支払いと引き換えに現在所得を受け取ることに等しい。これにより，借手が将来所得の支払いを約束する債務証書を貸手に売却することで，貸手から借手に資金が移転する。

さて，金融取引が円滑に行われるためにはいくつかの条件が整うことが必要となる。第一に，借手の返済能力に対する不確かさの解消である。借手の支払い能力に関して，通常は，借手自身の方が貸手よりも情報量として有利な立場にあると考えられるため，借手と貸手の間には情報の非対称性が存在する。この状況の下では，借手の返済能力に見合った取引条件が設定されず，返済能力の低い借手ばかりが取引に応じてくる逆選択の問題が発生する可能性が懸念される。貸手がこの事態を回避するためには借手の支払い能力に関する情報を収集し，取引の事前の段階で情報の非対称性を解消しなくてはならない。

また，この情報の非対称性の問題が解消したとしても，返済原資となる将来所得の不確かさは残ることとなる。支払い能力に見合った条件で資金を貸し付けたとしても，借手は貸手の利益を犠牲に自らの私的利益を優先した機会主義的行動をとるかもしれないからである。この問題を一般にモラルハザードという。このモラルハザードの抑制のために，貸手は資金の貸し付け後においても借手の行動を監視する必要が生じる。このように金融取引の遂行には，事前と

事後の情報の非対称性の問題（逆選択とモラルハザード）を解消する必要がある。

1.2　情報生産者としての銀行の役割

　以上の情報の非対称性の問題に対して銀行は重要な役割を果たすと考えられる。つまり，金融取引において銀行の役割として，貸出のプロセスにおける情報生産機能が重要となる。前述の借手と貸手の間に情報の非対称性が存在するため，貸手となる銀行が，資金の借手の投資案件の見通しなどについての情報を収集・調査・分析する。

　Ramakrishnan and Thakor［1984］は，貸出契約締結前の事前の情報の非対称性の問題，具体的には逆選択問題に対する金融仲介機関の優位性に注目している。この優位性は銀行の規模が大きくなるほど強く，一銀行の独占が理論的には示唆される。Diamond［1984］は貸出契約後の情報の非対称性の問題の軽減，具体的にはモラルハザード問題の抑制に注目し，情報生産を銀行などの金融仲介機関に委託することで，貸手によるモニタリングコストは軽減されることを理論的に示している。Bhattacharya and Chiesa［1995］によれば，情報生産者としての銀行は，生産した情報を自らが用いて貸出を行うため，情報が他者に知られることがない。このため借手は銀行に進んで秘匿情報を提供することが期待される。

1.3　金融仲介機関としての銀行の役割

　さらに，銀行は与信を供給することで借手に対して流動性を提供する。貸出は黒字主体から赤字主体への資金の移転を意味する。銀行は預金者から貯蓄を集め，その資金を原資に企業や家計に貸し付ける仲介役を担っている。Bhattacharya and Thakor［1993］が論じるように，金融仲介機関としての銀行は，この資金の融通の仲介業務を行う際に，情報生産と併せて資産変換を行う経済的機能を果たしている[1]。具体的に言えば，銀行は，高い流動性と短い満期を好む資金の貸手と，低い流動性と長い満期を好む借手を仲介する。この資産変換において銀行は，非流動的な資産に投資する。すなわち，貸し付ける。

---

[1]　銀行以外の金融仲介機関として，たとえば保険会社が挙げられる。本章では銀行の流動性創出機能に焦点を当てるので，以下では金融仲介機関一般に対して成立することに対しても，狭義に銀行という表現を用いる。

他方で，銀行は非常に流動的な要求払い預金によって資金調達を行う。この仲介プロセスを通じて銀行は預金者に対しても流動性を供給する。

　現代における金融仲介機関の理論によれば，流動性創出（Liquidity Creation）は銀行の重要な機能の1つである。流動性創出に関する理論研究には，Bryant［1980］，Diamond and Dybvig［1983］，Calomiris and Kahn［1991］，Diamond and Rajan［2001］などがある。銀行の預金者に対する流動性供給についての理解の基礎理論は，Diamond and Dybvig［1983］となる。

　Diamond and Dybvig［1983］は，負債サイドの重要性に注目している。資金提供を行う預金者が預金を引き出すことが必要なタイミングは預金者間で異なっていることから，銀行が流動性をプールすることで預金者に対して流動性に対する保険を提供する機能を果たすことが理論的に示されている。一方で，要求払い預金の供給による流動性創出をすることで銀行は預金の引き出しのリスクに晒される。というのもいつでも預金の支払に応じることを銀行は確約しているからである。通常であれば，預金者からの預金の引き出しはランダムであり，その要求に銀行はこたえられるが，一斉に預金者が引き出しにくれば銀行はこれに対応できない。これが銀行取付（Bank run）であり，取付はファンダメンタルズの如何によらず生じ得る。つまり，銀行が流動性創出を行うことは銀行の経営の不安定要因となる。流動性確保のための早期の資産の流動化は価値を毀損するので，取付は経済的なコストが生じる要因となる。

　この銀行取付のシナリオは政府による介入を正当化する。これを抑制する有効な手段の1つが政府による預金保険となることを Diamond and Dybvig［1983］は論じており，現行の預金保険制度の経済合理性の理論的支柱となっている[2]。ただし，これには副作用があり，これを抑止する手段として自己資本比率規制が存在していると考えられている。

　いくつかの理論は，銀行が非流動的な貸出を行う特徴が，逆に銀行の資本構成を決定すると考える。Calomiris and Kahn［1991］や Diamond and Rajan［2001］は，要求払い預金によって貸し付けをモニタリングするインセンティブを高めることを論じている。これは銀行が取付のリスクにさらされることを通じて高まるからである。Calmoris and Kahn［1991］は，Sequential

---

[2]　その他，中央銀行による最後の貸し手（Lender of Last Resort）が有効であると論じられている。

Services Constraint（SSC），すなわち，銀行による預金の支払は先着順に順次行われることが，銀行に対する預金者のモニタリングのインセンティブを高めるうえで重要であると論じている。SSC の下では，預金者は自身の預金の受取不安を感じるならば，銀行の経営について調べるよりもいち早く預金を引き出すことが合理的となるからである。Flannery［1994］も預金の満期が短いことが銀行の資産代替問題（リスクシフト問題：安全な貸出からハイリスク・ハイリターンの貸出に貸出先を変更する問題）に対して銀行のインセンティブを改善することを論じている。

　これに対して Diamond and Rajan［2001］は，要求払い預金の提供者である銀行が，財務的に脆弱であることに経済合理性があると論じている。貸出サービスを受ける企業は貸手にとって非流動的であり，この非流動資産の公正価値分だけ，貸手である銀行が財務的に脆弱となることで預金サービスを提供することが可能となる。これにより集めた預金を適正に貸し付ける銀行のコミットメントを引き出すことを理論的に示している。また，銀行が債権回収においてレントを獲得しようとすれば，預金者による取付けのリスクにさらされることでこれが阻止されることを示しており，多額の預金による脆弱なバランスシートで貸し付けを行う銀行のビジネスモデルの合理性が論じられている。

　ところで，銀行は流動性創出をオフバランスシート上においても行っている。たとえば，コミットメントライン（銀行融資枠）は，その例となる。Holmström and Tirole［1998］は，コミットメントラインを通じた流動性創出が金融仲介機関としての銀行の重要な機能の1つであることを論じている。

　Kashyap, Rajan and Stein［2002］は，預金業務と貸出業務を併せて行うことに経済合理性があることを示し，銀行がなぜ預金と貸出を同時に行うのかを説明できると論じている。より具体的には，預金による流動性リスクと貸出（具体的にはコミットメントライン）による流動性リスクを一緒に組み合わせることでリスクのエクスポージャーを減らすシナジーがあることを理論的に示している。これを実証的に検証しているのが Gatev, Schuermann and Strahan［2009］であり，銀行がバランスシート上の両面で流動性リスクに直面しているとき，株式リターンのボラティリティーが減少することを実証的に確認している。

1.4 流動性リスクの源泉による分類

　このように，銀行の資産内容が健全であっても，一斉に預金者が引き出しに
くれば銀行はこれに応じられない。つまり，銀行は構造的に他の預金者が預金
を引き出すという期待に対して脆弱である。銀行による流動性創出機能を果た
すが故に生じるリスク要因となり，このリスクを流動性リスクという。流動性
リスクとは，資本の毀損なくして債権の償還ができないリスクを指す。流動性
とは，銀行が資産を増加させる資金調達の能力を指し，緊急の資産売却などに
よる損失を被ることなく支払うべきときに義務を果たせる能力を指す。

　流動性リスクを，資金調達に関する流動性リスク（Funding Liquidity Risk:
以下，資金流動性リスク）と市場に関する流動性リスク（Market Liquidity
Risk: 以下，市場流動性リスク）に分けて論じることもある（Strahan［2008］）。
金融仲介機関としての銀行は，預金を通じて預金者に資金流動性を提供するの
みならず，その流動的な預金を原資とする非流動的な貸出を通じて貸出先企業
に対して資金流動性を提供している（いわゆる資産変換機能）。このように，
銀行は資金調達に関する流動性供給に固有の機能を持つことから，主に資金流
動性リスクに主に直面していると言える。一方で，銀行は市場流動性も供給し
ており，具体的には，証券化とシンジケートローンの組成と売却を通じてであ
る。

1.5 証券化を通じた流動性創出

　第2章で論じているように，証券化はサブプライムローン問題を複雑化した
根幹の1つであるが，米国の銀行モデルが過去数十年の間に，Originate to
hold から Originate to distribute に変化した背景がある。前述のように，資金
流動性は資産変換機能を通じて（資金）流動性を供給している一方で，市場流
動性はローンセールと証券化を通じて(市場)流動性を供給している。住宅ロー
ンの証券化に端を発した世界金融危機からも分かるように，米国では
Originate to distribute による流動性の創出の規模が極めて大きい。

　図表5－1は，日本におけるシンジケートローンの組成金額の推移を表して
いる。組成金額はタームローンとコミットメントラインの合計額であり，足元
では30兆円を超える組成額になっている。ただし，日本における貸出債権市
場の規模は，欧米のそれと比較すると，貸出の中に占める比率が小さい点が1

〔図表5-1〕 日本における貸出債権市場の動向

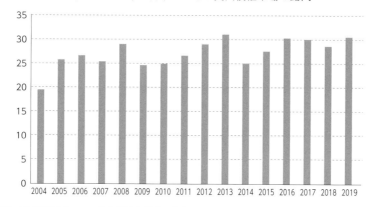

（出所）全国銀行協会 HP の貸出債権市場取引動向にもとづき作成。
（注）縦軸は兆円単位，横軸は年単位である。

つの特徴である。

2 銀行による流動性創出の計測

　流動性創出について，具体的にそれをどのように計測することができるのであろうか。この点に対して，Berger and Bouwman［2009］は，銀行の流動性供給を測る包括的な単一の指標を提案している。これは流動的な債務（たとえば，要求払い預金のようにすぐに現金化できる債務）を使ってどれだけ非流動的な債権（たとえば，満期の長い長期貸出）を供給しているかを測るものである。すなわち，この負債サイドと資産サイドにおける満期のミスマッチが金融仲介機関としての銀行に固有な機能の1つと考えて計測を試みている。

　Berger and Bouwman ［2009］はこの考え方にもとづき流動性指標を構築しており，広く学術研究に利用されている。この流動性指標の考え方を単純化して説明すると以下の通りである。まず，ステップ1として，銀行のバランスシートの各項目を流動性の観点から流動的なものとそうでないものに分類する。

〔図表5-2〕 流動性指標の概略

ウェイト			ウェイト
-0.5	流動的資産 (例:現金・有価証券)	流動的負債 (例:要求払い預金)	0.5
0.5	非流動的資産 (長期貸出金)	非流動的負債・ 資本	-0.5

(出所) Berger and Bouwman (2009) のコンセプトにもとづき単純化して図表化している。

　銀行の資産の構成要素について，大きく流動的資産と非流動的資産に分類する[3]。流動的資産として代表的な例は現金や市場ですぐに売却できる短期有価証券などがある。非流動的資産については企業に対する長期貸出などがある。同様に債務についても，流動的負債と非流動的負債に分類する。流動的負債としては要求払い預金などがあり，非流動的負債としては劣後債などが考えられる。資本については非流動的と想定する。

　つぎにステップ2として**図表5-2**にあるようにウェイトを付す。借方について，銀行は長く資金を借り入れることを望んでいる企業や個人に長期に貸し付けることで流動性を供給していると考え0.5のプラスのウェイトを付している。一方で，現金などを保有することはその流動性供給の機会を逸していることからマイナス0.5のウェイトを付している。逆に，貸方について，流動性の高い預金の提供は預金者に流動性サービスを供給していることからプラス0.5のウェイトを付す一方で，資本や劣後債などの非流動的負債はその流動性供給の機会を逸していることからマイナス0.5のウェイトを付すこととなる。

　3　なお，ここでは，単純化のために流動的と非流動的の中間となる準流動的な資産と負債は省略している。Berger and Bouwman (2009) では，それらのウェイトは0となり，流動性創出にはニュートラルな扱いとなっている。また，Berger and Bouwman (2009) では，オフバランスシートについて，非流動的な保証の場合は0.5，流動的なデリバティブは-0.5のウェイトを取って加味しているが，日本の銀行に占める割合が低く，また，情報開示の制約により米国のように計算できないこともあり省略している。

〔図表5－3〕　全国銀行の流動性創出の推移

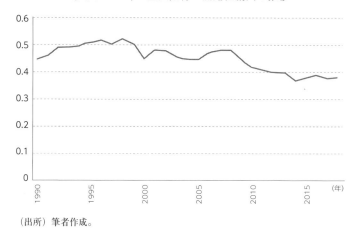

（出所）筆者作成。

　そしてステップ3として，ステップ2のウェイトにステップ1の各資産項目を乗じて足し合わせることで流動性供給額を求めている。

　それでは具体的に日本の銀行の流動性の創出額はどのように推移しているのであろうか。Berger and Bouwman（2009）の考え方に依拠しながら，全国銀行の貸借対照表に基づきバランスシートの単純化を想定して流動性創出の金額について計算してみよう。

　具体的に，資産側の流動性創出の評価として，貸出金の項目金額を非流動的資産と見なして0.5のウェイトを付すこととする[4]。対して，現金預け金の項目金額を流動的資産として−0.5のウェイトを取ることとする。負債側の流動性創出の評価として，預金の項目金額を流動的負債と見なして0.5のウェイトを取る一方，純資産の項目金額を非流動的資本として−0.5のウェイトを取ることとする。

　このようにバランスシートを**図表5－2**の考え方にもとづき大雑把に計算し，グロスの資産額（資産額＋貸倒引当金）で基準化してグラフ化したものが**図表5－3**である。**図表5－3**を見ると，全国銀行の流動性創出は1990年代以降，

4　ここでは非常に単純化の想定をして計算を試みているが，Berger and Bouwman（2009）にあるように，貸借対照表の開示項目の一つ一つに対して，流動的，準流動的，非流動的に分類し，オフバランスシート項目に対しても同様に計算する厳密な測定は日本の学術的研究の課題と言える。

趨勢的に右下がりであることが分かる。1990年代後半の金融危機の時に大きく減少していることが分かる。その後，持ち直すものの，2008年以降から大きく低下していることが分かる。いわゆるリーマンショックの頃から銀行の流動性創出機能の低下が日本において生じていることが読み取れる。

3 流動性リスクと自己資本，バーゼルⅢに関する学術研究

3.1 流動性創出とリスクテイキング

銀行における流動性創出（流動性リスク）と信用リスク，あるいは倒産リスク（銀行リスク，リスクテイキング）との関係についての研究が近年数多く行われている。

Imbierowicz and Rauch [2014] は，銀行の倒産の原因となる信用リスクと流動性リスクとの関係について実証的に分析をしている。彼らは信用リスクと流動性リスクの双方が単独で銀行の倒産リスクを高めることを，1998年から2010年にわたる米国銀行を対象に実証的に確認するとともに，信用リスクと流動性リスクが相互にどのように影響するのかについても分析している。その結果は，銀行のリスクの水準について，その相互作用によって倒産確率を上昇させることもあれば，低下させることもあるというものであった。具体的には，倒産確率が相対的に低い銀行（彼らの推計指標で倒産確率が10％から30％の範囲）では，信用リスクと流動性リスクは相互作用によって銀行リスクを悪化させる方向に作用する一方，倒産確率が十分に高い銀行（倒産確率が70％から90％の範囲）では，むしろ倒産確率を緩和することを実証的に確認している。Imbierowicz and Rauch [2014] によれば，この緩和効果は，Gambling for resurrection と解釈している。すなわち，倒産間際の銀行は一発逆転を狙って，信用リスクと流動性リスクを取りながら，高収益に賭けた結果として倒産確率の低下が生じていると解釈している。

Acharya and Thakor [2016] は，銀行のレバレッジの増加，すなわち流動性の創出と，それに伴う事後的なシステミックリスクが顕在化する可能性が増加することの関係について理論的に分析し，銀行の流動性創出の負の外部効果に対する規制の当局の方策について論じている。

流動性創出に関して，Acharya and Naqvi [2012] は，預金の流入によって

資金流動性リスク（Funding Liquidity Risk）が低下すると，銀行はリスクテイクのインセンティブを高めることを理論的に示している。具体的には貸出金利を引き下げることで貸出のボリュームを増やすことを通じてリスクテイクが生じることが想定されているが，その銀行のインセンティブは貸出のボリュームに依存する報酬によって担保されている。

Khan et al.［2017］は，1986年から2014年までを分析対象期間として，米国の金融持ち株会社を分析対象に，資金流動性リスク（Funding liquidity risk）と銀行リスクの関係を検証している。彼らは，資金流動性リスクが低下すると，銀行リスクが高まることを実証的に明らかにしている。加えて，銀行のサイズや自己資本のバッファーが高ければ銀行リスクを抑制することを併せて実証的に示している。

3.2　流動性創出と自己資本

銀行による流動性の創出は銀行のリスクエクスポージャーを高めると考えられる。銀行が流動性の需要の高まりに対して非流動資産の売却をしなければならないような状況になれば，預金者による取付のリスクが高まるし，これにより銀行が流動性危機に陥り倒産することが，金融システムの脆弱性の根底にある。このような点を背景に，銀行の重要な経済的機能である流動性創出（流動性リスクの高まり）は，銀行の倒産リスクとどのような関係にあるのかに近年は注目が集まっている。なかでも，銀行の自己資本が倒産リスクの抑制に対して果たす役割は重要となる。

銀行の自己資本は，損失吸収をするバッファーとしての機能がある。自己資本の水準が高いほど，銀行の資産価値の毀損を伴う経済的なショックに対するバッファーが高まり，他の条件を一定として銀行の倒産リスクは低下する。また，自己資本の水準が高くなると，結果として銀行リスクが低下する。リスクテイクの低下のメカニズムとして，自己資本比率が高まることで，銀行の顧客企業に対するモニタリングが強化されることや，銀行の過度のリスクテイクのインセンティブが抑制されることが想定される（Holmström and Tirole［1998］，Acharya and Thakor［2016］）。Mehran and Thakor［2011］は，銀行の資本構成について動学的なモデルで分析し，銀行間での自己資本比率の相違を踏まえ，銀行の自己資本と企業価値との間には正の相関関係があることを示している。

リスク管理の観点からは，銀行は自身のリスクエクスポージャーに対して，能動的に自己資本のポジションを変化させることが考えられる。これにより，自己資本が高まると，その分だけ，流動性創出に伴うリスクを吸収できるので，銀行の経済的機能である流動性創出に積極的になることも考えられる。

この点に関する学術的な研究として，Zheng et al.［2019］などがある。Zheng et al.［2019］は，銀行の流動性創出と倒産リスクの関係に対して，それをモデレートする銀行の資本の役割を，2003年から2014年の米国の銀行を対象に検証している。銀行は流動性創出に伴う流動性リスクに対して銀行の資本を積み増すことでソルベンシー（支払い余力）を強化していることと整合的な実証結果を得ている。すなわち，自己資本の水準を所与として，銀行の流動性創出と倒産リスクは，直感とは逆に負の関係にあり，その負の関係は自己資本の水準が高くなると強化されることを実証的に確認している。

Kim and Sohn［2017］は，銀行の自己資本が貸出に与える影響が銀行の流動性の状況によって異なるのか否かを検証している。大銀行については，銀行の流動性が潤沢なほど，また世界金融危機時において，自己資本が貸出を増やす効果が大きいことを実証的に確認している。このことから銀行が流動性を確保しておくことは貸出を増加させるうえで重要な要因であると論じている。

このように銀行の流動性創出（流動性リスク），自己資本，銀行リスクがそれぞれどのような関係にあるのかの研究が近年数多く発表されている。

3.3　流動性リスクとバーゼルⅢ

第2章で概観したように，世界金融危機の反省の下，バーゼルⅢが順次導入されている。そのなかで，流動性カバレッジ比率（LCR）規制や安定調達比率（NSFR）は，（現行の自己資本比率規制に加えて）潜在的に銀行の固有の機能である流動性創出に対して一定の制約を課すものとなる可能性がある。

このことから，アカデミック的には，こうした新たな規制が銀行の流動性創出の機能にどのような影響を与えるのか，また，自己資本規制に象徴される他の規制と新たに加わる上記の規制とが，銀行行動に対してどのように相互作用するのかへの関心が高まっている。

DeYoung and Jang［2016］は，1992年から2012年までの米国銀行を対象に，バーゼルⅢの流動性リスク指標の考え方をベースに，どのように米国銀行は流動性リスクの管理を行っていたのかを分析し，おおむねバーゼルⅢと整合的な

形で流動性リスク管理を行っていたことを実証的に示している。

　King［2013］は，流動性を高めるために銀行は高い金利を支払うことで長期資金を獲得するため，流動性規制はかえって銀行リスクを高めるメカニズムが存在すると論じている。Hong et al.［2014］は，世界金融危機後の 2009 年から 2010 年の間の銀行倒産は流動性リスクに起因して生じたものであることを示しており，流動性リスクにはシステマティックな経路と個別リスクの経路の二つのチャネルがあることを論じている。Hong et al.［2014］は，バーゼルⅢに関して，システミックな経路による流動性リスクは銀行の倒産の重要な決定要因であることを実証的に示している。

　DeYoung et al.［2018］は，銀行の自己資本へのショックが，銀行の流動資産の保有（言い換えると，銀行の流動性創出の機能低下）に対してどのような影響を与えるのかを実証的に分析している。自己資本の減少が，債権者（預金者）にとって不確実性を増す要因と認識されるならば，銀行は，潜在的な取付の可能性を低下させるために，非流動的資産（たとえば，貸出）から流動資産（たとえば，短期有価証券）の保有にシフトするかもしれない。この場合，自己資本と流動資産の保有は銀行にとって代替的となる。他方で，自己資本の減少により，銀行の免許価値（規制があるために営業を存続すること自体で得られる超過利潤）が毀損されるならば，銀行はリスクテイクのインセンティブが逆に高まるかもしれず，この場合，自己資本と流動資産は補完的な関係となる。つまり，銀行は信用リスクや金利リスクを取ることに積極的となり，たとえば流動資産から非流動資産であるリスクの高い貸出を増加させるかもしれない。

　具体的に DeYoung et al.［2018］は，バーゼルⅢの導入前の 1998 年から 2012 年の米国の銀行（持ち株会社）を対象に，自己資本に対するショックに対して，銀行は流動資産を増やしているのか否かを実証的に分析している。分析の結果，リスクウェイトアセットにもとづく自己資本比率の負のショックに対して，銀行は流動資産を増加させることで流動比率を調整しており，とくに，資産額が 10 億ドル未満のいわゆる「コミュニティバンク」において見受けられる特徴であることを示している。このことは前述の NSFR や LCR といった規制がなくともみられる特徴であることから，現行のバーゼルⅢが小規模銀行を規制の対象から除いていることの合理性を支持する結果であると論じている。

4 銀行リスクとリスクテイキング・チャネル

　銀行の自己資本は，バーゼル合意以降，いわゆる BIS 規制として国際的に重要視され，銀行リスクの抑制手段の中核をなしている。一方で，銀行のリスクテイクに与える影響については理論的にも実証的にも分析は多岐にわたっている。

　世界金融危機後において，流動性供給の観点から金融緩和が世界的な潮流となり，結果として各国の基準金利は大幅に低下した。これを背景として，金融緩和政策が銀行のリスクテイクに対して直接的に影響を与えるのか否かに関心が高まっている。より具体的には，金融政策による銀行のリスクアペタイト（risk appetite）に対して影響を与えるチャネルを総称して，金融政策の「リスクテイキング・チャネル（risk-taking channel）」と呼ぶ。

　伝統的な金融政策の波及メカニズムのチャネルとして，金利の低下を通じて借手企業の資金需要を喚起する金利チャネル（Interest rate channel），あるいは，金利の低下による企業の担保価値の向上が企業資金制約を緩和するバランス・シート・チャネル（Balance sheet channel）などが知られている。これらの伝統的な金融政策のチャネルは企業の資金需要を増加させる経路である。これに対して，リスクテイキング・チャネルは銀行の資金供給を増加させる経路である点が従来のチャネルとは大きく異なる点である。

　本節では，Dell' Aricca et al.［2014, 2017］に従いながら，銀行のリスクテイクに関して，近年注目を浴びている金融政策の「リスクテイキング・チャネル」の基本的なメカニズムについて考察する。

　まず，銀行は預金と資本で資金調達を行い，これを原資に貸し付けを行うとする。具体的には，k の比率で自己資本から調達し，残りの $1-k$ の比率は預金で資金を調達すると仮定する。以下では，k は外生的なパラメーターとして取り扱う。ここで簡単化のために資金調達額は 1 と仮定する。言い換えると，貸出額も 1 として基準化する。

　銀行貸出について，完全競争市場を仮定し，加えてつぎのように単純化する。まず，貸出のプロジェクトの成功確率を q，失敗確率を $1-q$ とし，プロジェクトが成功であれば，（貸出先から）貸出金利 r_L をリターンとして得られるが，失敗であればゼロという二つのシナリオに限定する。

　そのうえで，銀行のモニタリングの努力によって貸出プロジェクトの成功確率が高まることを想定し，簡単化のために，貸出のプロジェクトの成功確率 q そのものを銀行のモニタリング水準と見なす（つまり，貸出プロジェクトの成功確率は，モニタリング水準と等しいと解釈する。なお，銀行の貸出プロジェクトの成功確率は，銀行のリスク水準に相当するので，以下では両者を同じ意味で適宜使うこととする。なお，q の値が大きいほど，銀行のリスク水準が低いことを意味する）。銀行のモニタリングにはコストがかかり，具体的には銀行は私的コスト $cq^2/2$ を被ると仮定する。

　銀行（具体的には株主）は有限責任制であり，貸出のプロジェクトがうまくいき，預金への返済ができる場合にのみ預金者へ返済を行う。預金金利を r_D とする。ここでリスクのない金利（安全資産の金利）を r^* とすると，預金保険によって完全に預金者への返済が保証されている場合には，$r_D = r^*$ となる。以下では預金保険制度が整備されていることを想定する。

　株式については，$r_E = (r^*+\theta)/q$ のコストがかかると想定する。$\theta \geqq 0$ が株式プレミアムを表し，銀行貸出のビジネスリスクを反映している。銀行ローンの返済リスクを，貸出プロジェクトの成功確率で勘案し，$r_E q = r^*+\theta$ の関係，すなわち，株主が株式に1単位（たとえば，1円）を出資したことで得られる期待収益（左辺：$r_E q$）が，安全資産の金利と株式のリスクプレミアムの合計（右辺：$r^*+\theta$）以上のリターンを株主が得られないと資金を出資しないこと（株主にとっての機会費用の観点）と，株式運用での超過利潤を得られないこと（株式市場での競争条件の観点）より，等号が成立し，この条件より株式資本コストが $r_E = (r^*+\theta)/q$ と求まる。

　以上がモデルの設定であるが，この設定の下で，銀行の利潤 Π はつぎのように表現される。

$$\Pi = \left[q\{r_L - r_D(1-k)\} - qr_E k - \frac{cq^2}{2} \right] \tag{5-1}$$

　すなわち，銀行は貸出のプロジェクトが成功したときに，リターンとして貸出先から貸出金利の支払を受け取る一方で，貸出のプロジェクトが失敗したときには，有限責任制によって預金者への支払いはゼロとなる。その期待収益が qr_L となる。そこから貸出プロジェクトの資金の調達コストについて，具体的には，預金の調達コストが $qr_D(1-k)$，株式の調達コストが $qr_E k$，さらにモニタリングの私的コスト $\frac{cq^2}{2}$ を差し引いたものが銀行利潤 Π となっている。

　ここで，預金保険の存在による $r_D = r^*$ と，株式資本コスト $r_E = (r^*+\theta)/q$ を (5-1) 式に代入して整理すると，銀行の利潤 Π はつぎのように書き換えられる。

$$\Pi = \left[q\{r_L - r^*(1-k)\} - (r^*+\theta)\,k - \frac{cq^2}{2} \right] \tag{5-2}$$

　したがって，銀行の最適なリスク水準 q^* は，銀行利潤 Π を q の関数と見なして微分すると，以下のように求まることが分かる。

$$q^* = \min \left\{ \frac{r_L - r^*(1-k)}{c}, 1 \right\} \tag{5-3}$$

　ここで，$\min\{A, B\}$ は，A か B の小さい値を取ることを示す。これは，銀行のリスク水準 q が貸出プロジェクトの成功確率でもあり，定義上 1 が上限となるためである。

　ここで，預金保険があるため銀行のリスクを反映した預金金利設定 $r_D = r^*/q$ がなされないため，銀行のリスク水準が高くなっている（q^* が小さくなっている）。これが預金保険によって生じる銀行のモラルハザードの問題である。なお，預金保険がなく，銀行のリスクに応じた預金金利 $r_D = r^*/q$ の時には，$q^{FB} = \min\{\frac{r_L}{c}, 1\}$ となり，これが社会的に見た場合の最善な（First Best な）銀行のリスク水準 q^{FB} となる。したがって，q^* と q^{FB} のリスクテイクの差が銀行の過度のリスクテイクに相当する。(5-3) 式の右辺を見ると，銀行の自己資本比率にあたる k の値が大きくなると，銀行のリスク水準 q^* が q^{FB} に近い値になることが分かる。これが BIS による自己資本比率規制の理論的根拠となっている。つまり，自己資本比率規制によって，預金保険が存在するために生じる銀行のモラルハザードを緩和する機能があることを含意している。

　さて，(5-3) 式で表現される最適なリスク水準 q^* を (5-2) 式の銀行利潤 Π の q へ代入して書き換えると，

$$\Pi(q^*) = \left[\frac{\{r_L - r^*(1-k)\}^2}{2c} - (r^*+\theta)\,k \right] \tag{5-4}$$

となる。完全競争的な貸出市場を想定していることから銀行利潤はゼロとなるので，貸出金利 r_L はつぎのように決まる。

$$r_L = r^*(1-k) + \sqrt{2ck(r^*+\theta)} \tag{5-5}$$

これを（5-3）式に代入することで，銀行が選択する最適なリスク水準は，

$$q^* = \frac{\sqrt{2ck\,(r^* + \theta)}}{c} \tag{5-6}$$

と定まることが分かる。この決定要因に対して，$dq^*/dr^* = \partial q^*/\partial r^* > 0$ であるから，基準金利 r^* が低いほど，銀行のリスク水準が高くなる（q^* が小さくなる）ことを含意している。これが冒頭に述べた銀行の「リスクテイキング・チャネル」である。量的・質的な金融緩和政策による金利の低下は，この意味で銀行にリスクテイクのインセンティブを与えることを示唆している。

5　日本の銀行業の現状とリスクテイキング

　最後に，日本の銀行が置かれた状況を踏まえて前述の「リスクテイキング・チャネル」の可能性を見てみることにしよう。**図表５－４**は全国銀行の預貸率（預金／貸出金）の推移を表すグラフである。1990 年代は 1 を割り込んでいた時期があるが，2000 年代以降は 1 を上回り足元では 1.4 を超えるに至っている。すなわち，預金による資金調達額が貸出金の総額よりも多い状況が続いている。この背景には資金需要の低迷が考えられるが，長年にわたる大規模な金融緩和政策を背景に，銀行の流動性が高いこと（流動性創出機能の低下）を示唆しており，この意味で銀行がリスクテイクを行う状況に置かれている可能性が考え

〔図表５－４〕　銀行の預貸率の推移

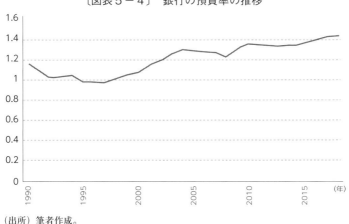

（出所）筆者作成。

られる。実際に，たとえば日本銀行の『金融システムレポート』[2019] において，銀行のリスクテイクへの懸念が表明されており，日本の銀行におけるリスクテイキング・チャネルのメカニズムへの注視が必要であると思われる[5]。

6　おわりに

　本章では，銀行の流動性創出機能をキーワードに，流動性リスクや自己資本，バーゼルⅢに関する学術研究を概観してきた。加えて銀行リスクの決定要因として世界的な金融緩和を背景に注目されている「リスクテイキング・チャネル」のメカニズムについて考察するとともに，昨今の日本における資金需要の低迷を背景とした潤沢な銀行の流動性の増加（すなわち，流動性創出機能の低下）は，日本の銀行業におけるリスクテイキング・チャネルを通じた銀行リスクの増加の懸念が想定されることを併せて論じてきた。

　金融仲介機関としての銀行は，資産変換を通じて流動性創出を行うことで社会的な効率性を高める一方で，その構造的な脆弱性が金融システムの安定性を維持するうえで課題となる。バーゼルⅢを中核とする銀行規制の在り方は，自己資本のみならず，銀行の流動性リスクの観点を併せたものになっている。銀行の流動性創出のメリットを維持しつつ，金融システムの安定性をどのように維持していくかは政策的にも，また個々の銀行のリスク管理の観点からも引き続き重要な課題となっている。

《参考文献》
日本銀行［2019］，『金融システムレポート』（2019 年 10 月号）。
安田行宏［2018a］，「2000 年代における銀行リスクの決定要因—自己資本，流動性と銀行リスク—」法政大学比較経済研究所／高橋秀朋編『金融市場における規制・制度の役割』日本評論社。
安田行宏［2018b］，「資金余剰経済における銀行リスクの決定要因—アベノミクス導入後における検証—」，『ゆうちょ資産研究』第 25 巻，pp.137-153。
Acharya, V., and Naqvi, H.［2012］,"The seeds of a crisis: A theory of banking liquidity and risk taking over the business cycle." *Journal of Financial Economics,*

5　安田（2018a, 2018b）では，銀行の個票データにもとづく銀行のリスクテイクの要因について実証的に分析している。

106 [2]: 349-366.

Acharya, V. V., and A. V. Thakor [2016], "The dark side of liquidity creation: Leverage and systemic risk." *Journal of Financial Intermediation*, 28: 4-21.

Berger, A. N., and C. H. S. Bouwman [2009], "Bank liquidity creation." *Review of Financial Studies*, 22 [9]: 3779-3837.

Bhattacharya, S., and A. V. Thakor [1993] , "Contemporary banking theory." *Journal of Financial Intermediation*, 3 [1] : 2-50.

Bhattacharya, S., and G. Chiesa [1995], "Proprietary information, financial intermediation and research incentives." *Journal of Financial Intermediation*, 4 [4] : 328-357.

Bryant, J. [1980], "A model of reserves, bank runs, and deposit insurance." *Journal of Banking and Finance*, 4: 335-344.

Calomiris, C. W. and C. M. Kahn [1991], "The role of demandable debt in structuring optimal banking arrangements." *American Economic Review*, 81 [3]: 497-513.

Dell' Ariccia, G., and R. Marquez [2013] , "Interest rates and the bank risk-taking channel." *Annual Review of Financial Economics*, 5 [1] : 123-141.

Dell' Arccia, G., Laeven, L., and G. A. Suarez [2017], "Bank leverage and monetary policy's risk-taking channel: Evidence from the United States." *Journal of Finance*, 72 [2]: 613-654.

Dell' Arccia, G., Laeven, L., and R. Marquez [2014] , "Monetary policy, leverage, and bank risk-taking." *Journal of Economic Theory* 149 : 65-99.

DeYoung, R. Distinguin, I., and A. Tarazi [2018], "The joint regulation of bank liquidity and bank capital." *Journal of Financial Intermediation*, 34: 32-46.

DeYoung, R., and K. Y. Jang [2016], "Do banks actively manage their liquidity?" *Journal of Banking and Finance*, 66: 143-161.

Diamond, D. W. [1984], "Financial intermediation and delegated monitoring." *Review of Economic Studies*, 51 [3]: 393-414.

Diamond, D. W., and P. Dybvig [1983], "Bank runs, deposit insurance, and liquidity." *Journal of Political Economy*, 91 [3]: 401-419.

Diamond D. W., and R. G. Rajan [2001], "Liqudity Risk, Liquidity Creation, and Financial Fragility: A Theory of Banking." *Journal of Political Economy*, 109 [2]: 287-327.

Flannery, M. J. [1994], "Debt maturity and the deadweight costs of leverage: Optimally financing banking firms." *American Economic Review* 84 [1]: 320-331.

Gatev, E, Schuermann, T., and P. E. Strahan [2009], "Managing bank liquidity risk: How deposit-loan synergies vary with market conditions." *Review of Financial Studies*, 22 [3]: 995-1020.

Holmström, B., and J. Tirole [1998], "Private and public supply of liquidity."

Journal of Political Economy, 106 [1] : 1-40.

Hong, H., Huang, J.-Z., and D. Wu. [2014], "The information content of Basel Ⅲ liquidity risk measures." *Journal of Financial Stability*, 15 : 91-111.

Imbierowicz, B., and C. Rauch [2014], "The relationship between liquidity risk and credit risk in banks." *Journal of Banking and Finance*, 40 [1] : 242-256.

Kashyap, A. K., Rajan, R., and J. C. Stein [2002], "Banks as liquidity providers : An explanation for the coexistence of lending and deposit-taking." *Journal of Finance*, 57 [1] : 33-73.

Khan, M. S., Scheule, H., and E. Wu [2017], "Funding liquidity and bank risk taking." *Journal of Banking and Finance*, 82 : 203-216.

Kim, D. and W. Sohn [2017], "The effect of bank capital on lending: Does liquidity matter ?" *Journal of Banking and Finance*, 77 : 95-107.

King, M. R. [2013], "The Basel Ⅲ net stable funding ratio and bank net interest margins." *Journal of Banking and Finance*, 37 [11] : 4144-4156.

Mehran, H., and Thakor, A. [2011], "Bank capital and value in the cross-section," *Review of Financial Studies* 24 [4] : 1019-1067.

Ramakrishnan, R.T.S., and A.V. Thakor [1984], "Information reliability and a theory of financial intermediation." *Review of Financial Studies*, 51 [3] : 415-432.

Strahan, P. E. [2008], "Liquidity Production in 21st century banking." NBER working paper series 13798.

Zheng, C., Cheung, A. and T. Cronje [2019], "The moderating role of capital on the relationship between bank liquidity creation and failure risk." *Journal of Banking and Finance*, 108 : 105651.

第6章

地方銀行におけるリスク管理への取組み

矢野　聡

【要　旨】

　本章は，地方銀行が抱えるリスクとリスク管理の取組みを地方銀行の視点から，メガバンクとの比較を交えて説明する。銀行に共通のリスクとして金融仲介に伴うリスクがあるが，海外にも進出し，広い営業エリアをもつメガバンクと違い，地方銀行は営業エリアがある地域の経済に依存しており，その地域の人口減少とそれに伴う地域経済の縮小への対応が大きな課題となっている。また，地方銀行はメガバンクと比べて経営規模が小さいことからシステム投資の体力に乏しく，サイバー攻撃対策などにおいてメガバンクの後追いになっているだけでなく，フィンテックなど先端技術を活用した新たな事業の開拓に十分に取り組めていない。

　本章の第1節では，まず銀行が抱えるリスクとその管理手法である統合リスク管理への取組みを説明したうえで，銀行が認識するリスクの分類（カテゴリー）とその管理，リスクが収益源であることを認識し，積極的にリスクテイクを行うリスクアペタイト・フレームワークへの取組状況を紹介する。第2節では，営業エリアを地域限定とする地方銀行の特徴を説明し，そこに特有のリスクを整理する。

　第3節以降は，地方銀行が抱えるリスクとその対応への取組みを具体的に説明する。第3節では，地域に依存するリスクと，それを軽減する取組みとして，広域化と地方創生への取組みなどを紹介する。第4節では，行政指導等のリスクとして，事業性評価による融資の推進という与信判断への干渉，経営統合・合併への干渉とその妥当性を考察する。第5節では，システムリスクとしてサイバーリスク対策，オープンAPIとフィンテックへの取組状況を紹介する。

Keywords　広域化，地方創生，事業性評価，経営統合・合併，サイバーリスク

1　銀行が抱えるリスクとその管理

1.1　金融仲介のリスクとリスク管理

　銀行は資金余剰主体から資金不足主体へ資金を融通する金融仲介の機能をもつ。資金の融通方法には預貸取引（バンキング勘定での取引）と市場取引（トレーディング勘定での取引）がある。預貸取引は短期預金を受け入れて長期貸付をすることにより，長短金利ギャップによる金利リスク，預貸の満期ミスマッチによる流動性リスクを受け入れる対価として，利ざやという収益を得る。市場取引は主に証券の価格変動リスクへの対価として，売買益という収益を得る。このとき銀行は，対価としての収益を得るために受け入れたリスクを自己管理する。リスク管理にあたっては，リスクに対するバッファー（備え）としての自己資本を充実させ，あるいはリスク量を適切な方法で計算して自己資本の範囲内に抑制する。

1.2　統合リスク管理

　銀行によるリスク管理手法として「統合（integrated）リスク管理」がある。これは銀行が認識するリスク量を VaR など統一的な尺度で数値化して，それを賄う経済資本[1]を配賦してリスクの顕在化に備え，配賦した経済資本の範囲となるようリスク量を管理していく手法である。

　これとは別に，銀行自身によるリスク管理の手法として，金融庁が統合的（comprehensive）リスク管理という手法を示している。統合的リスク管理は，リスク量を数値化する統合リスク管理を導入するには負担が大きい金融機関向けの，より取り組みやすい，簡便なリスク管理手法である。統合リスク管理を採用するメガバンクなどの金融機関においても，オペレーショナルリスクのように数値化が難しいものについては統合的に管理している。

1　経済資本，リスク資本あるいはエコノミック・キャピタルなどさまざまな呼び方がある。本章においては，銀行行政において一般的に用いられる「経済資本」を用いる。

1.3　主なリスク・カテゴリーとその管理

　リスク管理においては，経営者が「トップリスク」を認識し，これをリスク・カテゴリーに分類して，それぞれ対策を講じる。以下で，主なリスク・カテゴリーである信用リスク，市場リスク，流動性リスク，オペレーショナルリスクについてリスク管理手法を紹介する。

1.3.1　信用リスク

　信用リスクは貸付金が返済されないことにより損失を被るリスクであり，さらに貸し倒れリスク，与信集中リスクなどに分類される。

　貸し倒れリスクは融資先が返済できなくなり損失を被るリスクである。貸し倒れリスクの管理においては，融資先や案件ごとにリスク量を計測することは煩雑であるため，各行独自の内部格付モデルを作り，類似のリスク属性をもつ融資先に同じ信用格付を付与することで，リスク量を簡易的に計測する。この内部格付モデルは，過去データを用いたバックテストを実施し，その有効性を確認する。

　貸し倒れリスクのリスク量削減には，担保や保証を活用する。担保や経営者保証の利用は，批判はあるものの，信用リスク量を減らし，与信割当（貸し渋り）を回避するためには有効な手法である。

　つぎに，与信集中リスクは，特定の企業グループや国・地域，業種へ与信が偏ることで，それらの融資先が同時期，あるいは連鎖的に返済できなくなり，損失を被るリスクである。リスク管理上は業種や国・地域を分散（海外や他県への進出）するなどにより，融資先の属性を分散する。

1.3.2　市場リスク

　市場リスクは金利の変動により預貸の金利が逆ザヤになる，あるいは保有する証券の時価が下落するなどにより，損失を被るリスクである。

　市場リスクの計量化にあたって，大手銀行は内部計測手法である VaR を用いてリスクを計測している。一方，多くの地域銀行は，抱える市場リスクが比較的小さいことから，簡便な標準的手法を用いている（樋渡［2012］）。そして，計測されたリスク量に対して必要となる経済資本を割り当て，割り当てた経済資本量に応じてリスク限度枠（リスク許容量）を設定する。

リスク許容量は定期的に再計測するとともに，保有するリスク量がリスク許容量を超えた場合には，有価証券現物の売却，金利スワップ，先物・オプション取引などにより，保有するリスク量を抑制する。

1.3.3　流動性リスク

流動性リスクとは，資産を現金化できず預金を払い戻せない，すなわち資金繰りがつかなくなることにより損失を被るリスクである。これは銀行の収益源である，短期預金を長期貸付に満期変換することにともなうキャッシュフローのミスマッチに起因する。

流動性リスクの計量化にあたっては，流動性カバレッジ比率などの指標を使って計測する。流動性カバレッジ比率は流動資産÷「30日間の純資金流出額」で計算し，市場混乱時の資金流出に1か月間耐えられる，換金性が高い流動資産の保有状況を表す。計測した指標は，市場暴落などの想定を超える環境変化への耐性をストレステストにより検証する。

流動性リスクの管理にあたっては，資金流動性ステージ（平常時・懸念時・危機時）に応じたアクションプランを策定し，現状で位置するステージを随時確認する。たとえば，ステージが懸念時に該当すると判断された時には，長期貸付や預金の受入れを減らすなどによりリスク量を抑制する。また，流動性リスクが高くなった場合に備えて，米国債など流動性が高い資産を保有する，緊急時借入枠を確保するなどして，予め流動性を補完する対策を取っておく。

1.3.4　オペレーショナルリスク

オペレーショナルリスクは，預金や融資の処理に伴う事務やシステム運用における不備・不手際などの内部管理上の問題や，規制・制度変更などの外部要因により損失を被るリスクである。

リスクを計量化するために，損失データを収集し，モニタリングを重ねることでデータベース化を図るものの，事象が多岐にわたるとともに個別性が強く，計量化は容易でない。

リスク管理手法として，各行で「コントロール・セルフ・アセスメント（CSA：現場の自律的なリスク管理）」を実施している。これは，業務の担当部署が各自リスクを洗い出して影響度と管理状況を評価し，必要があればリスク削減策を実施するものである。たとえば，事務リスク削減に向けて，事務事故をデー

タベース化して分析し，事務手続きの明確化（マニュアル化）などによる再発防止策の策定，内部監査や研修・臨店指導の強化などの取組みを行う。あるいは，システムリスク削減に向けて，通信回線，データ，コンピュータ・センターなどのインフラの二重化，サイバーセキュリティ対策を行う。

1.4　リスクアペタイト・フレームワーク（RAF）への取組み

　統合リスク管理は自己資本の範囲内にリスク量を抑制することを目的としている。これに対してリスクアペタイト・フレームワーク（以下，RAF と略）はリスクが収益源であることを認識し，積極的にリスクテイクを行うための取組手法である。そこでは，リスク量に見合った収益を追求することを目的とし，取るべきリスクに対して目標とする収益を達成できたかをチェックし，経営計画や収益計画にフィードバックする。

　RAF の構築にあたっては，取るべきリスクと収益目標を明確化したうえで，「資本の範囲内で，信用集中リスクをテイクする」，「期間利益を稼得するために金利リスクをテイクする」（日本銀行金融機構局金融高度化センター『金融危機後のリスクマネジメント』金融高度化セミナー（2014 年 3 月 6 日）配布資料）といった「リスク管理方針（リスクアペタイト・ステートメント）」を作る。運用にあたっては，経営計画とリスク管理方針を併せて策定し，実施状況をモニタリングする。

　RAF の普及状況については，行政による RAF の監視対象となっている主要行（3 メガグループの銀行・信託銀行およびりそな銀行）を除く金融機関の構築状況について，日本銀行が銀行等 102 社へアンケートを実施している（日本銀行金融機構局金融高度化センター『ガバナンス改革とリスクアペタイト・フレームワーク』2019 年 3 月）。その結果によると，構築済が 23％（4 年前には 9％），検討中が 38％（4 年前は 19％）であり，徐々に RAF への認識が高まっていることがわかる。

　しかし，取組みは広がりつつあるものの，構築済の地方銀行は滋賀銀行，ふくおかフィナンシャルグループなど少数にとどまっている[2]。検討中の地方銀行においても，収益計画へのフィードバックまで検討している銀行は多くない。

2　鈴木［2019］によると，地銀各行の 2019 年 3 月末を基準日としたディスクロージャー誌から読み取れる RAF への取組状況は，導入済が 9％，検討中が 15％に過ぎないとしている。

2 　地方銀行の特徴とリスク

　地方銀行は（一社）全国地方銀行協会の会員 64 行（2020 年 4 月時点）を言う。多くの地方銀行はその営業エリアで最大の金融機関であり，地域経済に大きな影響力をもつ。なお，第二地方銀行も含めて「地方銀行」とすることもあるが，第二地方銀行は（一社）第二地方銀行協会の会員 38 行（2020 年 4 月時点）であり，預金量などで見ると，多くの地域で地方銀行よりもかなり規模が小さい。本節以降では話題を地方銀行に絞り，その特徴を見ていく。

　図表6－1で地方銀行と他業態の規模を比較すると，預金残高は都市銀行に比べて規模が小さく，店舗あたり人員（嘱託・臨時雇員を除く）は都市銀行の半分，信用金庫よりもやや多い程度であり，小規模店舗が多い。

　地方銀行は店舗人員に余裕がないことから，とくに小型店舗において投資信託や生命保険などの手数料収益を期待できる窓口販売商品を扱うために必要な人員の手当てが難しい。そのため，伸びない資金利益の埋め合わせとして期待されていた役務取引等利益は，徐々に増加しているもののコア業務粗利益の 12％ 前後で推移しており，期待ほどの収益の柱には育っていない。

　人員不足は海外展開の制約にもなっている。メガバンクは海外展開が進む一方で，地方銀行は 1990 年代の海外拠点閉鎖に伴い海外ネットワークや人材が散逸して以降，その再構築が課題となっている。地銀全行の海外拠点数（支店，事務所，現地法人の合計）は 2019 年 8 月 1 日時点において 114（全国地方銀

〔図表6－1〕　預金残高・店舗数・役職員数の業態比較（2019 年 3 月末）

（出所）（一社）全国銀行協会，（一社）全国信用金庫協会資料をもとに筆者作成。

〔図表6－2〕　大手銀行と地方銀行のリスクと取組状況

リスクカテゴリー	サブカテゴリー	大手銀行	地方銀行
信用リスク	貸し倒れリスク	• 大企業向けが中心	• 中小企業向けが中心 • 信用リスク管理を他行と共同化 • 不動産向け貸出への傾倒
	与信集中リスク	• 特定企業グループへ集中	• 地元へ集中 • 投資信託などで地域・業種を分散
市場リスク	銀行勘定・トレーディング勘定の金利・価格変動リスク	• 内部計測手法（VaR）でリスク量を計測して限度額を決めてモニタリング	• 標準的手法でリスク量を計測して限度額を決めてモニタリング
流動性リスク	資金繰りリスク	• 現状で位置する資金流動性ステージを随時確認	• 同左
オペレーショナルリスク	事務リスク	• システム化・センター集中化で対処	• 事務センターを他行と共同化
	規制・制度変更により不利益を被るリスク（制度リスク）	• マネー・ロンダリング，テロ資金供与への規制強化など	左記に加えて • 融資姿勢への干渉 • 合併への干渉
	システム障害・サイバー攻撃リスク（システムリスク）	• システム二重化・災害対策，セキュリティ強化	• 単独での対処は難しいのでシステム共同化で対処 • セキュリティ対策で試行錯誤
	人的リスク	• 人材流出（中途退職） • 士気の低下	• 人材流出（中途退職） • 募集人員不達

（出所）筆者作成。

　行協会［2019］）で，三菱 UFJ 銀行やみずほ銀行とほぼ同等となっているが，海外への事業展開というよりも，取引先である地域企業の海外展開による販路拡大などへの支援の意味合いが強い[3]。

　また，地方銀行は各営業エリアで地方公共団体（以下，地公体と略）との取引が深い。指定金融機関（地公体の公金取扱事務を受託する金融機関）については 47 都道府県中 41 府県，47 県庁所在市中 40 市を地方銀行が受託している。それにともない，地方債引受などによる全国の地公体向け貸出残高 35.6 兆円に対して，地方銀行が 20.7 兆円（57.4％，2019 年 3 月末）と，地方銀行が圧倒

　3　地方銀行の海外進出状況については鈴木［2015］が詳しい。

的なシェアをもっている。このことからも地方銀行はその営業地盤とする地域
の経済と無関係ではいられないことがわかる。

　このような地方銀行の特性を踏まえ，これまで見てきたさまざまなリスク管
理への地方銀行の取組状況を，大手銀行との比較で**図表6－2**に整理した。次
節以降では，地域経済に依存する地方銀行が直面するリスクとその管理への取
組みについて，信用リスクとオペレーショナルリスク（制度リスク，システム
リスク）を取りあげて詳述する。

3 　地域に依存するリスク

　地方銀行は，戦前の一県一行主義の名残で，営業エリアを主に道府県の単位
に限定していることが多い。営業地盤とする地域に依存することで，地方銀行
は信用リスクのなかでも与信集中リスクを抱えることになる。リスク管理の観
点からは，与信の地域分散，あるいは貸し倒れリスクそのものの削減が必要と
なる。本節では，前者の取組みとして営業エリアの広域化，後者の取組みとし
て地方創生（地域活性化）を紹介するとともに，資金需要を掘り起こすなかで
不動産向け融資に傾倒している現状を説明する。

3.1　縮む地方と資金運用難

　地方は人口減少，高齢化，経済縮小とさまざまな面で縮小している。人口動
態面では，若者は地方を離れ，高齢者が地方に残るという状況である。高齢者
は若者と比較して所得は多いものの消費は旺盛ではないことから，地方におい
ては預金が増える，すなわち資金供給が過剰になる。

　また，経済面では，地場産業の経営者の高齢化と後継者不在で，黒字でも休
廃業・解散となるケースが増えている。2017年版『中小企業白書』によると
2013年から2015年までの期間に休廃業・解散した企業の直前の売上高経常利
益率は約半数が黒字である。この状況では経済は縮小し，資金需要は細る一方
となる。

　資金供給に対して資金需要が不足しているため，預金を受け入れる銀行は余
剰資金を国債などの有価証券で運用してきたが，昨今の低金利で運用難になっ
ている。このため運用対象を投資信託（ハイリスクではあるものの会計上は保
有期間中にリスクを認識する必要がないもの）や大手銀行が組成するシンジ

ケートローン（場合によってはハイリスクではあるものの利回りが高いメザニン）などへ拡大している。

3.2　営業エリアの広域化

　地方における資金需要が縮小していることから，融資先を求めて域外の都市部（とくに東京）へ進出するケースが増えている。大槻［2017］によると，地方銀行は 2006 年度末から 2016 年度末までの 10 年間で県内店舗を 123 カ店減らす一方で，県外店舗を 145 カ店増やしている。**図表6－3**は県内と県外における融資残高シェアを示している。これによると，2004年度以降で県内（本店所在地）貸出が減少し続けている一方で，その穴を埋めるように都内貸出が増えている。2015 年度から都内貸出比率が頭打ちとなっているのは東京における融資競争で資金利益を取りにくくなっていることが要因としてあげられるが，直近では東京での資金需要が旺盛になっていることから金利が上昇傾向にあり，都内貸出比率も今後の上昇が見込まれている（尾崎ほか［2019］）。

　しかし，都市部は競争が激しいことから金利競争により利幅が薄いことに加え，地方から都市部へ域外進出した地方銀行は知名度で劣後するため，預金を受け入れて渉外が融資先へ訪問営業する全サービス提供型店舗では採算が厳しい。そこで進出先の都市部では，住宅ローンなど個人向けに特化，証券運用のための情報収集拠点化，決済関係取引を ATM，ネット取引などの非対面チャ

〔図表6－3〕　地域銀行のエリア別貸出構成比

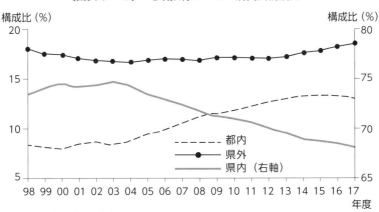

（出所）尾崎ほか［2019］から転載。

〔図表6－4〕 地方銀行が関係する経営統合および合併

年月	再編前	再編方法	再編後
2009.11	荘内，北都	経営統合	フィデア HD
2010. 3	関東つくば，茨城 *	合併	筑波
2010. 5	池田，泉州	合併	池田泉州
2012. 9	十六，岐阜 *	合併	十六 **
2014.10	東京都民，八千代 *	経営統合	東京 TYFG
2015.10	肥後，鹿児島	経営統合	九州 FG
2016. 4	横浜，東日本 *	経営統合	コンコルディア FG
2016. 4	新銀行東京 *	経営統合	東京 TYFG**
2016.10	長崎 *	経営統合	西日本 FHD**
2016.10	常陽，足利	経営統合	めぶき FG
2018. 4	近畿大阪，みなと *，関西アーバン *	経営統合	関西みらい FG
2018. 4	三重，第三 *	経営統合	三十三 FG
2018. 5	東京都民，八千代 *，新銀行東京 *	合併	きらぼし
2018. 10	第四，北越	経営統合	第四北越 FG
2019. 4	十八	経営統合	ふくおか FG**
2019. 4	近畿大阪，関西アーバン *	合併	関西みらい

(注) 銀行名の末尾の * は第二地方銀行等の他業態金融機関であることを示す。グループ・銀行名末尾の ** は既存のグループ・銀行への経営統合・合併であることを示す。
(出所) 筆者作成。

ネルへ誘導することで現金取扱い業務を廃し，法人向け融資に特化するなど，省力化を図っている。

　一方，経営統合・合併による営業エリア拡大であれば，勝手がわからない域外への進出とは違い，統合相手の営業地盤をそのまま活かせるので広域化の成果を出しやすいことに加え，リスク管理を含む経営管理体制を持株会社へ集約することで効率化を図れる。このような事情もあって，**図表6－4**に示したとおり，近年は経営統合・合併が盛んである。

　経営統合・合併のメリットとして各行は，経営基盤の安定，効率化による店舗網の維持，効率化で生じた余裕資源の活用によるサービス向上などをあげている。とくに余裕資源を活用することにより，「持続可能なビジネスモデル」の取組みのひとつとして 2007 年から金融庁が推進してきた「地域密着型金融」の推進や融資先の経営支援，海外進出支援など顧客に寄り添った銀行経営が可能になるとしている。

　デメリットとしてあげられるのは，広域化により「地域密着」が薄れることから，地域密着の地場企業に生じる不安感である。経営統合・合併がすべて広域化につながるものではないが，そもそも広域化は「地域密着」と相反する行動であり，経営統合・合併後に地域密着型金融をどのように推進するか，今後の取組みを見ていく必要がある。

　さらに，地方における人口減少による採用難に加え，営業エリアの広域化により地元就職を希望する学生が集まりにくくなり，人手不足の折，この問題は切実になっている。

3.3　地方創生への取組み

　地方銀行は，地域経済の縮小への対応として，営業エリアの広域化のほか，地方創生あるいは地域振興などの行政による地域活性化策に協力している。

　地方での人口減少はその地域の経済規模の縮小につながる。経済規模が縮小すると雇用も縮小し，若者は職を求めてその地域を出ていき，さらに人口減少が進むという「人口減少による負のスパイラル」に陥る。

　この負のスパイラルからの脱却を考える際，地域で存在感が大きい地方銀行に期待が寄せられることは自然である。しかし，一企業に過ぎない銀行ができることは限定的であり，そのような期待は過大かもしれない。金融機関の機能は実体経済における資金面での潤滑油に過ぎず，銀行は資金を供給できても資金需要を作り出すことはできない。本来的に経済を牽引するのは実体経済であり，銀行ができることは企業への資金供給を通じたサポートである。

　そのような銀行でも，限定的にではあるが，金融以外で地方創生に貢献できることがある。幅広い業種の取引先をもつ強みを生かした地域の中小企業向けのビジネスマッチングや商談会による販路拡大の支援，後継者探しや M&A 仲介による事業承継支援などである。事業承継の相談受付件数は年々増加しており，2018 年度では 39,014 件の実績がある（全国地方銀行協会 ［2019］）。

3.4　資金需要の掘起し－不動産関連ローンへの傾倒－

　法人からの事業性ローンの需要が細る一方で，消費者向けカードローンやアパート・マンション投資用ローン，あるいは不動産事業者向けローンには需要が強い。しかし，ほとんどの消費者ローンは無担保であり，有担保の不動産関連ローンであっても不動産市況が悪化すると担保価値を維持できなくなる可能

〔図表6-5〕 賃貸住宅戸数と空室率の推移

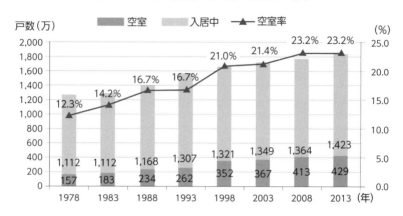

(出所) 総務省「住宅・土地統計調査」をもとに筆者作成。

性があることを考えると，担保による信用リスクの軽減は限定的である。

　図表6-5からわかるように賃貸住宅の供給は増加を続けているが，空室率も上昇傾向にあり，供給過剰感が出てきている。そもそも人口減少で長期的には住宅への需要は減る傾向であろうなかで，賃貸住宅向け融資に依存することはリスクが大きく，今後の空室増，賃料下落という可能性を考慮のうえで融資先の事業計画を慎重に審査する必要がある。

　金融庁は「不動産向け貸出の現状については（中略），今後の動向について注視が必要である」（平成27事務年度金融レポート），日本銀行は考査を実施するうえでの重点事項として「賃貸不動産向けを中心とする不動産関連貸出（中略）については，④審査・管理において，与信期間や事業特性などを踏まえ，事業の将来性を適切に見極めているか，⑤こうした取組みの採算性を組織的に検証しているか，なども点検する」（2017年度の考査の実施方針等について）と警戒姿勢を示した。それを受けて，**図表6-6**によると「個人による貸家業」への融資残高は2016年から急激に増加し始めたものの，2018年には頭打ちとなっている。

〔図表6－6〕　個人による貸家業向け貸出金残高

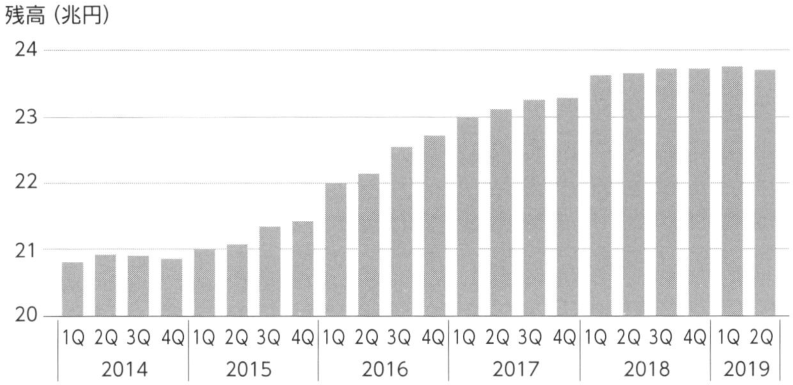

残高（兆円）

(出所) 日本銀行「貸出先別貸出金・業種別」をもとに筆者作成。

4　行政指導等のリスク

　行政指導等とは行政手続法第2条第6号にいう行政指導に加え，行政指導との区別が必ずしも明確ではない情報提供，相談，助言等の行為を含んでおり，明文化されていない点が被規制企業にとってのリスクとなっている。本節では，行政による融資判断への干渉の例として，地方銀行における担保や経営者保証に頼らない「事業性評価」による融資の推進，ならびに行政による経営統合・合併への干渉の事例を取りあげる。

　一方で行政は，収益を確保しようと苦心する地方銀行の取組みに水を差すだけではなく，支援も行っている。本節の最後に，地方銀行における業務効率化（費用削減）への取組みを支援する行政の施策を説明する。

4.1　融資判断への干渉　－法人融資の事業性評価－

　「事業性評価」とは，財務面だけでなく，事業の内容，技術，人材などの知的資産を評価対象とし，それらの将来性も含めて融資先企業を分析・評価することである。これにより経営支援や融資を実施することが「地域密着型金融」の基礎となる銀行の融資姿勢とされる。

　事業性評価は Win-Win 関係とされる。事業性評価のためには取引先の経営実態への深い理解が求められることから，融資にとどまらず，取引先とともに経営課題を解決するなどの経営支援の取組みが必要となる。そのような取組みを通じて取引先の信用格付が向上することで信用リスクが軽減され，銀行の健全性にもつながる，という筋書きである。事業性評価にあたっては，取引先の経営実態を理解することが必要となるため，取引先へ行員を派遣・出向させることもある。

　事業性評価においては，担保や経営者保証への依存は好ましくないとされる。しかし，事業性評価にもとづく融資であれば担保や保証は不要なのだろうか。担保が情報の非対称性の緩和に有効であることは以前から知られている（Bester［1985］）。すなわち，融資先企業の経営者が「努力せずに事業が失敗して担保を差し押さえられるデメリットが，事業を成功させるために努力する負担感よりも大きい」と考えれば，銀行が経営者の行動を監視しなくても，経営者は努力する（隠された行動の緩和）。また，リスクが大きい投資案件をもつ企業ほど担保を失う可能性が大きいため，担保供出への抵抗が強いことから，担保を通じた企業の選別が容易になる（隠された情報の緩和）。

　一方で，Manove et al.［2001］は，競争的な融資市場において，融資先を審査する費用が大きければ，融資全額を担保により保全することにより，銀行は審査を行わなくなることを指摘している[4]。審査すれば排除できる非効率な投資案件にも融資が実行されるという意味で，これは社会的に非効率である。しかし，Manove et al.［2001］は同時に，担保の徴求に制限を設ければ，銀行はすべての企業を審査し，それにより社会的非効率が改善するとしている。これを踏まえると，「担保・保証に過度に依存しない融資等の取組み」（金融庁『中小・地域金融機関向けの総合的な監督指針』平成30年8月）は，担保や保証の役割を考慮しつつ，過度の依存を戒める，バランスを取った指針であると考えられる。

　金融庁は「高金利でも借りてくれる企業を相手にできるビジネスモデルの構築」を呼びかけている。これが銀行にとって有益なアドバイスであることを裏づける実証研究もある。杉山［2018a］は個別地銀の経費率と貸出金利，貸出利益率の関係を分析し，貸出金利下位地銀は「低経費率で低利益率」，上位地

　4　レイジー・バンク（lazy bank）仮説。ただし，日本においてこの効果は限定的であることを示す実証研究もある（小野・植杉［2006］）。

銀は「経費をかけて利益率を得るビジネスモデル」という傾向を見出している。すなわち，金融庁が推進するリレーションシップバンキング，地域密着型金融や事業性評価による融資には費用がかかるが，金融機関はこれらの取組みにより情報を生産した報酬として利ざやを得られる可能性がある。また，金融庁 [2017] は顧客向けサービス業務において比較的高い利益率を維持している銀行が顧客企業から比較的高い評価を得ている事例を紹介している。

　行政は担保や保証に依存しない事業性評価による融資を推進するものの，実際には，銀行は担保評価を超えるだけでなく，財務諸表からでは貸せない額を貸し込んでおり，事業性評価を厳格に行うと融資を引き上げる必要が出てくる案件が少なくないと見られる。このような融資は「ゾンビ融資」（zombie lending）と言われている。しかも，個人保証からの回収はほとんど見込めず，地方の不動産（土地）の処分による債権回収は非現実的であり，現実には経営者保証も担保も気休めに過ぎない。そのため，不動産担保に頼らず，融資先に在庫商品や売掛債権，さらには農作物や家畜などを担保として要求するケースもある（動産担保融資）。

　しかし，それでも経営者保証と担保は銀行のガバナンス上重要な意味をもつ。経営者保証や担保を要求しなければ，監査法人から「債権保全に対する意識が薄い」との指摘を受ける恐れがある。金融庁は担保や保証に頼らず「企業の技術力・販売力・成長性等，事業そのものの採算性・将来性又は事業分野の将来見通しを重視した融資」を期待するとしている（『中小・地域金融機関向けの総合的な監督指針』平成30年8月）。しかし，監査法人からは「自己資本を毀損して企業価値を損なう（株主に迷惑がかかる）」として「待った」がかかるケースもある。このような状況を打開するために，地方銀行界は「金融機関が抱える課題を金融機関，金融庁，監査法人の3者で共有しながら，十分なコミュニケーションを図っていく必要がある」と意見している（福岡銀行・全国地方銀行協会 [2018]）。

4.2　経営統合・合併への干渉　－独占は悪か－

　銀行業務は装置産業と言われ，店舗，人員，システムという固定費用が大きいことから，大規模化が費用削減に大きな効果があると考えられている[5]。そ

5　岩坪 [2012] は規模が大きくなるほど預金経費率が低くなる傾向が見られるとしている。

こで，抜本的な費用削減策として経営統合や合併への関心が強い。

　しかし，同じ地域の銀行が経営統合や合併を志向することで，その地域における独占度が上昇する。独占度が上昇すると一般に価格（銀行の場合は金利）が上昇することが懸念される。一方で，合併で効率化することによる費用削減効果もあり，これは金利を下げる方向に動かす。このことから，実際に金利が上昇するか低下するかは，両者の効果の大小によって変わり，ア・プリオリには決まらない[6]。実証研究によれば，平賀ほか［2017］は寡占度が高まると貸出金利が下がり貸出残高が増加するという実証結果を示している。杉山［2018b］も，個別性が強く一般化は難しいとしながらも，これを支持する実証結果を示している。

　さらに，金融庁は競争可能性の簡易な試算として「1行単独であっても不採算な都道府県が23」（金融仲介の改善に向けた検討会議『地域金融の課題と競争のあり方』平成30年4月11日）と，合併が不可避である旨の報告をしている。一方，公正取引委員会の杉本委員長は2017年11月1日の定例会見で「独占の利益に頼って地域金融システムを維持する考え方は決して適切ではない」と述べた。行政内での見解の相反により，長崎県での親和銀行と十八銀行の合併，新潟県での第四銀行と北越銀行の経営統合は延期を余儀なくされた。

　結果として政府主導で見解を統一することとなり，地域金融機関と地域路線バスについては，県内シェアだけでなく地域活性化への貢献も統合審査のポイントとすることで，独禁法の適用除外とすることとなった。しかし，長崎県での二行合併の場合は両行の合意から公取委による承認まで2年以上を要しており，その間に両行は合併後のシェアを下げるため取引先の一部を他行に譲るなどの負担が発生した。このことを見ても，明確な基準にもとづかない裁量行政は行政組織間の見解の対立を招く恐れがあり，被規制企業である地方銀行にとっての大きなリスクであることが理解できるであろう。

6　合併により限界費用曲線が十分下方シフトする，または需要曲線が十分価格弾力的であれば，合併により独占状態となっても価格（金利）が低下することを容易に示せる。ただし，金利が下落しても，売り手独占に伴う死荷重が社会的費用として発生する。

4.3　費用削減の取組み

　地域経済の縮小にともない資金需要も減少する。融資が増えないなか，長期にわたる低金利で利ざやも取れないことから，費用削減が喫緊の課題となる。費用削減の必要性は行政も認識している。本節の最後に，店舗運営における費用削減の取組みを紹介する。

　これまで銀行の休業日や営業時間などが政令により定められていたが，2018年から店舗規制が緩和され，金融庁長官の承認を受ければ昼休み，平日休業，共同店舗などが可能となった。昼休みを設定することで，休憩中の代替行員を手当てする必要がなくなる。また，たとえば近隣店舗の一方を月・水・金の営業，もう一方を火・木の営業として運用を一本化することで営業店行員を削減できる。

　また，銀行店舗は防犯対策などのために店舗維持費用が大きい。そのため，独立店舗としての維持が困難ではあるものの，さまざまな事情から撤退が困難な地域では，たとえば市役所の庁舎などに店舗スペースを間借りするなどにより，店舗運営費用負担の軽減を図っている。また，経営統合やアライアンスを組む銀行の近隣営業店をひとつに集約し，行員が他行の業務も兼務することで共同運営し，費用削減を図っている。後者の手法は過疎地域だけでなく，県外都市部への進出にあたっても用いられている。

5　システムリスク

　地方銀行はメガバンクと比べて経営規模が小さいことから，メガバンクなみにIT投資を行えるだけの体力がない。本節では，サイバー攻撃対策，制度化されたオープンAPI（Application Programming Interface）やフィンテック（FinTech）を活用した新たな事業の開拓における取組み姿勢を，メガバンクと対比しつつ紹介する。

5.1　サイバーリスク　－インターネット・バンキングの不正利用－

　多くの金融機関がインターネット・バンキング（以下，IBと略）を提供している。IBの機能には大きく残高・取引明細照会などの参照系機能と振込などの更新系機能がある。通常，IBの利用には口座番号やキャッシュカード暗

証番号とは別にログイン用 ID とパスワードなどが必要となるが，個人向けには，たとえば携帯電話代の口座振替の設定，PayPay などのスマホアプリを利用した決済サービスへのチャージなど，IB 契約なしで口座番号と暗証番号のみで利用できる，利便性が高いネット取引もある。

しかし，IB はインターネットを使うことから取引時の十分な本人認証が難しく，そのため，なりすましによる不正送金のターゲットになりやすい。コンピュータ・ウィルスを仕込まれるなどによってログイン ID とパスワードを盗み取られると，犯罪者が口座名義人になりすまして，被害者の口座から追跡不能な口座に送金するなどの手口で資金を窃取される。当初のターゲットは口座残高が大きい法人であったが，法人 IB のセキュリティ対策が進んだことから，次第にターゲットが個人に移っている。また，ターゲットとなる金融機関も，当初狙われていたメガバンクでの対策が進んだことから，地方銀行や信用金庫などの中小金融機関に移ってきている。

メガバンクやネット銀行など，システムへの投資余力が大きい金融機関は自行にて IB システムを運用しているが，地方銀行の多くは単独での運用が難しい。そのため，地方銀行は IB システムの共同利用を進め，その結果，IB セキュリティ対策は迅速な対応が難しいものの，メガバンクなみに整備されている。しかし，サイバー攻撃を受けた後の対応については個別行での対処となっており，その態勢が整備されているとは言い難い。たとえば，暗証番号を犯罪者に伝えてしまうなど，被害者に過失がある場合でも，メガバンクは預金規定を緩めて不正送金の被害補償に前向きに応じる一方で，地方銀行は預金規定を厳格に適用して補償に応じないことが多く，被害補償に対する姿勢でメガバンクとの違いがある。

最近の動向として，資金窃取の手口がネット世界からリアル世界に，ターゲットは若者から高齢者に移っている。たとえば，80 歳の高齢者から電話により口座番号と暗証番号を巧みに聞き出し，本人を装って LINE Pay などのスマホアプリを使った決済サービスに不正にアカウントを作って銀行口座からチャージし，そのサービスを通じて換金性が高い商品をネットで購入して転売する，あるいは，不正な口座に送金するなどの事案が報告されている。その他，実子による不正引き出しも報告されており，なりすまし被害については，もはやサイバーとリアルとを分けて考えられない状況となっている。

さらに直近では，大手銀行を中心に，偽の IB サイトへ誘導して口座情報を

窃取するフィッシング（Phishing），あるいは IB で用いるブラウザを乗っ取って不正送金する MITB（マン・イン・ザ・ブラウザ）など，コンピュータ・ウィルスを用いた被害が再燃しており，片時も気を緩められない状況が続いている。

5.2　オープン API

　API は銀行システムに安全かつ効率的に接続するための仕様で，個人向け家計簿アプリや法人向け会計サービスなどを提供する電子決済等代行業者（以下，電代業者と略）が銀行システムに接続する際に利用している。特長は，利用者がそれらの電代業者を通じて本人口座にアクセスすることを予め許可することで，銀行口座へのログイン ID，パスワードなどを電代業者に預けずに，利用者がその事業者のサービスにログインすれば銀行サービスを利用できる仕組みとなっていることである（**図表6－7**）。この仕組みを使うと利用者は自分が口座をもつ銀行に個別にアクセスする必要がないため利便性が向上するだけでなく，銀行と比べて顧客情報の管理態勢が十分とは言えない電代業者に，ログイン ID などを預けずに済むことから安全に銀行サービスを利用できる。

　オープン API は，電代業者などの外部機関に API を公開することでオープン・イノベーション（連携・協働による革新）を促進することを目的として，2017 年銀行法改正で制度的枠組みが整備された。この制度において，銀行は API 接続する電代業者に求める基準などを公表したうえで，基準を満たす電

〔図表6－7〕　オープン API で家計簿アプリを使うイメージ

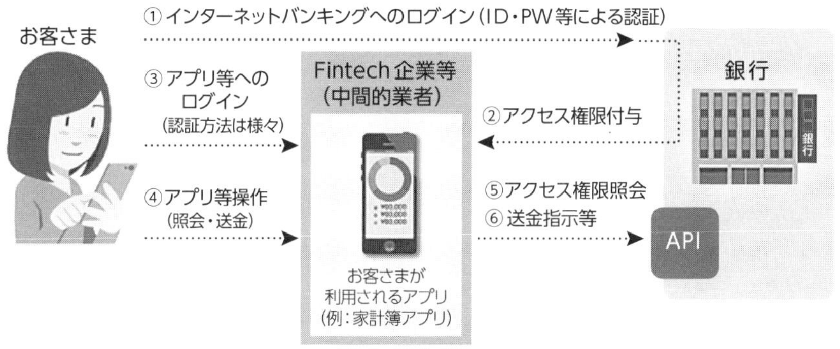

（出所）全国銀行協会サイトから転載。

代業者から申し込みがあれば，特別な事情がない限り接続を許可することが求められる。

　ところが，API接続を許可した外部システムからはAPIを通じて無条件に銀行口座にアクセスできるので，電代業者のサービスに不正ログインされれば，許可した銀行口座にダイレクトにアクセスされてしまう[7]。メガバンクはこのリスクを乗り越えて，電代業者との協業に活路を見出そうとしているが，地方銀行はその域に達していない。このため現状においては，参照系については電代業者からの接続を許可するものの，更新系については，たとえば自行提供アプリによる積立用口座への送金に利用するなど，多くの銀行が接続許可対象を限定しており（クローズドAPI），一般の電代業者向けにはセキュリティ上信頼をおける相手を選んで様子を見ながら開放を進めている状況である。

5.3　フィンテックへの取組み

　2015年頃からフィンテックと呼ばれる，ITを駆使した新しい金融サービスへの期待が膨らんだ。メガバンクにおいてはフィンテックを新たな収益源とするべく取り組んでいるが，地方銀行においては異なった動きが見られる。本節の最後に，フィンテックへの取組みの差異を紹介する。

　フィンテックの新技術として，たとえば仮想通貨や暗号通貨と呼ばれるブロックチェーン技術あるいは分散台帳技術（Distributed Ledger Technology）を利用した代替通貨（ビットコイン，MUFGコインなど）による利便性が高い送金技術が研究されている。現時点では，これらは決済手段として利便性が高い送金手段とはなっていないものの，メガバンクにおいては貿易業務など，決済以外の業務への適用について異業種と連携した取組みが進む。一方，地方銀行においては，一部で共同基盤を構築する動きが見られるが，今のところ取組みは拡大していない。

　また，フィンテックを用いたサービスとして，LINE Payなどの個人間送金やマネーフォワードなどの家計簿アプリといった，電代業者によるスマホを活用したサービスが注目され，自行アプリの開発が難しい地方銀行はこれらのサービスとの連携に期待を寄せる。しかし，これらのサービスは送金の安全性，

---

7 必要なセキュリティ水準を担保するために，電代業者はAPIを利用して接続する銀行との契約，および電代業者としての金融庁への登録が必要となる。さらに，振込など資金移動を伴う取引の場合，銀行は別途本人認証項目の入力を求めるなどの対策を取っている。

確実性や適法性確認（マネーロンダリング，なりすましへの対策）の水準において，地方銀行が求める水準に達しておらず，踏み込んだ連携には慎重になっている。

このような状況から，2018年頃から地方銀行の間では，フィンテックによる収益増は難しいとの認識が広がり，その後は，費用減への貢献を期待できる技術であるAI（人工知能），RPA（ロボットによる自動化）などを活用した「キャッシュレス」「ペーパーレス」への取組みに関心が絞り込まれている。しかし，いずれの取組みも，今のところ試行の域を出ておらず，具体的な費用削減にはつながっていない。

6　おわりに

リスク管理は経営者が率先して関与していることが重要であり，多くの銀行はIR資料に記載するなど，経営者がリスク管理の重要性を認識していることをPRしている。しかし，「取締役会でリスク管理規則を定めている」というレベルでは不十分で，具体的なリスク対策の策定とその確実な実施が必要である。とくにオペレーショナルリスクに分類される多くのリスクの管理がこの状態に留まっており，リスク管理の高度化が望まれる。

金融庁は景気対策もあって，銀行に積極的な融資をするよう働きかける一方で，健全性維持のためにはリスクを取り過ぎないよう指導もしている。しかし，その基準は各金融機関の判断に任されていることから，リスクを取ることに慎重な金融機関が担保や保証に頼るなど保守的な（リスクを減らす）行動を取り続けることで，結局，行政指導等による望まない干渉を受ける恐れもある。

最近は地域密着型金融の一環として融資先を経営支援する動きがある。しかし，これにより融資先の格付向上を図れば信用リスク量は減るではあろうものの，その実効性については各行の認識が分かれており，実証が待たれる。

どの種類のリスクをどれだけの量取るかは，銀行が自身で考えるべきことであり，金融庁との「対話」を通じて，適正な融資基準や引当基準を設定するなど，今後各行にリスク管理のノウハウが蓄積されていくことを期待したい。

《参考文献》

岩坪加紋［2012］，「わが国地域銀行の再編に関する考察」『経営情報研究』第19巻第2号，pp.37-52。

大槻奈那［2017］，「「フィンテックなのに地銀店舗が増加」のナゾ　来店客は激減、地方銀行はどう生き残るのか」『東洋経済オンライン』2017年6月12日。

尾崎道高・今野琢人・廣山晴彦・土屋宰貴［2019］，「地域銀行の越境貸出の動向」『日銀レビュー』2019-J-4。

小野有人・植杉威一郎［2006］，「リレーションシップ貸出における担保・保証の役割～中小企業庁『金融環境実態調査』にもとづく実証分析～」『みずほ総研論集』2006年Ⅰ号。

金融庁［2017］，『平成28事務年度　金融レポート』。

杉山敏啓［2018a］，「邦銀の貸出金利の決定構造と金融競争度の影響」日本金融学会2018年度春季大会　報告資料。

―――［2018b］，「邦銀の貸出金利の決定構造と金融競争度の影響」『経済学雑誌』第119巻第1号，pp.81-101。

鈴木厚［2015］，「地域金融機関（地銀，第二地銀，信金）の海外提携戦略」『西武文理大学サービス経営学部研究紀要』第26号，pp.3-37。

鈴木利光［2019］，「リスクアペタイト・フレームワークの現状」『大和総研レポート』2019年8月26日号。

全国地方銀行協会［2019］，「地方銀行における『地域密着型金融』に関する取組み状況」『地銀協月報』第711号，pp.26-37。

平賀一希・真鍋雅史・吉野直行［2017］，「地域金融市場では，寡占度が高まると貸出金利は上がるのか」『金融庁金融研究センター　ディスカッションペーパー』DP2016-5。

樋渡淳二［2012］，「地域銀行におけるリスク管理高度化・ガバナンス・経営基盤と株主価値の関係」『社会科学論集』第135号，pp.35-49。

福岡銀行・全国地方銀行協会［2018］，「地方銀行における信用リスク管理および償却・引当の状況」融資に関する検査・監督実務についての研究会（第3回）資料。

Bester, H. [1985], "Screening vs. Rationing in Credit Markets with Imperfect Information," *American Economic Review*, 75 (4), pp.850-55.

Manove, M., Padilla, A. J., and Pagano, M. [2001], "Collateral versus Project Screening: A Model of Lazy Banks," *The RAND Journal of Economics* 32 (4), pp.726-44.

第7章

生命保険会社の ERM
－銀行との比較を通じて－

浅見　潤一

【要　旨】

　本章の目的は，生保の ERM について，銀行との比較を通じてその特性を明らかにすることにある。

　収益源の観点では，銀行は預金をもとに貸出による信用供与を行い，イールドカーブ上のギャップや信用スプレッドを収益源としている。一方，生保は保険の販売による保険引受けを収益源としているという違いがある。

　リスク特性の観点では，銀行は信用リスクや株価リスクが大きい一方，生保は資産運用リスク（うち市場リスク）が最も大きいが，保険引受リスクも相当程度大きいという違いがある。銀行は信用ポートフォリオの管理がメインとなる一方，生保は評価が困難な保険引受リスクをはじめ多岐にわたるリスクを有しているため，リスクを合算する場合に実務上の課題がある。

　ALM の観点からは，銀行は契約期間が生保ほど長くないため，金利リスクは比較的小さい。一方，生保は契約期間が長期の保険契約が多く，金利リスクが大きいうえ，保険契約のオプション性の評価はより難しい。また，負債が超長期に及ぶ生保では，資産のみを評価する現行会計ベースと，資産と負債を合わせて評価する経済価値ベースとでは，リスクプロファイルが真逆になるケースもあり，実務上対応に困難を伴う。

　銀行はバーゼル規制の進展を背景に規制先行で ERM が発展してきた。一方，生保の ERM は経営実態やポートフォリオ特性に応じて各社固有に発展してきたが，金融庁が ERM 重視の姿勢を鮮明にしていることもあり，近年，レベルアップを図っている最中にある。

Keywords　金利リスク，流動性リスク，ALM，ソルベンシーⅡ，ORSA

1 従来型リスク管理と ERM の違い

ERM は狭義のリスク管理を超えた概念として提唱されており，リスク管理態勢としては最も先進的なものであると考えられている。また，ERM とはリスクを把握，管理するために，各従業員から取締役会まで組織全体で行われるプロセスであり，組織の戦略目標の達成に資すると考えられている。株式は株式運用部で，信用リスクは審査部で，為替リスクは国際金融部でというように，リスク管理を各担当部署で個別に行っていた従来型のリスク管理と，ERM は多くの点で考え方が異なる。

管理対象とするリスクについては，従来型リスク管理では，VaR 計測や管理ができるリスクに限定し，リスクの種類ごとに細分化してとらえていた。これに対し ERM では，業務を行ううえで想定されるすべてのリスクを対象とし，包括的にとらえる。リスクアペタイトについては，従来型リスク管理では，損失や危険をもたらすものとして，可能な限り回避・抑制してきた。個別担当部署がリスク管理を行う従来型リスク管理では，個々の判断は適切でも全体では過剰ヘッジになっていたりする「合成の誤謬」が生じ得た。しかしながら，ERM においては，組織全体の健全性と収益性のバランスをとることを目指し，リスクに見合う以上の収益の獲得が見込める場合は，収益の源泉であるリスクを積極的に受容することもあり得る。

戦略目標との関係については，従来型リスク管理では，リスクは組織の戦略目標達成や企業活動と切り離されて議論されることが多かった。しかし，ERM では，より幅広くリスクをとらえ，経営陣の関与のもと組織の戦略目標達成と関連づけて管理されることになる。

上述のとおり，対応する組織については，従来型リスク管理では，社内の各部門が縦割りで断片的・専門的・独立的に行い，管理対象を特定のリスクに限定していた。一方，ERM では，全役職員が何らかの形でリスク管理に携わり，経営を取り巻くさまざまなリスクをすべて対象とし，リスク管理統括部署が統合的・全社横断的にリスク管理を行い，取締役会が承認することで完結するとされている。取締役会では，リスク状況を把握するとともに，リスク管理における重要な決断を行う責任があり，最高意思決定機関として，全社のリスクを把握，管理する PDCA サイクルを確立していく必要がある。具体的には第 4

章でみたように，「リスクの特定」→「リスクアペタイト（リスク選好）の明確化」→「モニタリング」→「コントロール」のPDCAを通じて，情報共有や議論を行い，適宜レベルアップを図っていく。

2　生保のERMの現状と課題

2.1　銀行およびEUの生保との比較

　銀行業界では，バーゼルⅢによる資本強化の動きや，グローバルなシステム上重要な金融機関（G-SIFIs）に対する資本積増しの要請など，国際的な規制強化の動きが進んでいる。ERMへの取組みの観点では，銀行はバーゼル規制の進展を背景に，規制先行で発展してきた。大手行では，資本配賦を実施し，リスク調整済み指標や効率性指標を活用している。

　一方，EUの生保はソルベンシーⅡの存在が大きな動機づけになっており，定性的評価を定量的評価とあわせて行うことで，ERMを機能させている。日本の生保のERMは，組織の経営実態やポートフォリオ特性に応じて各社固有に発展してきたが，全体としてみれば，日本の銀行やEUの生保よりも態勢整備が遅れていた。しかし，金融庁が経済価値ベースのソルベンシー規制の検討と並行して，保険検査マニュアルに「統合的リスク管理態勢」に関する項目を新たに導入したり，「ERMヒアリング」の結果を公表したりするなど，ERM重視の姿勢を鮮明にしていることもあり，近年レベルアップを進めている。

　銀行と生保のERMの特徴について概観すると以下のような傾向がみられる（図表7－1）。

　まず，収益源の観点では，銀行は短期負債（預金）をもとに貸出による信用供与を行い，イールドカーブ上のギャップや信用スプレッドを収益の源泉としている。一方，生保は，保険の販売による保険引受けを収益の源泉としている。リスクプロファイルの観点では，銀行には保険引受リスクはなく，信用リスクや株価リスクが大きい。一方，生保は，金利リスクや株価リスクを含む，資産運用リスクが最も大きいが，それ以外にも，保険引受リスクが相当程度大きい。資産負債管理（Asset Liability Management：ALM）の観点では，銀行は契約期間が生保ほど長くないため，金利リスクは比較的小さい。一方，生保は契約期間が長期の保険契約が多く，負債が超長期に及ぶため，意図せずしてイー

ルドカーブ変動のリスクをとっており，金利リスクが大きい。しかも，保険の
オプション性の評価が難しいため，ALM の分析にあたってシミュレーション
が困難である。流動性リスクの観点では，決済機能の提供が本来業務である銀
行と生保では大きな違いがある。銀行間で決済不能が発生すると，これが連鎖

〔図表7−1〕 銀行と生保（EU・日本）のERM の違い

項目	銀行（日本）	生保（EU）	生保（日本）
収益源	・短期負債（預金）をもとに貸出による信用供与を行い，イールドカーブ上のギャップや信用スプレッドを収益の源泉としている。	・保険の販売に伴う保険引受けが収益源。 ・資産運用業としての性格が強い。	・保障性商品（死亡保障や医療保障等）が全体の収益に貢献する度合いが高い。
リスク特性	・信用リスクや株価リスクが大きい。	・資産運用リスクと保険引受リスクが大きい。資産運用リスクのなかでは，市場リスク（金利リスク，株価リスク）が大きい。	
うち，ALM，金利リスク	・期間は長くないため，金利リスクは比較的小さい。	・契約期間が長期の保険契約が多く，負債が超長期に及ぶため，意図せずしてイールドカーブ変動のリスクをとっており，金利リスクが大きい。 ・保険のオプション性の評価が難しく，シミュレーションが困難。	
うち，流動性リスク	・決済機能を有しており，比較的大きな流動性リスクを抱えている。	・足元数年の資産キャッシュフローが負債キャッシュフローを上回っている。 ・主に平準払いによって保険料を収納するため，流動性リスクが小さい。	
リスク管理の課題	・信用ポートフォリオの管理がメイン。	・多岐にわたるリスクを有しているため，合算する際，実務上の課題がある。 ・とくに金利リスクについて，会計ベースと経済価値ベースでは，特性が真逆になるケースもあり，規制対応に困難が伴う。	
ERM（統合的リスク管理）への取組み	・バーゼル規制の進展を背景に規制先行で発展。 ・大手行では，資本配賦を実施し，リスク調整後収益や効率性指標を活用している。	・ソルベンシーⅡの存在が大きな動機付けとなっている。 ・大手生保では，資本配賦を実施。定性・定量的評価をあわせて行うことで，ERM を機能させている。	・経営実態やポートフォリオ特性に応じて各社固有に発展。 ・金融庁は，ERM 重視の姿勢を鮮明にしており，近年レベルアップを進めている。

（出所）筆者作成。

的に広がって多数の銀行が決済不能になる可能性があることから，潜在的に大きな流動性リスクを抱えている。リーマンショックのように，銀行の経営危機が顕在化すると，金融システムが混乱し流動性リスクが増大してきた。一方，生保は，足元数年の資産キャッシュフローが負債キャッシュフローを上回っていることや，主に平準払いによって保険料を収納するため流動性リスクが顕在化する可能性は低い。

リスク管理の課題では，銀行は信用リスクが大きいことから，信用ポートフォリオの管理がメインとなる。一方，生保は，資産運用リスクと保険引受リスクが大きいが，多岐にわたるリスクを有しているため，リスクを合算する際，実務上の課題がある。また，後述するように現行会計ベースと経済価値ベースとでは真逆になるケースもあり，実務上の対応に困難が伴う。

同じ生保業界にあっても，日本とEUとでは様相が異なる点には注意が必要である。EUの生保会社は，保険引受けと資産運用の両面において，規制による資本賦課を勘案した場合に収益性が見合わない分野を縮小し，逆に収益性が高いと考えられる分野に注力する傾向がみられる。また，資産と負債のマッチングを厳格に行っている会社もある。極論すれば，EUでは資産運用業としての性格が強いが，日本では保障性保険（死亡保険や医療保険など）が全体の利益に貢献する度合いが高いという傾向がある。しかしながら，世界的な低金利環境において，EUおよび日本の生保会社は，共通の課題として，どのような資産運用や商品開発を志向すべきか，判断を迫られている状況である。

2.2　銀行と生保のALMの違い

つぎに，とくに生保の重要な論点であるALMについて説明する。

日銀の『金融システムレポート』（2019年4月）によると，金融機関の円債投資にかかる金利リスク量は，円債保有残高の減少を受けて，2012年をピークに減少傾向を辿ってきたが，最近は横ばい圏内で推移している。円債の金利リスク量の対自己資本比率を業態別にみると，大手行では5％程度と低いが，地域銀行では10％台半ばと相対的に高くなっているほか，地域金融機関の間ではばらつきも相応に大きい。

一方，生保については，日本国債を中心とする超長期債に投資することが資産運用の基本姿勢である。当然のことながらデュレーションの長い債券の方が金利リスクは大きい。

金利が上昇すれば債券価格が下落するが，それは資産サイドのみをみた話である。金利が変動した場合には，債券に代表される資産価値が変動するが，負債価値も同時に変動する。この影響をみるのが ALM である。すなわち，バランスシートを経済価値ベースでみると，金利が変動することで，資産時価と負債時価は同じ方向に動くが，株式などを除いた金利性の資産時価と負債時価がほぼ同水準と仮定すれば，その変動幅は両者のデュレーションの差（デュレーションギャップ)によって決まる。前章までの繰り返しになるが,経済価値ベースとは，資産および負債をキャッシュフローの現在価値でとらえ，市場価格もしくは金融市場で観測される金利等を用いて市場整合的に評価することである。

生保は契約期間が長期の保険契約が多いため，負債のデュレーションが資産よりも長い傾向にある。その場合，たとえば金利が低下すると，**図表7－2**に示したとおり，資産時価および負債時価がともに増加するが，負債時価の増加額のほうが，資産時価の増加額よりも大きいため，純資産が減少する。負債と資産のデュレーション・ギャップが大きければ大きいほど，金利変動に伴う純資産の変動が大きくなる。逆に，金利が上昇すると純資産は増加する。これに対して，銀行の場合は負債である預金の預入れ期間よりも，貸出あるいは国債の保有期間が長いので，生保とは反対のことが生じる。すなわち，金利が低下（上昇）すると，純資産が増加（減少）する。

〔図表7－2〕　金利が低下した場合の資産・負債と純資産の動き
（負債のデュレーションが資産より長い場合）

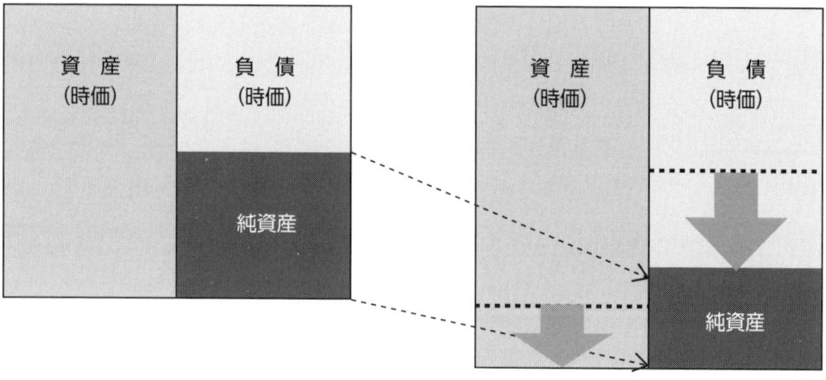

（出所）筆者作成。

2.3　二重管理の弊害

　会計について保険 IFRS（International Financial Reporting Standards：国際財務報告基準）の方向性はみえてきたものの，IFRS が今後どのような形で日本の会計に反映されるかは依然不透明なままである。

　このような状況のもと，生保会社は少なくとも短期的には，現行会計をベースにしたソルベンシー・マージン規制のもと，経済価値ベースでの ALM の実施，ERM の推進が求められている。現状においては，金利の動向によっては，現行会計ベースと経済価値ベースとで影響が相反する場合もある。**図表７－３**にイメージ図を掲載するが，負債のデュレーションが資産より長い場合，金利が上昇すると，純資産は現行会計ベースでは減少するが，経済価値ベースでは増加する。

　生保会社は，近年 20 年債〜 30 年債を中心とした超長期債の購入を進めた結果，資産側の金利リスクが増加する一方，経済価値ベースの金利リスクは減少し，その乖離はいっそう大きなものとなって二重管理の負担が増している。

　現行会計にもとづいたソルベンシー基準では，資産と負債の評価が不整合で，財務状況を的確に把握できないばかりでなく，リスク管理を高度化するうえでの制約となっている。しかしながら，生保会社は二重管理の弊害を認識しつつも，現行会計ベースと経済価値ベースの両方の視点を満たす方策を検討せざるを得ない。

〔図表７－３〕　金利が上昇した場合の資産・負債と純資産の動き
（負債のデュレーションが資産より長い場合）

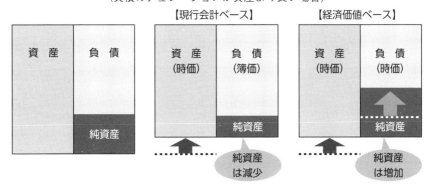

（出所）筆者作成。

さらに，監督上の規制が経済価値ベースの ALM と平仄が合っていない例として，「実質純資産規制」がある。実質純資産額とは，監督当局が生保の健全性を判断する指標の１つで，有価証券などの含み損益などを反映した実質的な資産から，価格変動準備金などを除いた実質的な負債を差し引くことで算出される。実質的な債務超過の判定を行い，その数字がマイナスの際に，監督当局による業務停止命令などの早期是正措置の対象となることがある。

ただし，これには負債を時価評価しないという問題が顕著に現れているため，2003 年 12 月に実質純資産規制の事務ガイドラインが改正された。「保険会社が債券の長期保有等により適切な ALM 管理を行っているにも拘わらず，金利上昇の結果，実質資産負債差額が負の値になった場合には，実質資産負債差額から満期保有目的債券[1]および責任準備金対応債券[2]の含み損を除いた額が正の値となり，かつ，ALM を維持するに十分な流動性資産が確保されている場合には，原則として業務停止命令などは発出しない」こととなった。

しかし，従来定義のまま公表が継続されるため，資産と負債の対応状況が正しく理解されず，数字のみが独り歩きし，レピュテーションリスクが発生する懸念がある。

今後，日本にも経済価値ベースのソルベンシー評価が導入されれば，一般に生保は，金利低下がリスクとして認識され，金利低下によって逆ざやが発生していくという評価とも整合的となる。ここ数年，金利は低水準で推移しており，財政状況からは金利上昇が懸念されているが，それ自体は生保に関してはリスクではないことになる（もっとも，金利が急上昇して国債価格が暴落すれば話は別であるけれども）。その結果，従来，財務諸表などの開示情報のみでは把握できなかった金利リスクなどの実態がみえてくる可能性があるため，資産・負債を一体で評価することを前提としたリスク管理態勢を構築する必要性が高まっていくであろう。現時点では，年限が 30 年を超える超長期債の市場規模はまだ十分ではないが，現物資産でヘッジしきれない超長期の資産および負債のキャッシュフロー・ミスマッチを認識し，金利リスクをヘッジするためのデリバティブ取引を活用する動きが加速するかも知れない。また，生命保険に内

1　満期まで所有する意図を持って保有する社債その他の債券のこと。
2　保険会社の負債の特性（契約が長期であること等）を考慮し，保険会社だけに認められた債券の区分であり，負債である責任準備金と一定条件の連動性があれば利用でき，時価評価が不要で売却も可能。

在するオプション性（組込みオプション）が経済価値ベースで正しく認識されれば，リスクを削減する方策が資産運用，ヘッジ方針，商品開発などの経営戦略にも反映されるであろう。今後，会計や監督が経済価値ベースの考え方に平仄を合わせるようになれば，生保会社は二重管理を行う必要がなくなり，より効率的な経営戦略が立てやすくなるという利点がある。

3 生保の ERM への取組み

3.1 リスク管理の課題への取組み例

　生保は銀行と比較し，生保特有の保険引受リスクや不動産投資リスクを含め，リスクの種類が多岐にわたっている。また，相互に関連しあって影響を及ぼすため，各カテゴリーに明確に区別してとらえられないケースもある。前述のとおり，リスク量でいうと，金利リスクや株価リスクを含む資産運用リスク（うち市場リスク）が最も大きいが，それ以外にも保険引受リスクが相当程度大きい。銀行には国際的な資本規制が存在するが，生保の保険引受リスクの評価については，業界標準がないため，さらなる研究・経験が必要となる。また既述のとおり，生保は負債が超長期に及ぶため，契約期間中の金利変動にともない，資産と負債の差額である純資産の時価変動をいかにコントロールするかというALM が極めて重要となる。今後，金利が大きく上昇する局面も想定されるが，金利上昇時の契約者動向については，これまでほとんど実績がないため，金利感応度が高い商品の ALM や流動性管理が重要となる。

　金利リスクについては，現行会計にもとづく場合と経済価値にもとづく場合とでは大きな乖離が生じ得る。現行規制のもとでは，現行会計および経済価値ベースでの多面的なリスク管理を並走させる必要がある。以下では，このような考え方にもとづいた市場リスク管理の一例をあげてみたい。生保の市場リスクの大半を占めるのは金利リスクと株価リスクである。そのため，足元の相場水準をもとに，過去実績から想定される金利と株価の変動について，**図表7－4**のようなシミュレーションを実施することによって，現行会計ベースおよび経済価値ベースでの純資産がマイナスになる相場前提を確認し，手前でアラームを発することができる。

　具体的には，足元の相場水準を 20 年金利 1.2％，TOPIX1,600pt と仮定し，

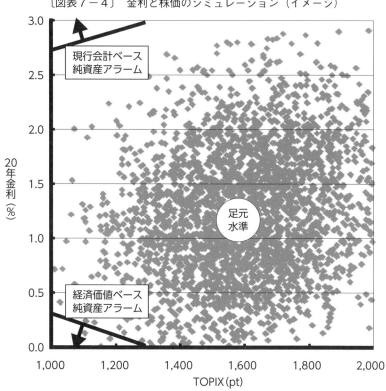

〔図表7-4〕 金利と株価のシミュレーション（イメージ）

（注）仮想ポートフォリオにもとづき，観測期間5年，保有期間1年で試算。
（出所）筆者作成。

過去5年間の相場変動実績をもとに，1年後の相場水準を推測してみる。足元
の金利水準が低いこともあり，本シミュレーションでは，図表の左上（20年
金利2.7％，TOPIX1,100ptあたり）のラインを超過し，現行会計ベースの純
資産がマイナスとなる可能性は低い。一方，図表の左下（20年金利0.3％，
TOPIX1,100ptあたり）のラインを超過し，経済価値ベースの純資産がマイナ
スとなる可能性は一定程度想定されることが読み取れる。

　市場リスク管理においては，現行会計ベースと経済価値ベースの両方の側面
で金利リスクを適切に管理するとともに，金利リスク以外のリスクも適切に管
理することが重要である。2008年のリーマンショック以降も，2010年の欧州
ソブリン危機，2011年の東日本大震災，2013年の量的・質的金融緩和，2016

年のマイナス金利導入など，市場は何度となく激震に見舞われ，通常の環境で
は想定し得なかったリスクが顕在化しているからである。

　ここでは市場リスクにおける金利と株価のリスク管理を例に，現行会計ベー
スと経済価値ベースでの見方を示した。他にも外国金利と為替等の切り口によ
る見方，異なる観測期間での見方もあり，ストレステストとも合わせ，多面的
なリスク管理を進めていくことが必要である。一方で，現状の低金利環境のも
と，必要なリスク管理態勢を構築のうえ，いかに収益を向上させるかが重要な
課題である。生保会社は自社のポートフォリオ特性や経営戦略にもとづき，独
自の ERM を構築する必要がある。

3.2　内部モデルの開発と統合リスク量の計算

　EU で導入されたソルベンシーⅡでは，ソルベンシー必要資本（Solvency
Capital Requirement：SCR）の計測において，会社が独自に開発した内部モ
デルの使用が許容されている。

　内部モデルの使用により，組織のリスク特性をより適切に反映した SCR の
計測が可能となるほか，標準的手法による SCR の計測結果より，内部モデル
による SCR の計測結果のほうが小さくなることが期待されている。

　ただし，SCR の計測に内部モデルを使用するためには，監督当局の承認を
得るための手続きを要する。

　金融庁も，ソルベンシーⅡと整合的な経済価値ベースのソルベンシー評価の
導入に向けた検討を進めている。将来的にわが国においても，自社のリスク特
性を正確に把握し，適切なリスク管理を実施する目的や経済価値ベースのソル
ベンシー規制において内部モデルの使用が認められるのではないかとの観測か
ら，大手は内部モデルの構築に向けた取組みを開始している。ただし，生保は
銀行とは異なり，負債が超長期に及ぶことや，保険のオプション性を考慮する
必要があるため，それらをどのようにリスク計測手法に反映させるかについて
の難易度は銀行のそれよりも高いといえる。

　同様に，繰り返しになるがリスク量の統合についても生保の難易度は高いよ
うに思える。たとえば，ソルベンシーⅡにおいては，主要なリスクである資産
運用リスクと保険引受リスクの相関係数は 0.25 としている（一方で，バーゼ
ルⅡにおけるような，統合リスク量を市場リスク，信用リスク，オペレーショ
ナルリスクというリスクカテゴリーのリスク量の単純合算として計算する方法

は，明らかに保守的な計算方法である）。また，個別リスクの相互作用を考慮
に入れて統合するために，個別リスクを正規分布と仮定する方法をとることが
あるが，この場合には分布の歪度や尖度を考慮していないため，統合リスク量
を過小評価する傾向にある。

　また，資産運用リスクと保険引受リスクの相関を検討するにあたっての実績
データは少ないのが実情である。さらに，市場混乱時やストレス時には，相関
が強まることがある。このため相関係数を設定するにあたっては，自社のポー
トフォリオ特性を反映する代理変数による試算，ソルベンシーⅡで想定してい
る相関係数の勘案など，統合リスク量を過小評価しないように留意しなければ
ならない。このような点も，銀行にはない生保特有の課題である。

3.3　リスクとソルベンシーの自己評価（ORSA)

　第3章にあるように，ORSA（Own Risk and Solvency Assessment）とは，
保険会社による「リスクとソルベンシーの自己評価」プロセスのことである。
生保では，リスクの種類が多岐にわたり，定量化が困難なリスクもある。ソル
ベンシーⅡでは第2の柱の重要な要素として位置づけられ，保険ERMの中核
的な役割を担うプロセスとして世界各国で導入の動きが進んでいる。

　ソルベンシーⅡ指令にORSA概念が採択されたことや，IAIS（保険監督者
国際機構）が採択した保険の基本原則（Insurance Core Principle：ICP）で
ORSAについて言及されたことから（2013年11月に改訂版を公表），さらに
注目が集まっている。米国でも導入が推進され，全米保険監督官協会（NAIC）
が2011年に「ORSAガイダンス・マニュアル」を公表した。その後，適宜改
訂版を公表している。

　ICPにてERMとORSAが規定されたことを受け，金融庁は2014年2月に「保
険会社向けの総合的な監督指針」の一部改正案を公表した。そこでは，リスク
の特定とリスクプロファイル，リスクの測定，リスクの管理方針，リスクとソ
ルベンシーの自己評価，グループベースの統合的リスク管理および報告態勢に
関する規定が整備された。また，保険検査マニュアルの「統合的リスク管理態
勢」の検証項目も合わせて整備されている。

〔図表7－5〕　ERM評価目線の概要（2016年6月時点）

ERM評価大項目	概　要
リスク文化と リスクガバナンス	販売偏重の経営ではなく，保険商品等のリスクとリターンのバランスに着目したリスクベースの経営が，経営陣や職員を通じ保険会社にどの程度浸透しているかを検証
リスクコントロールと 資本の充分性	リスク許容度やリスクリミットの管理を通じ，経営の根幹となる健全性を確保する態勢を検証
リスクプロファイルと リスクの測定	ERMを支えるリスクの計量方法及び計量不要なリスクの把握方法を検証
経営への活用	ERMにおける資本配賦等や保険商品のリスクリターン分析を通じ，健全かつ収益性のあるビジネスを展開できているかを検証

（出所）金融庁［2016］。

　ORSA導入の狙いは，事業に内在するすべてのリスクの評価プロセスに保険会社を従事させ，評価の結果に相応な資本の金額を決定させることである。保険会社は，資本の十分性の評価を自らが行うとともに，リスクテイク戦略などの妥当性を総合的に検証するプロセスをもっていなければならない。EUの保険会社もORSAの整備に取り組んでおり，今後日本においてもORSAの整備がさらに進むであろう。

　ERMを促進する一環として，保険会社がORSAレポートを金融庁へ提出する枠組みが2015年より開始された。金融庁は各社のORSAレポートを有効に活用し，同レポートをもとにしたERMヒアリングを実施したうえで，保険会社のERM評価を実施した。ERM評価目線の概要は**図表7－5**のとおりである。

3.4　EUの先進的な生保のERM

　EUでは，ソルベンシーⅡが2016年1月より導入され，EUの大手生保会社はERMの高度化を進めている。ORSAの実施など，第2の柱「監督の検証プロセス」の要件を満たすことも重要な目的の1つであるが，多くの生保会社にとってERMを構築する大きなインセンティブの1つは，第1の柱「資本要件」への対応である。

　銀行のバーゼル規制と同様，ソルベンシーⅡの資本要件でも生保会社が社内で用いている「内部モデル」について，監督当局の承認を得られれば，規制上のリスクを測定するリスク計測手法として適用できる。自社の特性に応じた「内部モデル」が構築できれば，「標準モデル」よりも資本要件を軽減することが

できるため，生保会社は積極的な経営資源の投下を行っている。

　このような定量的アプローチがソルベンシーⅡ対応上，最低限求められることとは否定しないが，これだけでは規制に対応するだけの形式的な ERM となってしまう。ERM は経営判断を支える１つの重要な経営管理手法であり，経営戦略と密接な関係をもつ必要不可欠な態勢であるべきである。すなわち，実際に機能する ERM 態勢とするためには，経済価値ベースのリスク管理・収益管理といった定量的な側面にのみ注目するのではなく，組織の経営戦略と結びついた，より定性的な要素も含めて構築することが必要となる。

　2014 年 10 月に，グローバルなシステム上重要な保険会社（Global Systemically Important Insurers：G-SIIs）の１つである AXA グループ CRO の Alben de Mailly Nestle 氏に直接ヒアリングを行った。それによれば，リスクカルチャーの醸成が非常に重要であると認識し，社内研修などを通じてリスクカルチャーを定着させているとのことである。リスクベースの考え方は，ほとんどのビジネスプロセスに組み込まれており，エコノミックキャピタルやリスクアペタイト・フレームワークによる定量基準をもとに議論を重ね，経営戦略を決定しているようである。

　また，AXA では組織を取り巻くすべての環境に想いを巡らせ，将来的に自社に影響を及ぼしうる，エマージングリスクを洗い出している。洗い出したエマージングリスクをサブカテゴリーに分類し，重要度が高いものは，対応策を検討する。サイバーリスク，規制，レピュテーションリスク，エボラ出血熱，世界経済動向などについては，とくに注意を払っているとのことである。

　このように，EU の主要な生保会社の一部は，内部モデルの導入や第２の柱の充足に向けた対応としてのみではなく，経営判断を支える重要な経営管理手法の１つとして ERM の高度化を進め，グループの統一的な経営管理，他社との差別化を図っている。

　しかしながら，ヒアリングやアニュアルレポートなどから分析した結果から判断すると，EU 全体としてみれば，M&A や商品開発において ERM を活用する事例はみられるものの，まだ発展途上であるといえそうである。過去，格付会社などから ERM について高い評価を得ていた保険会社が金融危機で大きな痛手を受けた反省を踏まえ，ERM 態勢の高度化を進めている。たとえば，資産と負債のマッチングを厳格に行っている会社もあるが，対応には相当なばらつきもある。「守り」のリスク管理という視点での完成度は高いが，収益性

の観点も考慮したリスクアペタイトを定め，ポートフォリオを積極的に組み替えるなど，「攻め」のリスク管理という視点での進化は，各社模索をしながら進めている状況のようである。

4　生保の ERM 態勢の改善・充実に向けて

　金融庁は，リスク管理の高度化促進の一環として，2011 年から監督局保険課において継続的にヒアリングを実施し，その結果概要を公表している。

　各年のヒアリングにおいて，重要ポイントは変化している。2012 年はリスクガバナンスを中心とする統合的リスク管理態勢，2013 年はリスクアペタイト・フレームワークと ERM の経営活用，2014 年は ORSA レポートを中心とするヒアリングとなった。年を追うごとにグローバルな規制動向を反映し，ERM を巡る概念構造が明確化されている。

　2016 年 9 月 15 日付で金融庁より公表された『保険会社におけるリスクとソルベンシーの自己評価に関する報告書（ORSA レポート）及び統合的リスク管理（ERM）態勢ヒアリングにもとづく ERM 評価の結果概要について』のなかでは，以下のように記載している。

　「保険会社においては，その取り巻くリスクの多様化・複雑化を踏まえ，規制の遵守に加え適切なリスクとリターンのバランスの下，全てのリスクを経営戦略と一体で統合的に管理する統合的リスク管理態勢の整備・高度化を図ることが重要な課題となっています。」

　このように，金融庁が ERM を重視する姿勢は明確であり，日本の生保会社における ERM の定着状況なども踏まえて，今後，さらなる対応がなされることが予想される。

　経済価値ベースのソルベンシー規制は，資産負債の一体的な経済価値ベースの評価を通じ，生保会社の財務状況の的確な把握や，リスク管理の高度化に資することから，近年，国際的に保険監督者国際機構（IAIS）などにおいて，その導入に向けた検討が行われている。

　わが国においても，金融庁は現下の経済環境におけるさまざまな影響に配意しつつ，国際資本基準（ICS）に遅れないタイミングでの導入を念頭に，関係者は広範な議論を行っている。2019 年，金融庁はその一環として国際的な議論を踏まえた国内規制の方向性について検討するため，外部有識者による「経

済価値ベースのソルベンシー規制等に関する有識者会議」を設置した。

　しかしながら，金融危機などを受けて，経済価値ベースの規制導入に先行的に取り組んできたEUにおいても一部見直しが進められる状況にある。このことを踏まえれば，日本においても，引き続き慎重な議論が必要であり，具体的な規制内容が決まるまでには今後さらに一定の期間を要する。

　したがって，現時点では，EUの生保会社のように，ERM構築のインセンティブを内部モデルの導入を通じた資本要件の軽減に求めることはできない。経営環境が変化するなかで，経営判断を支えるERMの高度化は重要な課題の1つであり，規制や諸外国の動向も踏まえながら，二重投資となる可能性を排除しつつ，慎重かつ着実に進めていくことが必要となる。

　また，公共性もある生保会社の経営にあたっては，一般事業会社以上に，「健全性」と「収益性」のバランスをとることが求められる。生保には定量化が困難なリスクもあるので，定量的評価と定性的評価をあわせて行うことで，実効性を高めることの検討が望まれる。たとえば，金利が急上昇する蓋然性が高まった場合には，今後の金利見通しを踏まえた保険の販売量や解約見込み，債券の売却損を含めた収支見込み，現行会計ベースおよび経済価値ベースの実質資産負債差額見込み，監督指標の充足状況，流動性リスク，レピュテーションリスクなどの観点から，まるでダッシュボードのように多面的な定量・定性的評価を行う必要がある。そして，その幅広いリスク評価をもとに，リスクアペタイトに照らしながら，今後の資産運用方針やヘッジ方針，予定利率設定などの意思決定を行わなければならない。

　さらに，これまで国内市場を中心に事業展開していた日本の大手生保会社は，長期的な人口減少トレンドにともなう国内市場縮小を見据え，海外へビジネス機会を求めている。超低金利環境下において運用収益の確保が難しくなるなか，収益拡大のためにリスク許容度の範囲での新規運用手段の検討，商品開発，新たな取組みが求められる時代へ突入している。そのため，リスクをグループ全体の視点で定量的・定性的に把握して適切に管理し，地理的・カテゴリー別の分散を図りながら，海外出資先との情報連携・シナジー効果の発揮を通じてリターンの拡大を目指すことが求められる。筆者は2018年より2年間，米国生保子会社でERMを担当していた。グループ経営の観点では，ケースバイ・ケースであるが，グループ全体でのリスクアペタイトの明確化と一定の規模を有する重要な子会社に対する資本配賦により，定性・定量の両面からガバナンスを

効かせる枠組みの検討が必要となろう。

　なお，その米国生保会社は，規模は決して大きくなく，規程などの整備は必ずしも十分ではないものの，チーフアクチュアリーがCROを務め，資本・収益・リスクのバランスを取り，ERMが有効に機能している。ERMチームには日本の大手生保会社にありがちな縦割り部署の弊害がなく，経営戦略の実現のために必要なリスク管理を行っている。一例をあげると，経営幹部にインタビューしながら事業戦略リスクも含むTOP10リスクを洗い出し，四半期ごとにモニタリングしている。経営陣は過度なリスクはとらないというカルチャーのもと，機動的な意思決定を行っている。こうした点は，会社の国籍・規模に関わらず，大いに参考になろう。

　ERM態勢の改善・充実のためには，利害関係者とのコミュニケーションの強化，戦略的な意思決定への活用，業績管理指標や人事考課への活用など，経営陣の継続的なコミットメントが必須であり，組織全体の文化に大きく依存するため，不断の取組みが欠かせない。

《参考文献》
浅見潤一 ［2008］，「生保の資産運用リスク管理」，『生命保険経営』第76巻第6号，pp.54-76。
金融庁 ［2016］，『保険会社におけるリスクとソルベンシーの自己評価に関する報告書（ORSAレポート）及び統合的リスク管理（ERM）態勢ヒアリングにもとづくERM評価の結果概要について』。
金融庁 ［2019］，「『経済価値ベースのソルベンシー規制等に関する有識者会議』の設置について」。
田中周二 ［2007］，『保険会社のERM―保険会社の内部モデルの構築に向けて―』。
日本銀行 ［2019］，『金融システムレポート』。
長谷川俊明 ［2012］，「保険会社のERMとガバナンス」，『保険学雑誌』第617号，pp.73-83。

第8章

損害保険会社の ERM
－自然災害リスク管理を中心に－

【要　旨】

　2018 年に自然災害保険金として過去最大となる 1.5 兆円強の保険金支払いを迫られた損保業界は，2019 年も巨大台風（15 号，19 号）の上陸を受けて 1 兆円超の保険金を支払った。日本では地震でも巨額の保険金支払いが発生する可能性があり，実際に 2011 年 3 月に発生した東日本大震災で損保業界が支払った保険金は 2 兆円近くに達した[1]。このように損保では地震や風水災といった自然災害リスク管理の重要性が生保や銀行といった他業界に比べて高く，本章では，自然災害リスクを中心に損保のリスク管理について説明する。

　第 1 節では，損保のリスクの全体像における，自然災害リスクの位置付けを確認する。第 2 節では，自然災害リスクが持つ特徴を説明し，安定した保険会社経営の前提となっている大数の法則が働きにくいことを示す。さらに，自然災害リスクに対するリスク管理や収益性確保上の留意点を説明する。第 3 節では，自然災害リスクの管理に欠かせない自然災害モデル[2] の基本構造とモデルの高度化の歩みについて説明する。そして第 4 節で，自然災害リスクのヘッジ手段としての再保険の基本構造を説明したのち，ERM 経営を進める欧米損保の再保険スキーム例を紹介する。第 5 節では，キャットボンドなどの資本市場キャパシティの流入を受けた自然災害リスク再保険市場の構造変化について述べる。

Keywords　ERM 経営，自然災害リスク，自然災害モデル，再保険，キャットボンド

1　日本の損害保険では，地震保険に関して個人が加入する保険を家計地震保険と呼び，企業向け地震保険とは商品内容を異にしている。家計地震では「地震保険に関する法律」に基づいて日本政府が再保険という形でリスクの大半を引き受けている。東日本大震災では，家計地震保険で 1.2 兆円強，企業向け地震保険で約 6,000 億円（後述）の保険金が支払われた。さらに個人向けの地震共済でも 1 兆円超の支払いがあったとみられている。

2　カタストロフィーモデル，略してキャットモデルと呼ばれることも多い。

1 損害保険会社のリスクとリスク管理態勢の概要

　前章までみてきたように，ERM とは保険会社の健全性を確保するためにリスクを許容できる範囲に収め，同時に収益性の維持向上に努めることであった。損保の場合，収益とリスクの源泉は保険引受けと資産運用に大別されるため，それぞれのリスク管理を適切に行いつつ収益性の維持向上を図ることが必要である。

　ソルベンシー・マージン比率計算時に使われるリスク量で日本の大手損保[3]のリスクの内訳をみると，資産運用リスクが約 2.5 兆円と最大で，巨大災害リスク（5,148 億円）と一般保険リスク（6,114 億円）を合計しても，保険引受リスクは資産運用リスクの半分以下である。しかし大手損保の場合，本業である保険営業促進を目的としたいわゆる政策株式の保有が大きく[4]，さらに**図表 8－1**で示されている巨大災害リスク量は再保険ヘッジ後のネットリスク量と

〔図表 8－1〕　国内大手損保のソルベンシー・マージンリスクの内訳（2019 年 3 月末）

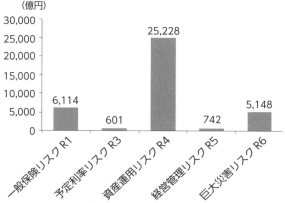

(出所）各社開示データより筆者作成。

　3　東京海上日動火災，損保ジャパン日本興亜損保，三井住友海上，あいおいニッセイ同和損保の 4 社。
　4　2018 年 4 月の MS&AD ホールディングスの投資家向け説明資料によれば，同グループのリスクウェイトの内訳に占める政策株式リスクの割合は 2018 年 3 月末で 32.7％とのことである。

〔図表8－2〕　日本の損害保険会社の損益状況の推移

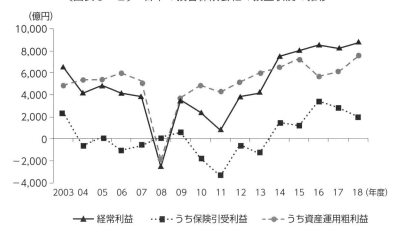

(出所)　日本損害保険協会のデータより筆者作成。

なっていることから，リスク管理に占める巨大災害リスクの重要性は図で示されるよりも実はずっと高いといえる。

　実際に，日本の損保の損益推移を保険引受利益と資産運用粗利益に分けて示した**図表8－2**をみても，巨大自然災害リスク管理の重要性が読み取れる。すなわち，2008年のグローバル金融危機時の資産運用粗損失が1,953億円だったのに対して，2011年は東日本大震災やタイの洪水などの自然災害損失への保険金支払いに伴って保険引受損失が3,390億円に達している。ちなみに，正確な数字は公表されていないが，東日本大震災の企業向け地震保険とタイの洪水で日本の損保業界が支払った元受保険金は，それぞれ約6,000億円とみられている[5]。また，2018年の自然災害保険金は過去最大となる1.5兆円強となり，2019年も巨大台風（15号，19号）の上陸を受けて1兆円規模の支払いが発生すると見込まれている。タイ洪水の経験を踏まえると，損保における自然災害リスク管理は，国内の台風や地震だけでなく，グローバルな視点で取り組む必要性が高まっているといえる。

　規制監督当局や格付け会社がERMへの関心を高めるなかで，大手損保を中

　5　決算短信の参考資料などで開示されている数字は，再保険回収後の正味支払保険金のみであり，新聞などの情報からそれぞれ約6,000億円と推計される。

〔図表8-3〕 損保のリスク管理態勢図

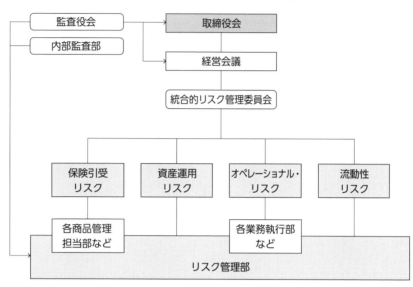

（出所）損保ジャパン日本興亜損保のディスクロージャー資料。

心とした国内損保各社はERM経営を打ち出すようになった[6]。それにともなっ
て，国内損保ではリスク管理部やリスク管理委員会を設置して，保険引受リス
クや資産運用リスクなどを統合的に管理する態勢整備を進めてきた。**図表8-
3**は損保ジャパン日本興亜損保の例だが，日本の大手他損保でもほぼ同様のリ
スク管理態勢が構築されている。

---

6 東京海上ホールディングスはリスクベース経営（ERM）を，リスク対比での資本の十分
性とリスク対比での収益性を経営の意思決定の指標として活用し，企業価値を拡大してい
く経営管理手法のことと定義している。また，SJNKホールディングスは，経営戦略とリ
スク管理の枠組みを融合した戦略的リスク経営（ERM）を展開し，リスク選好原則を踏
まえて，資本・リスク・リターンのバランスを適切にコントロールし，企業価値の最大化
を目指すとしている。さらに，MS＆ADホールディングスは，ERM経営の推進を打ち
出し，グループが保有するリスクを全社的視点で定量的・定性的に把握し，その特性を踏
まえ「リスク」，「リターン」，「資本」をバランスよくコントロールしたリスク選好にもと
づく経営資源の配分を行い，「健全性」を基盤に「成長の持続」と「収益性・資本効率の
向上」を実現し，企業価値の拡大を目指すとしている。

2　自然災害リスクの特徴

　安定した保険会社経営のためには，大数の法則が働くような保有ポートフォリオを構築していることが望ましい。大数の法則を実現するためには，①互いに独立した，②同一保険金額・等質の保険契約が，③多数存在することが必要である。しかし，実際の損保会社の保険契約のポートフォリオは，

①　危険が独立していない（地震・風水災などの自然災害リスク）
②　保険金額が不揃い（大規模工場などの巨額契約）
③　絶対数が不足（特殊なリスクや新規分野のリスク）

など，大数の法則を実現しにくいのが普通である。このため，通常損保会社は適切な保険引受リスク管理を行ったり，再保険を使ってリスクの一部を再保険会社に移転したりして，保有するリスクの平準化を図っている。

　地震・風水災などの自然災害リスクは，同時に多数のリスクが集積する特徴を持っている（集積リスクといわれる）。たとえば，住宅物件は個々の火災リスクについては金額も小さく，件数も多いので大数の法則が十分働き得る。しかし，台風・地震などの巨大自然災害が発生すると，多数の保険契約が同時に

〔図表8－4〕　グローバル巨大保険損害額の推移（1970年－2018年）

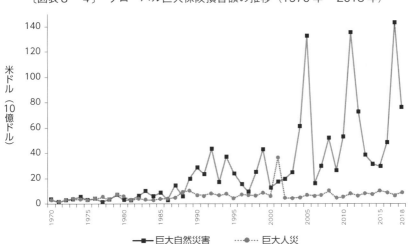

（出所）Swiss Re.［2019］, Sigma　2/2019.

〔図表8－5〕　日本の損保の種目別保険料内訳（2018年度）

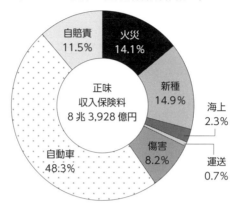

（出所）日本損害保険協会のデータより筆者作成。

損害を被る。すなわち，大数の法則を成立させる要件のうち，個々の契約が「互いに独立」であるという要件が失われてしまう。また，巨大自然災害が発生すると，火災保険だけでなく，自動車保険や海上貨物保険など複数の保険種目にわたって保険金支払いが発生するという特徴がある。

　そして，自然災害リスクの場合，発生頻度は低いが巨額の保険損害が発生するリスク（テールリスク）がある。**図表8－4**はグローバル巨大保険損害額の年次推移を示したものである。これをみると，米国北東部を襲ったハリケーンカトリーナが発生した2005年，東日本大震災とタイの洪水が発生した2011年，米国における3件の大型ハリケーン（ハービー，イルマおよびマリア，総称してハリケーンHIMと呼ばれる）やカリフォルニア州における山火事の発生した2017年の巨大保険損害額は，それぞれ約1,400億ドル（約15.1兆円[7]）と突出している。

　日本の損保の保険料は，**図表8－5**に示されるように5割弱を自動車保険が占めているため[8]，全体としては大数の法則が良く効く保険料構成となっている。一方，14.1％を占める火災保険と，新種保険に含まれる動産総合保険や建設工事保険など財物系保険の多くで風水災リスクが担保されている。日本の損

7　1ドル＝108円として計算（以下同）。

8　11.5％を占める自賠責はノーロス・ノープロフィットの原則で運営されている。

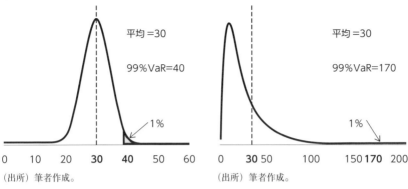

〔図表 8 - 6〕　火災リスクのリスクカーブ　〔図表 8 - 7〕　自然災害リスクのリスクカーブ

（出所）筆者作成。　　　　　　　　　　　　　（出所）筆者作成。

保は企業向けの地震リスクの引受けには一般的に慎重だが[9]，火災などの財物系保険の拡張担保という形で地震リスクを引き受けている。したがって，日本の損保では火災系財物保険を中心に巨大自然災害リスクの管理が行われている。

　火災保険や自動車保険といった通常の損保リスクは，大数の法則にもとづく正規分布型のリスクカーブを前提にして保険料設定を行うことができ，かつ年間累計損害額が想定された平均値からそれほど離れた値をとることがない。これに対して自然災害リスクはテールリスクという特徴をもつため，このリスクカーブを前提としたリスク管理や収益性の確保が求められる。

　たとえば，**図表 8 - 6** のような正規分布型のリスクカーブをもつ火災リスクの場合，年間累計の平均損害額は 30 で，99％ の確率で損害額が 40 以内に収まる。したがって 99％VaR 水準でリスク管理を行う場合には 10（= 40 - 30）の資本を用意し，それに対してリスクマージンを設定して収益性を確保すればよい。一方，**図表 8 - 7** のようなリスクカーブをもつ自然災害リスクの場合，年間平均損害額は同じ 30 であったとしても，損害額が 99％ の確率で収まる水準は 170 まで大きくなってしまうので，99％VaR 水準でリスク管理を行う場合には 140（= 170 - 30）の資本が必要になる[10]。

9　前述のように，住宅物件の家計地震保険については政府再保険スキームを前提とした対応が行われており，民間セクターはノーロス・ノープロフィットとなっているため，業界として家計地震保険の普及に努めている。

10　必要資本を計算する際に平均損害額を差し引く理由は，平均損害額は平均保険料でカバーされ，損害額が平均を超える部分は資本でカバーされると考えるからである。

　ここで，資本に対して必要リターンが 10% と仮定した場合，火災保険では 10 × 10% = 1 のリスクマージンが必要となるから，平均損害額の 30 にこのリスクマージンを加味して 31 の保険料を課せばよい[11]。一方，自然災害リスクの場合は 140 × 10% = 14 のリスクマージンが必要となるため，平均損害額 30 にこのリスクマージンを加味して 44 の保険料を課さなければならない。

　ここでみてきたことからわかるように，自然災害リスクの管理では，どのようなリスクカーブを持っているかを計測することが重要である。そして自然災害リスク計測手法として，コンピュータを使ったリスクモデリング手法が過去 20 年くらいの間に急速に進歩してきたのである。

3　自然災害リスク計測手法

3.1　自然災害リスク計測モデルの高度化

　いまでは自然災害リスクモデルが日本の損保で一般的に利用されるように

〔図表8－8〕　自然災害リスクモデルの進化

モデルのあゆみ		1980 代表的なイベント
保険業界に大きな損害をもたらしたイベントをうけ自然災害リスク分析モデルが誕生するも使用は限定的	より大規模なイベントを想定するという発想が生まれる	1989 ハリケーンヒューゴ(Hugo)
		1991 ハリケーンミレーユ(Mirellie)
確率論的手法の確立(RMS, AIR, EQECAT)		1992 ハリケーンアンドリュー(Andrew)
		1994 ノースリッジ地震(Northridge)
世界各国のモデル開発が進む	改良が重ねられ支持が高まる	1995 兵庫県南部地震
日本の地震・台風モデルが登場		2001 WTC
新種のカジュアルティーモデルの開発		2004 ハリケーンチャーリー(Charley), フランシス(Frances), アイバン(Ivan), ジーニー(Jeanne)
モデルによる予測を上回る損害が発生しモデルの役割やモデルへの注目が高まる	イベントの発生頻度および巨大イベントにおける被害予測の重要性が改めて唱えられる	2005 ハリケーンカトリーナ (Katrina)
津波モデルの開発が始まる		2011 東北地方太平洋沖地震 2013

（出所）Guy Carpenter.

　11　実際にはさらに経費率を考慮する必要がある。

なっているが，わが国での利用が始まったのは1990年代後半からである（**図表8-8**）。自然災害リスクモデルは，RMS，AIRなどの専門会社（ベンダー）が開発した「ベンダーモデル」と損保が独自に開発した「内部モデル」に大別される。日本の大手損保では，国内の自然災害リスクに対しては内部モデルによるリスク管理を行っている会社もあるが，複数のベンダーモデルの結果をブレンドしてリスク管理を行っている会社もある。一方，海外の自然災害リスクに対してはベンダーモデルを中心にリスク管理を行っていると思われる。

ベンダーモデルの利用が進み始めた2000年代は，モデルのなかで実際にどのような計算が行われているのかがみえにくかったこともあり，各損保とも保有ポートフォリオをモデルにインプットし，得られた結果をそのまま利用せざるを得なかった。いわゆる「モデルのブラックボックス」問題に焦点があたったことがある。しかし，最近ではモデル結果に対する自社のリスクの見方を確立する（Own view of risk）ことがいっそう求められるようになってきたため，モデルの結果と過去の損害実績との比較検証を行うなどして，モデルの自社ポートフォリオへの適合性を評価する手法が開発されてきている。

3.2　自然災害リスクモデルの基本構造

RMS，AIRといったサードベンダーが提供している自然災害リスクモデルの基本的な構造は同じで，**図表8-9**のように大きく3つのモジュールから構成されている。

まず，ハザードモジュールがある。地震モデルを例にとると，ハザードモジュールには地震発生の確率や大きさといった情報が入っている。次にエンジニアリングモジュールがある。これは発生したそれぞれの地震で建物がどのような被害を受けるかを計算するためのデータが入っている。そして，ファイナンシャルモジュールがあって，建物の被害情報をもとに，どのくらいの保険金支払いになるかを計算する。

保険会社は，何千件，何万件，場合によっては何百万件という自社の契約データを自然災害リスクモデルに入力してシミュレーションを行い，保有ポートフォリオからどれくらいの自然災害損失が発生するかという分析結果を得ることができる。

自然災害モデルの分析結果には，大きく分けると，①決定論的分析結果と，②確率論的分析結果の2種類がある。決定論的分析では，ある特定イベント，

〔図表8−9〕　自然災害リスクモデルの基本構造

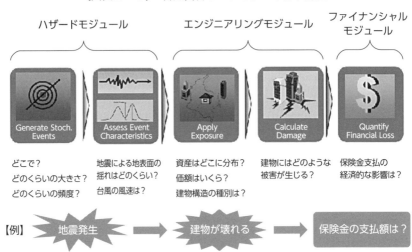

（出所）Guy Carpenter.

たとえば過去の伊勢湾台風とか，将来発生する可能性のある首都圏直下地震などが発生したときに，それぞれのイベントで，どの程度の損失が発生するかという分析結果を示す。確率論的分析では，モデルがシミュレーションしたすべての試行結果をもとに，損失の大きさを確率的に表現した結果を示す。確率論的分析からは，**図表8−6**や**図表8−7**で示したようなリスクカーブを得ることができる。

3.3　非モデル化集積リスク

　自然災害リスクを定量化するために，これまで述べてきた工学的モデルを使うことが一般的になってきている一方で，モデル化されていないリスクや地域も存在する。たとえば雪害や森林火災などの自然災害リスクは工学的モデルが存在しないことが多く，また，発展途上国を中心に工学的モデルの開発がまだ進んでいない地域もある。こうした非モデル化集積リスクについては，一定地域内に存在する保険集積金額を把握し，想定されるシナリオのもとで発生する損害額を算出するなどしてリスクの定量化が行われるケースが多い。

4　自然災害リスクのヘッジ手法

4.1　自然災害リスクに対する再保険

　自然災害リスクに対しては，前節で述べたリスクモデルを使ってリスクカーブを作成し，そこで得られる99.5% VaRなどの値を経営意思決定に用いる最大予想損害リスク量とすることが一般的である。こうして求められた予想最大リスク量が，自社のリスクアペタイトを反映して設定された自然災害リスクの正味保有限度額を上回っている場合，再保険などの手段を用いてリスクを移転し，リスク量を保有限度の範囲内に収めている。

　日本の損保の場合，台風などの風水災リスクについては超過損害額再保険（エクセスロス再保険）を設定することが一般的である。すなわち，個々の保険契約について保有と出再割合を定めるのではなく，台風などの自然災害が発生した際に，対象とする保険種目（火災保険や動産総合保険など）のポートフォリオ全体から生じる保険損害額合計がある一定の保有金額を超えた場合に，保有金額を超えた部分について再保険金支払いが行われる。このように，超過損害額再保険を使えば保有リスクを一定水準に抑えることができる。地震リスクについては，ビルや工場などの企業物件については，個々の保険契約における地震リスクの一定割合（20%〜50%程度）をすべて比例再保険に出再したのち，超過損害額再保険を設定している。日本では1991年の台風19号以降，風水災と地震の超過損害額再保険が別々に設定されてきていたが，最近になって両者の超過損害額再保険を一部統合する動きが出てきている。

　一般的に日本の損保は，風水災については再現期間が5年から200年水準（すなわち，損害発生確率が0.5%〜20%）のイベントをカバーする超過損害額再保険を設定している。一方，地震については再現期間20年から250年水準のイベントをカバーする超過損害額再保険を設定している。ちなみに，2011年の東日本大震災は東北沖を震源とする地震としては1,000年に一度の発生頻度といわれているが，保険損害額の規模としては，再現期間25年〜50年程度のイベントとみられている。

　日本の損保では，ほとんどの超過損害額再保険が自然災害1イベントを対象に設定されている。すなわち発生頻度の低い大規模損害（テールリスク）の管

〔図表８－10〕 Zurich の自然災害リスク再保険スキーム（2018 年12 月末時点）

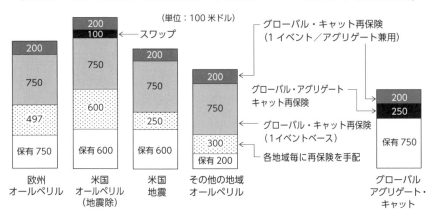

（単位：100 米ドル）

たとえば，欧州の全てのペリルに対しては $497M の損害額まで保有され，その上に $456M の再保険が欧州地域独自で設定されている。その上に，グローバル共通の再保険カバーが $750M 設定されている。更にその上に $200M のグローバル再保険が設定されていて，この $200M のカバーは下記で説明するように，アグリゲートカバーとしても機能する。

アグリゲートカバーは，各地で発生した $25M 以上の損害を合計し，その合計額が $750M の保有を超えると，そこから $250M まではグローバル・アグリゲート専用カバーの回収対象となり，さらにその上にも $200M のアグリゲートカバー（上記１イベントカバーと兼用）が設定されている。これらのグローバルカバーは Zurich 本社で集中的に購入されている。

〔出所〕Zurich Annual Report 2018 より筆者作成。

理により重点が置かれている。一方，ERM 経営が進むなかで，AIG，Allianz，AXA，Zurich など欧米の大手損保では，テールリスクの管理だけでなく，発生頻度の比較的高い中小規模の自然災害リスクが複数回発生した場合のリスク管理も意識した再保険スキーム（アグリゲート・カバー）の構築を進める動きが出てきている。これらの欧米大手損保は，自然災害リスクをグローバルに抱えていることから，米国のハリケーンや欧州の暴風雨などのピークリスク[12]に加え，多地域で比較的小規模の自然災害リスクが複数回発生することに備えたリスク管理が必要だからだと思われる。さらにピークリスクについても，米国のハリケーンと地震，欧州の暴風雨，日本の地震や風水災など複数の地域の自然災害リスクをグローバルに同じ再保険カバーで手配するようになっている

---

12 グローバル損保市場で巨大自然災害のピークリスクとして一般的に認識されているのは，米国のハリケーン，米国の地震，欧州の暴風雨，日本の台風，日本の地震，豪州の風水災・地震，およびカナダの地震である。

（**図表8－10**）。日本の大手損保も買収などによって海外事業の割合が拡大していることから，欧米の大手損保と同じようにグローバルな観点で再保険を構築して自然災害リスク管理手法を進めていくことが予想されており，この数年間でアグリゲート・カバーやグローバル・カバーの設定が進んできている。

4.2　自然災害リスク再保険市場とその構造変化

再保険ブローカーのガイカーペンターが2019年1月時点で推計した統計によると，グローバルな自然災害リスク再保険市場の規模は，再保険キャパシティであるリミットが4,250億ドル（約45.9兆円）である（**図表8－11**）。日本を含むアジア市場のリミットは600億ドルで全体の14％を占めている。

リスクの引き受け手である再保険会社としては，ミュンヘン再保険，スイス再保険，ロイズといった欧州・英国系の再保険会社や，バークシャー・ハサウェイ，TransRe といった米国系，Everest Re，Validus Re（2018年から AIG 傘下となった）といったバミューダ系の再保険会社が中心だが，アジア系も Korean Re，China Re が日本のトーア再保険の規模を大きく上回るなど成長が著しい。

さらに，欧州系，米国系，バミューダ系を問わずシンガポールに再保険の現

〔図表8－11〕　グローバル再保険の自然災害リミット　約4,250億ドル
（2019年1月時点での推計）

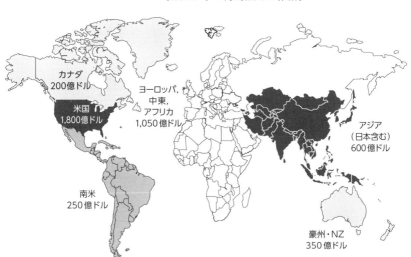

（出所）Guy Carpenter.

〔図表8－12〕 キャットボンドの仕組み

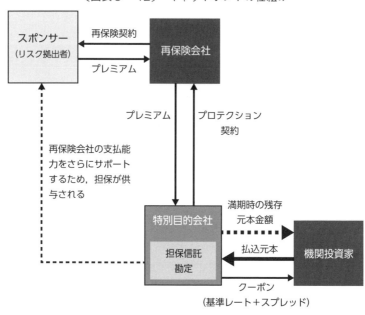

（出所）Guy Carpenter.

地法人を設立したり，バミューダ系の再保険会社などがスイスのチューリッヒに現地法人を設立したりする動きが進んでいる。このように，再保険会社はグローバルな再保険ネットワークを構築して，各地の法規制や税制，マーケティングの最適化を図っている。

一方で，グローバルな再保険市場といっても，巨大自然災害リスクの引受能力には限度がある。A.M. Best［2019］によれば，全世界の再保険会社の自己資本を合計しても 2018 年末時点で 4,360 億ドル（約 47 兆円）であり，また S&P によれば，全世界の再保険会社の 2018 年の正味再保険料収入は 2,197 億ドル（約 23.7 兆円）である。このため，巨大災害によって数兆円規模の大規模保険損害が発生した後には再保険キャパシティの価格が高騰することが多く，キャパシティの調達自体が困難になることもある。

そこで，1990 年代後半から，再保険市場よりはるかに規模が大きい資本市場を利用した再保険キャパシティの調達手法（資本市場キャパシティ）が開発され始めた。

〔図表 8 - 13〕　資本市場キャパシティと自然災害リスク再保険価格の推移

（注）左軸：再保険グローバル ROL インデックス（1990 年 = 100）。
　　　右軸：資本市場からの流入資金額（百万米ドル）。
（出所）Guy Carpenter.

　その代表的なものがキャットボンド（巨大災害債券）である。キャットボンドは，保険リスクを証券化し，金融・資本市場の投資家に移転するスキームである。この債券は，満期時までに特定の巨大災害が生じなければ元本が償還されるが，特定の巨大災害が生じた場合にはスポンサーである保険会社などに対して元本の全部または一部が支払われ，投資家の償還額はゼロか減額される。利子は危険負担に応じて他の債券よりも高く設定される（**図表 8 - 12**）。

　なお，証券化対象となるリスクは，巨大自然災害リスクだけでなく，死亡率に係るリスク（死亡率上昇，長生きリスクなど）もあり，保険リスクを証券化した債券を総称して Insurance Linked Securities（ILS）と呼んでいる。

　キャットボンドの発行だけでなく，新規の再保険会社設立のための資金流入，既存の再保険会社のキャパシティを補強するサイドカー[13] も加え，資本市場からの再保険キャパシティの調達は，巨大災害後の再保険価格高騰時に進む傾向

　13　サイドカーとは，再保険会社が設立した自社専用の特別目的再保険会社等のこと。特別目的再保険会社等は，株式および債券を発行して資本市場の投資家から資本を集め，再保険会社の引受キャパシティを補強する。再保険会社は，サイドカーとの間で再々保険契約を締結し，特定のポートフォリオの一定割合に関する収益とリスクを投資家と分担する。

がある。**図表8－13**をみると，1992 年のハリケーンアンドリューや，2001
年の WTC テロ（米国同時テロ），2005 年のハリケーンカトリーナ，2011 年の
東日本大震災，2017 年のハリケーン HIM などの巨大災害後に資本市場からの
資金流入が進んでいることがわかる。

　また，グローバルな自然災害リスク再保険の価格を指標化した再保険グロー
バル ROL インデックスをみると，再保険の価格変動が近年緩やかになってき
ていることがみて取れる。この背景としては，巨大災害後に再保険会社から提
供されるキャパシティの価格が高騰すると予想されると，資本市場から供給さ
れる再保険キャパシティが増加して，再保険価格の高騰が抑制されるように
なったことがある。すなわち，再保険市場の競争関係が再保険会社だけでなく，
資本市場キャパシティを含めたものに変化してきているのである。A.M.Best
とガイカーペンターの推計によると，2018 年末時点のグローバルな自然災害
リスク再保険キャパシティの約 21％が資本市場から提供されている [14]。

　資本市場から再保険市場への資金流入を促進した背景には，第 3 節でみた自
然災害リスク計測モデルの高度化があった。1990 年代後半から自然災害リス
クモデルの信頼性が向上し，再保険市場では再保険価格交渉時の基本的な情報
として自然災害リスクモデルの分析結果の利用が進むようになった。それと同
時に，資本市場の投資家にとってもモデルから得られるキャットボンドの損失
確率をベースに投資判断を行うことができるようになったのである。

　再保険市場に資金を投資する投資家層は，当初はヘッジファンドなど，どち
らかといえばハイリスクハイリターンを狙う短期的な投資家が主体であったが，
最近では年金基金などの長期投資家が資金を投入している ILS 専門ファンド
が大半を占めるようになってきている。**図表8－14**をみると，2011 年には
キャットボンドの投資家に占める ILS 専門ファンドの割合が 41.7％だったが，
2018 年には 71.9％にまで高まっていることがわかる。

　年金基金などの長期投資家は，資産配分戦略を検討する際に，再保険市場へ
の投資を他の金融資産との相関が低い資産ととらえている。実際，2008 年の
グローバル金融危機の際にはキャットボンドと他の金融資産との分散効果が実

14　資本市場キャパシティの実額は 950 億ドル（約 10.2 兆円）と推計されている。一方で
　　JP Morgan Asset Management の推計では，全世界の年金基金の資産残高は約 30 兆ド
　　ル（約 3,240 兆円）に達していることから，再保険市場における資本市場キャパシティ
　　の潜在的な影響力の大きさがうかがえる。

〔図表8－14〕　キャットボンドの投資家層の変化

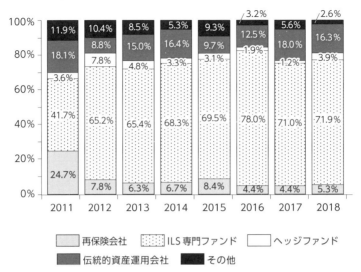

（出所）Guy Carpenter.

　証された。こうした長期投資家は，資産配分戦略を長期的な視点で考える傾向が強いことから，キャットボンドで支払いが発生したり，他の金融資産のリターンが相対的に高まったりしたとしても，再保険市場への資産配分を極端に減少させる可能性は低いとみられている。

　資本市場から再保険市場への資金流入に当初道を開いたのはILSやサイドカーであった。ILSは再保険会社が提供する再保険（資本市場キャパシティと区別する際には伝統的再保険と呼ぶことが多い）とは別に契約を設定する必要がある。またサイドカーは再保険を直接引き受けるのではなく，伝統的再保険会社のキャパシティを補完するものであった。すなわち，資本市場キャパシティは伝統的再保険を引き受けることができなかった。その最大の理由として，再保険市場における信用格付けの存在があった。伝統的再保険会社はS&PやA.M. Bestなどの格付け会社から通常A－以上の格付けを取得して再保険金支払いの信用力を示すことが求められるが，資本市場キャパシティが格付けを取得していることは稀である。そこで自らの信用力ではなく，担保の信用力によって再保険を引き受ける担保付再保険という手法が開発された（**図表8－15**）。担保付再保険は，投資家の持つ再保険会社（通常は格付けを取得していない）が

〔図表 8 - 15〕 担保付再保険の仕組み

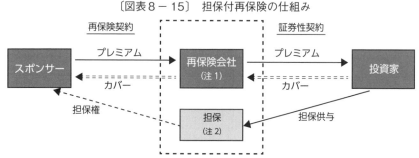

（注1） 分離セル型再保険会社，伝統的再保険会社によるフロンティング（担保権の供与はなし），の
　　　　2種類。
（注2） 信託勘定に資産を供与する方法，金融機関の信用状を供与する方法，の2種類。
（出所） Guy Carpenter.

再保険を引き受ける際に担保を設定して信用力を補完する方法と，格付けを持つ再保険会社に投資家が担保を差し入れて，その再保険会社が再保険を引き受ける（フロンティングという）方法がある。2018年時点では，資本市場キャパシティの半分以上を担保付再保険が占めるまでになっている[15]。

5　自然災害リスク管理の方向性

　ERM の観点から自然災害リスク管理で再保険が果たす役割を整理すれば，①巨大災害で保険会社が破綻することを回避すること，②破綻するほどの災害ではないものの保険金支払いによる財務基盤悪化にともなって保険会社が格下げされることを防ぐこと，③中小規模の災害で保険会社の年度収益が悪化するのを低減させることの3つがあげられる。そして，これまでみてきた伝統的再保険，ILS，担保付再保険はこれら3つの部分でそれぞれ競争力が異なっているため，資本市場キャパシティの多様化と投資家層の変化にともなって，欧米の大手損保では，以下に述べるような伝統的再保険に加えて資本市場キャパシティを利用した再保険スキームの最適化を進める動きが出てきている。

　すなわち，①の破綻回避効果に該当するような損害発生確率が0.5％〜1％，

15　ガイカーペンターの推計では，資本市場キャパシティ 950 億ドルの内訳割合は，担保付
　　再保険が 59％，キャットボンドが 27％，サイドカーが 8％，ILW が 5 ％となっている。

〔図表8－16〕　再保険市場の構造変化を受けた最適な再保険スキームの方向性

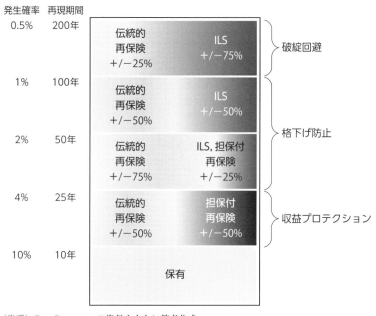

（出所）Guy Carpenter の資料をもとに筆者作成。

再現期間が100 年〜 200 年程度の部分をカバーする再保険では，ILS が高い競争力を持つことが多い。②の格下げ防止効果に該当するような損害発生確率が1 ％〜 4 ％，再現期間25 年〜 100 年の部分をカバーする再保険では，伝統的再保険の競争力が比較的高い。そして，③の収益プロテクション効果に該当するような損害発生確率が4 ％〜 10％，再現期間10 年〜 25 年の部分をカバーする再保険では，担保付再保険の競争力が比較的高い（**図表8－16** 参照）。

　地震や台風という巨大自然災害リスクを抱える日本の損保も，ERM 経営の観点から自然災害リスク計測モデルの高度化や適用範囲の拡大を図り，リスクヘッジの面では伝統的再保険とのバランスを考慮しつつ資本市場キャパシティを有効に活用して再保険スキームの最適化を推し進め，自然災害リスク管理をより高度化しようとする意識が高まっている。さらに，海外展開を積極的に進めていくにつれて，国内と海外の自然災害リスクの再保険カバーを統合して一体管理する方向性が一段と強まると予想される。

《参考文献》

勝山正昭［2014］,「ILS（保険リンク証券）市場の最新状況」,『2015 損害保険研究第 77巻第 1 号, pp.209-258 —発行レート急低下で CAT ボンド発行が拡大—』。

小林篤［2012］,「再保険の進化と最近の再保険市場—再保険の多様性とファイナンス理論の浸透—」,『損保ジャパン総研レポート』Vol. 61, pp.30-54。

損害保険事業総合研究所（損保総研）編［2014］,『保険 ERM 経営の理論と実践』金融財政事情研究会。

日本地震再保険株式会社［2019］,「日本地震再保険の現状 2019」。

A. M. Best［2019］, "Special Report: Global Reinsurance."

S & P Global［2019］, "Global Reinsurance Highlights 2019."

Swiss Re Institute［2019］, *sigma* 2/2019（Natural catastrophes and man-made disasters in 2018）.

第9章

保険会社による ERM 関連情報の開示

植村　信保

【要　旨】

　本章では保険会社の ERM 関連情報とその開示を巡る状況を整理したうえで，近年，ERM の導入・高度化に積極的な日本の上場保険会社と，早くから ERM に取り組んできたといわれる欧州大手保険会社による ERM 関連情報開示の現状を分析し，開示によって期待される効果を考察した。

　保険会社による ERM 関連情報のディスクロージャーには，主として投資家に向けたものと，契約者保護を目的としたものがある。いずれも制度上の要請によるものと，自主的な開示がある。上場保険会社による ERM 関連情報の開示は，大半が自主的な開示である。

　日本の上場保険会社では ERM の推進とともに，ERM 関連情報を積極的に開示するようになってきた。開示内容を大別すると，ERM に関する説明，内部管理上の資本十分性の定量的な開示，その他に分けることができる。他方，先進的な ERM 経営を進めているといわれる欧州保険会社では，定量的な開示で日本の上場保険会社よりも充実した事例がみられるほか，定性的な開示は量・質ともに充実している。

　各社が ERM を経営戦略の重要な柱に据えるなかで，ERM 関連情報の開示によって，企業価値評価の適正化につながることが期待できる。1 つは，企業活動の成果だけではなく経営の意思決定プロセスを伝えることによるもの，もう 1 つは，投資家による保険事業への理解を深めることを通じたものである。また，情報開示がリスクカルチャーの浸透を促し，直接的に企業価値の向上につながることも考えられる。

Keywords　ERM 関連情報，資本十分性指標，定性的な情報開示，リスクカルチャー，内部規律

1 はじめに

　リスク管理の進化形として普及が進む ERM の定義は必ずしも確立している
わけではない。訳語も「統合（的）リスク管理」,「全社的リスク管理」,「総合
的リスク管理」などさまざまで，日本の大手保険グループには，ERM を「リ
スクベース経営」,「戦略的リスク経営」と呼んでいる会社もある。とはいえ，
このところ保険業界で急速に普及している ERM は，損失の回避や軽減を主眼
とした伝統的なリスク管理ではなく，企業価値の継続的な拡大を目指す取組み
という点で共通している。

　保険会社が ERM 構築に積極的に取り組んでいたとしても，会社がその情報
を開示しなければ，アナリストや投資家には伝わらない。会社が ERM に取り
組んだ結果としてリターンが改善するのだから，アナリストや投資家にはその
結果をみてもらえばいいのであって，ERM 関連情報のディスクロージャーは
不要という考えもあるかもしれない。しかし，情報開示がなければ，外部から
はそのリターンが ERM に取り組んだことによる持続可能なものなのか，それ
とも外部環境の好転を主因とした一過性のものなのか，あるいは，資本を有効
活用した結果なのか否かなどを判断できるだろうか。もし判断する手掛かりに
乏しいとなると，企業価値を正しく評価することはより難しくなる。

　そこで本章では，保険会社の ERM 関連情報とその開示を巡る状況を整理し
たうえで，ここ数年，ERM の導入・高度化に積極的な日本の上場保険会社と，
早くから ERM に取り組んできたといわれる欧州大手保険会社による ERM 関
連情報開示の現状を分析し，開示によって期待される企業価値向上につながる
効果を考察することで，今後の企業価値研究の一助としたい[1, 2]。

1　本章は『経済価値ベースの ERM』（2016 年）の「第 8 章 保険会社による ERM 関連情
　　報の開示」をもとに，その後の動きや図表をアップデートしたものである。保険会社の
　　ERM に関する学術研究については損害保険事業総合研究所編［2015］（164 ～ 198 頁）を
　　参照のこと。リスクマネジメントに関するディスクロージャーの改善効果が企業価値の向
　　上に貢献する可能性にも言及しているが，当時は実証研究は見当たらなかった。
2　参考までに筆者は格付けアナリストや行政官，ERM 構築支援を得意分野とするコンサル
　　タントとして内外保険会社の経営を約 20 年にわたり分析・評価してきた経験を持ち，
　　ERM 関連情報にも継続的に触れてきた。

2　ERM 関連情報とその開示

2.1　ERM 関連情報とは何か

　最初に本章における ERM 関連情報の概念を明らかにしておきたい。

　日本では金融商品取引法（以下，金商法）により，有価証券報告書に「事業等のリスク」としてリスク情報を記載することが義務づけられている。内閣府令によると，「投資者の判断に重要な影響を及ぼす可能性のある事項を一括して具体的に，わかりやすく，かつ，簡潔に記載すること」とされている（**図表9－1**）。

〔図表9－1〕　東京海上ホールディングスの「事業等のリスク」

```
（1）保険引受リスク
　　①　保険商品に関するリスク
　　②　再保険に関するリスク
　　③　生命保険に関するリスク
（2）資産運用に関するリスク
　　①　株価下落のリスク
　　②　金利変動リスク
　　③　債権に関する信用リスク
　　④　為替変動リスク
（3）流動性リスク
（4）事業運営リスク
（5）システムリスク
（6）情報漏えいに関するリスク
（7）規制新設および変更のリスク
（8）保険業界および東京海上グループに対する風評リスク
（9）事業中断に関するリスク
（10）人事労務に関するリスク
（11）海外事業に伴うリスク
（12）関連事業に伴うリスク
（13）その他
　　①　保険事業において競争環境が変化することによるリスク
　　②　予想が困難な外的要因によるリスク
```

（注）項目のみ引用。
（出所）東京海上ホールディングスのウェブサイトより筆者作成。

他方で，日本の保険会社は後述のとおり，保険業法にもとづく情報開示も求められており，そこには経営の健全性に関する情報も含まれている。つまり，制度上の要請にもとづく ERM 関連情報の開示には，金商法によるものと保険業法によるものがある。

本章で取り上げる ERM 関連情報は，金商法や保険業法にもとづくリスク情報の開示内容にはとらわれず，保険会社が抱える重要なリスク事象のほか，リスクと資本に関する定量的な情報の開示，リスク管理体制やガバナンスなどを含む ERM の枠組みに関する説明，さらには企業価値拡大に向けたリスクテイク戦略の説明など，より広範な概念としてとらえている。

2.2　契約者保護を目的とした情報開示

割り切った整理をすれば，保険会社による ERM 関連情報のディスクロージャーには，主として投資家に向けたものと，契約者保護を目的としたものがある[3]。後者は，情報開示により経営の透明性を高め，市場規律を通じて保険会社の健全性を確保することを目的としている。それぞれについて，制度上の要請によるものと，自主的な開示をみることができる。

日本の場合，上場保険会社の数が少なく（とくに生命保険会社），投資情報としての保険会社ディスクロージャーへのニーズが限られていた一方，2000年前後に中堅保険会社の経営破綻が相次ぎ，さらには大手生保の一部にも信用不安が及んだということもあり，契約者保護を目的とした情報開示が先行したという経緯がある。

契約者保護を目的とした制度上の情報開示は，保険業法第 111 条（業務および財産の状況に関する説明書類の縦覧等）によるものである。開示項目を保険業法施行規則で定めており，ERM 関連情報としては，「ソルベンシー・マージン比率」，「保険契約に関する指標等」，「経理に関する指標等」，「資産運用に関する指標等」といった財務情報のほか，「リスク管理の体制」，「経営の組織」といった定性的な開示を保険会社に求めている。

制度上の開示に加え，過去には契約者（および保険マスコミ）に向けて，経

3　本章ではこのように整理するものの，両者を実質的に分けることは難しい。投資家にとっても保険会社の財務健全性の確保は重要な関心事項となりうるし，有配当契約の契約者が配当還元期待から保険会社のリターンに関心をもつことは十分考えられる。

営の健全性を自主的に開示する動きもみられた[4]。しかし，後述する上場保険会社による ERM 関連情報の開示（主に投資家向けとはいえ，内部管理用の資本十分性に関する開示など，契約者保護の観点から有用な情報も多い）と比べると，相互会社や非上場会社による ERM 関連情報の開示は制度上の要請によるものを除けば，自主的な開示は限られている[5]。

　近年では，国際的な動きとして，保険監督者国際機構（IAIS）による情報開示の要請や金融安定理事会（FSB）による開示強化の提案など，より踏み込んだ ERM 関連情報の開示を求める動きがある[6]。

　たとえば，IAIS が 2011 年に改訂した ICP（保険の基本原則）の 1 つに「パブリック・ディスクロージャー」があり，リスクや資本十分性，資産負債管理（ALM）などに関する適度に詳細な定量的および定性的情報の開示を要請している（ICP20）。また，FSB は 2012 年にリスク情報開示の基本原則を公表し，G-SIFIs（グローバルなシステム上重要な金融機関）に対し，先行事例を定期的に取り上げ，全体としての開示強化を促してきた。

　いずれも法的な強制力はないものの，日本は IAIS や FSB の有力メンバーであり，国内規制に反映される可能性は否定できない[7]。

2.3　投資家向け情報開示の要請

　一方，主に投資家に向けた ERM 関連情報の開示要請としては，有価証券報告書や決算短信，適時開示制度には，前述の「事業等のリスク」のほか，資本十分性や ERM の枠組みなどの開示を直接的に求める内容は見当たらない[8]。上

4　ソルベンシー・マージン比率の内訳や基礎利益（住友生命が「業務純益」として開示）など，自主的開示がその後制度上の開示項目となった事例も多い。

5　自主的な開示例には，国内系生保などによる 3 利源の開示，住友生命や明治安田生命などによる EV（エンベディッド・バリュー）の公表などがある。

6　銀行のいわゆるバーゼル規制では「第 3 の柱」（市場規律の活用）があり，すでに国内規制として情報開示の充実を求めている。

7　たとえば，平成 24 事務年度の保険会社等向け監督方針には，「ソルベンシー・マージン比率を含めた重要な財務情報や保有金融商品等の開示のほか，財務状況の的確な把握に資する情報やリスク情報の開示充実など，保険会社が市場からの信認を十分に確保するための取組みを促していく」という記述があり，リスク情報開示についての問題意識がうかがえる。

8　適時開示制度における「投資判断に重要な影響を与える会社の業務，運営又は業績等に関する情報」は経営リスクそのものではなく，経営リスクが顕在化した（あるいは，顕在化しつつある）という事実を公表するものと整理できる。

場保険会社による ERM 関連情報の開示は，制度上の要請からではなく，大半が自主的な開示といえる。

ただし，制度上の投資家向け情報開示にも新たな動きがみられる。会社の持続的な成長と中長期的な企業価値の向上を目指し，2015 年に策定されたコーポレートガバナンス・コード[9]には，基本原則 3 として，「上場会社は，会社の財政状態・経営成績等の財務情報や，経営戦略・経営課題，リスクやガバナンスに係る情報等の非財務情報について，法令にもとづく開示を適切に行うとともに，法令にもとづく開示以外の情報提供にも主体的に取り組むべきである」，「その際，取締役会は，開示・提供される情報が株主との間で建設的な対話を行う上での基盤となることも踏まえ，そうした情報（とりわけ非財務情報）が，正確で利用者にとって分かりやすく，情報として有用性の高いものとなるようにすべきである」と，リスク情報を含む非財務情報について，ひな型的な記述や具体性を欠く記述ではなく，可能な限り利用者にとって有益な記載を主体的に提供することを求めている。

コーポレートガバナンス・コードは，企業が適切なリスクテイクによって資本効率を高め，持続的に企業価値を向上させることに主眼をおいている[10]。企業価値の継続的な拡大を目指す保険会社 ERM との親和性は高く，コード策定は上場保険会社による ERM 関連情報の継続的な開示を促すことになるだろう。コードの対象はあくまで上場会社ではあるが，同じ保険市場で競争している他の保険会社の情報開示に影響を及ぼすことも考えられる。

情報開示の中身に関しても，金融審議会ディスクロージャーワーキング・グループなどでの議論を経て，とくに非財務情報（記述情報）の開示の充実を促すべく取組みが行われている。

9　政府が 2013 年 6 月に閣議決定した「日本再興戦略」のなかでコーポレートガバナンスの強化が取りあげられたのを受けて，東京証券取引所と金融庁を共同事務局とする有識者会議により取りまとめられたもの。

10　池田［2015］によると，「諸外国では，企業家精神が旺盛すぎた経営者も多く，昨今，行き過ぎがないようにコーポレートガバナンスでそれをコントロールするという傾向の議論が通例のように思われる。これに対し，わが国のコードは，諸外国とはベクトルの向きが逆かもしれない」とあり，日本のコーポレートガバナンス・コードが，上場会社の経営者の企業家精神の発揮を後押しするという考え方に立っていることが示されている。

3 ERM に関する情報開示の現状

3.1 日本の上場保険会社による開示の特徴

つぎに，ERM 関連情報開示の現状について，事例を挙げながら報告する。

最近の大手保険会社の経営計画をみると，ほぼ例外なく ERM の推進や高度化を掲げており，日本の大手保険会社が ERM を経営の重要課題として取り組んでいることがうかがえる（**図表９－２**）。

上場保険会社では ERM の推進とともに，ERM 関連情報を自主的に開示する動きが目立つ。開示内容は広範にわたっているが，大別すると，①ERM そのものに関する説明，②内部管理上の資本十分性の定量的な開示，③その他，に分けることができる。

まず，①の ERM そのものに関する説明は，前述のとおり，中期経営計画の柱として ERM 推進を掲げている会社が多いことが背景となっている。経営計画説明の一環として，ERM の目的やその全体像，経営計画との関係などを示すことが多いようである。

従来のリスク管理と ERM の違いを示すため，「リスク」，「資本」，「リターン（利益）」の一体的な管理について説明することも多い（**図表９－３**を参照）。

〔図表９－２〕　中期経営計画と ERM

〈 日本生命 〉
• 中期経営計画「全・進 –next stage–」（2017–2020）のなかで，成長戦略を支える重要な経営基盤の１つとして「ERM」を位置付け

〈 第一生命ホールディングス 〉
• 2018 年度からの中期経営計画「CONNECT 2020」の重点取組みの１つが「ERM」

〈 MS&AD ホールディングス 〉
• 2018 年度からの中期経営計画「Vision 2021」で，「ERM サイクルをグループ経営のベースにおき，健全性の確保を前提に，収益力と資本効率の向上のための取組みを強化」と説明

（出所）各社ディスクロージャー資料をもとに筆者作成。

〔図表９－３〕　ERMにおける数値目標を示した資料の例

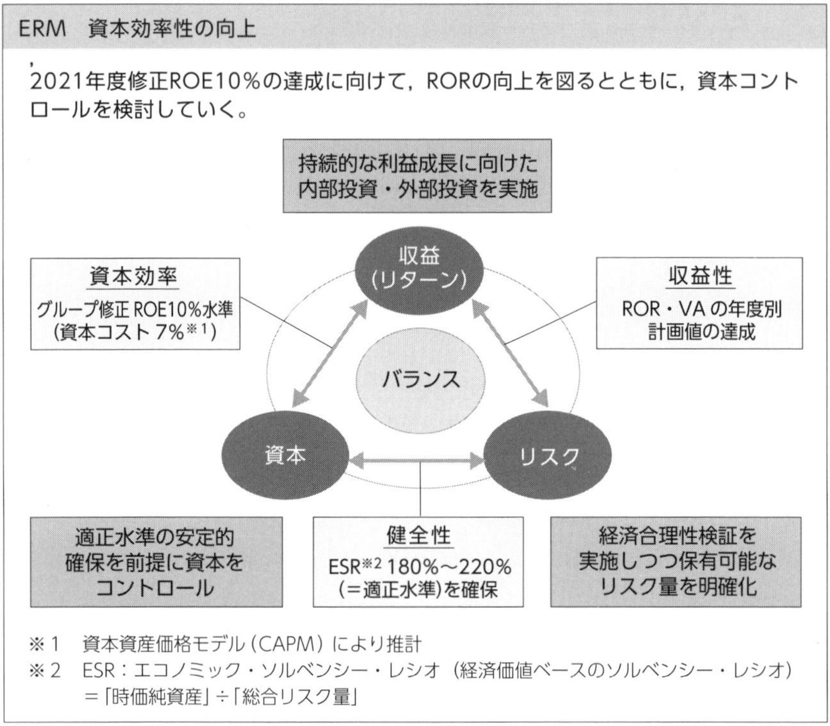

ERM　資本効率性の向上

2021年度修正ROE10％の達成に向けて，RORの向上を図るとともに，資本コントロールを検討していく。

持続的な利益成長に向けた
内部投資・外部投資を実施

資本効率
グループ修正 ROE10％水準
（資本コスト 7％※1）

収益
（リターン）

バランス

収益性
ROR・VAの年度別
計画値の達成

資本

リスク

適正水準の安定的
確保を前提に資本を
コントロール

健全性
ESR※2 180％〜220％
（＝適正水準）を確保

経済合理性検証を
実施しつつ保有可能な
リスク量を明確化

※1　資本資産価格モデル（CAPM）により推計
※2　ESR：エコノミック・ソルベンシー・レシオ（経済価値ベースのソルベンシー・レシオ）
　　　＝「時価純資産」÷「総合リスク量」

（出所）　MS&ADホールディングス　2019年度 第1回インフォメーションミーティング（2019年5月24日）。

　ERM関連情報開示のつぎの特徴としては，②内部管理上の資本十分性の定量的な開示，すなわち，規制上の健全性指標であるソルベンシー・マージン比率とは別に，経営内部で活用している独自の資本十分性指標やターゲット水準，市場価格変動による感応度分析などの開示があげられる（**図表９－４**）。大手銀行が法定会計ベースの情報開示を中心に行い，内部管理上の指標の開示が少ないのとは対照的な取組みである。

　経済価値ベース（資産・負債の一体的な時価評価）にもとづくリスク管理の浸透を反映し，経済価値ベースで計測したリスク量と資本を対比した開示が大半を占めているのも特徴である。これは，規制資本をはじめ，法定会計にもとづいた情報では資本十分性や効率性を的確に評価するのが難しいという判断からと考えられる。上場生保を中心に，保険会社の実態評価の参考としてエンベ

〔図表9－4〕　内部管理上の資本十分性とターゲット水準の開示例

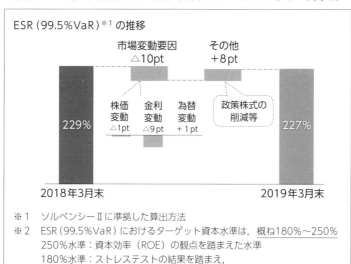

※1　ソルベンシーⅡに準拠した算出方法
※2　ESR（99.5%VaR）におけるターゲット資本水準は，概ね180%〜250%
　　　250%水準：資本効率（ROE）の観点を踏まえた水準
　　　180%水準：ストレステストの結果を踏まえ，
　　　財務健全性を安定的に確保可能な水準

（出所）SOMPOホールディングス　IR資料（2019年5月28日）30ページより引用。

〔図表9－5〕　ALM推進の成果を示した資料の例

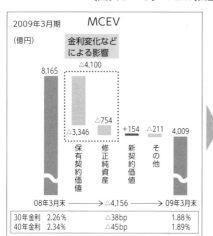
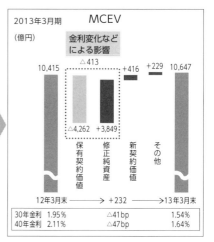

（出所）ソニーフィナンシャルホールディングス　ディスクロージャー誌2013（15ページ）。

〔図表9－6〕　グループエマージングリスクの開示例

MS&AD のグループエマージングリスク（2019 年度）
- 少子高齢化の進展・医療技術の進歩
- 資源の枯渇
- 気候変動
- 環境災害
- 経済や消費者行動に大きな変化を及ぼす新たな技術，仕組み（IoT，シェアリングエコノミーの普及等）の動向
- 国内外の法令・制度の新設・改廃
- 国内労働需給の大きな変化
- 国家統治・政治の大きな混乱，機能不全，崩壊，国家間紛争
- 日本の安全保障の危機

（出所）MS&AD ホールディングスのウェブサイト。
　　　　https://www.ms-ad-hd.com/ja/group/value/risk_management/erm.html

ディッド・バリュー（EV）を公表していることと考え方は共通している。

　最後に，③その他としては，ERM や ALM を推進した結果について示した事例や，経営として定めたリスクアペタイト[11]の一部や，経営として認識した重要リスクの一覧を公表する事例，リスクポートフォリオの現状と将来像を示した事例などがある（**図表9－5**を参照）。

　エマージングリスクのように，定量的にも定性的にも把握するのが難しいリスクカテゴリーの管理状況を開示する動きもみられる[12]。たとえば，東京海上ホールディングスは自社のウェブサイトで定性的リスク管理として，「環境変化等により新たに現れてくるリスク（エマージングリスク）を含めたあらゆるリスクを網羅的に把握して経営に報告する態勢としており，グループを取り巻くリスクについて随時経営レベルで論議を行っています」と述べ，財務の健全性や業務の継続性などに極めて大きな影響を及ぼすリスクを「重要なリスク」

11　リスクアペタイトの明確な定義は定まっていないが，たとえば FSB 文書「実効的なリスクアペタイト・フレームワークの諸原則」では，「会社がとりうるリスク量の範囲内で，どのようなリスクをどの程度とり，どの程度の収益を上げるかという経営の基本戦略」と定義している。

12　エマージングリスクとは，森本ほか［2017］によると，現在は存在していない，もしくは会社として認識していないが，環境変化等によって認識が必要となるリスク。新興リスクと呼ばれることもある。

として特定し，公表している。また，MS&ADホールディングスは，やはり
自社のサイトでグループ重要リスク（公表している）とは別個に，中長期的な
視点からグループ経営に影響を与える可能性のある事象や，現時点では当社グ
ループ経営への影響の大きさ，発生時期の把握が難しいものの，経営が認識す
べき事象を「グループエマージングリスク」として特定し，定期的にモニタリ
ングを行っていることを示している（**図表9－6**）。

3.2　欧州大手保険会社による ERM 関連情報の開示

　ここまで日本の上場保険会社の事例をみてきたが，先進的な ERM 経営を進
めているといわれてきた欧州保険会社について，ERM 関連情報の開示とその
背景を探ってみた [13]。

　具体的には日本の場合と同様に，開示資料（アニュアルレポート，投資家向
け説明会資料など）から情報開示の特徴を整理した。さらに，複数会社のグルー
プ CRO（最高リスク管理責任者）やリスクマネジャーへのインタビューを通じ，
情報開示の背景や狙い，今後の開示の方向性について情報を収集した [14]。

　日本の上場保険会社と比べると，定量的な開示でも，定性的な開示でも違い
がみられることから，以下では最初に定量的な開示について説明し，つぎに定
性的な開示について述べることにする [15]。

　まず，定量的な開示だが，内部管理上の資本十分性の定量的な開示を行って
いる点は日本の上場会社と共通している。これは，日本の上場会社が先行する
欧州保険会社の情報開示を参考にしたためと考えられる [16]。ただし，日本より
充実した開示も目立つ。たとえば独自の資本十分性指標やターゲット水準，市
場価格変動による感応度分析の開示に加え，リスク量の内訳（事業別，リスク

13　欧州では大手保険・再保険グループを筆頭に，2000 年代初頭から多くの保険グループが
　　ERM 経営を推進してきた。損害保険事業総合研究所編［2015］（17 ～ 19 頁）を参照。
14　インタビューは 2014 年 1 月に実施。調査対象はアリアンツ，チューリッヒ，アクサ，
　　エイゴン，ミュンヘン再保険，スイス再保険の 6 グループ。各社とも格付け会社の S ＆
　　P が ERM を高く評価している。なお，並行して日本の上場保険会社（複数）の IR 担当
　　役員やアナリストへのインタビューも実施している。
15　なお，EU では 2016 年のソルベンシーⅡ導入に伴い「ソルベンシー財務状況報告書
　　（SFCR）」の公表が求められるようになり，契約者保護を目的とした制度上の情報開示の
　　充実が図られた。
16　日本の上場保険会社（複数）の IR 担当者から，「欧州保険グループの開示の影響も大き
　　い」，「欧州並みに出すという雰囲気ではない」と，欧州保険会社を意識したコメントがあっ
　　た。

〔図表9－7〕 リスク量の内訳の開示例（アクサ）

リスク量の地域別内訳（2018年）

5%
AM & Banks,other

11%
XL Group

4%
US

17%
France

6%
Switzerland

4%
Belgium

3%
UK

6%
Italy,Spain

15%
Asia-Pacific

21%
Holdings & Others

7%
Germany

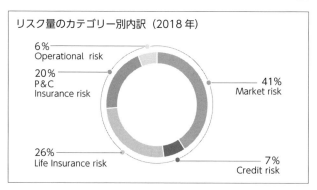

リスク量のカテゴリー別内訳（2018年）

6%
Operational risk

20%
P&C
Insurance risk

26%
Life Insurance risk

41%
Market risk

7%
Credit risk

（出所）AXA SOLVENCY AND FINANCIAL CONDITION REPORT 2018（21ページ）。

カテゴリー別）を示すのが一般的になっている[17]。**図表9－7をみると，アクサでは定量的な資本十分性（リスク量と資本を対比）を示すとともに，地域別およびリスクカテゴリー別のリスク量の内訳を公表していることがわかる。**

　チューリッヒやミュンヘン再保険では，資本十分性指標のターゲット水準を示すだけではなく，抵触時の行動方針も示している。**図表9－8によると，ミュンヘン再保険は，内部管理上の指標がターゲットの上限である120%を上回った場合には，株主還元やリスクテイクの増加などを行い，下限である80%を**

17　日本でも，ソニー生命やSOMPOホールディングスなど一部の会社ではリスク量の内訳を公表している。

〔図表9－8〕　資本十分性のターゲット水準と行動方針の開示例

ミュンヘン再保険の行動方針

>220%：Above target capitalisation
・資本吸収（株主還元）
・リスクテイク拡大
・外的要因に備えて余剰資本を維持

175-220%：Target capitalisation
・最適な水準

140-175%：Below target capitalisation
・経営判断のもとで許容
・または，必要があればリスク移転，事業活動の縮小，
　ハイブリッド資本増強などの行動

<140%：Sub-optimal capitalisation
・リスク移転，事業活動の縮小，ハイブリッド資本
　増強などの行動
・または，例外的に経営判断のもとで許容

（出所）ミュンヘン再保険IR資料をもとに筆者作成。

下回った場合には，リスク軽減措置や資本増強を行うとしている。指標と規制資本の関係を示した事例もみられる。

　つぎに，定性的な開示についてであるが，欧州大手保険会社のアニュアルレポートをみると，定性的な情報開示が非常に充実していることがわかる。

　日本の保険会社のディスクロージャー誌（アニュアルレポートとの統合版を含む）では，一部の会社には中期経営計画の説明，あるいは特集企画としてERM関連の記述があるものの，リスク管理体制に関する継続的な記述は数頁に限られている。しかも，内部統制システムの一翼を担うものとしてリスク管理体制を説明するケースが一般的である。

　これに対し，欧州保険会社のリスクレポートは総じて量・質ともに充実している。たとえばアリアンツのアニュアルレポート2018の「Risk Opportunity

〔図表9－9〕 SFCR の記載項目

A　ビジネスとそのパフォーマンス
　・ビジネス
　・保険引受のパフォーマンス
　・資産運用のパフォーマンス　など
B　ガバナンスの仕組み
　・役員等の適格性
　・リスク管理の枠組み
　・内部統制システム
　・内部監査機能
　・アクチュアリー機能　など
C　リスク・プロファイル
　・保険引受リスク
　・市場リスク
　・信用リスク
　・流動性リスク
　・オペレーショナルリスク　など
D　ソルベンシー目的のための評価
　・資産
　・責任準備金　など
E　資本管理
　・自己資本
　・規制資本（SCR と MCR）
　・標準方式と内部モデルの差異　など

（出所）筆者作成。

Report」は 15 ページ，ミュンヘン再保険「Risk Report」は 11 ページ（Opportunity Report を含む）あり，さらに両社ともソルベンシーⅡの要請に応じて 200 ページ近いレポート（SFCR）を作成している（**図表9－9**）。

3.3　情報開示の目的

　ソルベンシーⅡの導入以前から充実したERM関連情報をなぜ欧州の大手保険会社は公表しているのだろうか。インタビューでは次のようなコメントが得られた。

① 「経営の透明性」,「アカウンタビリティ」のほか,「投資家へのコミットメント」という意味が大きい。銀行に比べると情報量は決して多くはないし,多ければいいというものでもない。(アニュアルレポートでは示すことが難しい)リスクカルチャーが不十分ではいくらERMの枠組みを整備しても意味がない。

② 投資家に対する透明性の確保を意識している。また,投資家の予測可能性を高めるため,今の経営行動がどのような考え方にもとづいているのかを理解してもらおうとしている。そのように行動した理由がわかるようにするのがCEOの方針である。

③ 当社が顧客や投資家に対し,事業・リスクについてどのように考えているかを伝えるため。数値もさることながら,考え方や文化を示すことが重要と認識している。

④ 「効率的に資本を使っていることを示す」,「リスクをどうやってコントロールしているかを示す」の2つが目的といえる。

⑤ 経営の透明性確保と,保険事業への理解(保険は銀行に比べてわかりにくいので)の2つの理由からERM関連情報を多く出している。アニュアルレポートの利用者は投資家だけではないので,開示内容をほとんど変えず,投資家向け資料では外部環境などに応じた開示を心がけている。

　全体として,経営の透明性を高めるという一般的な目的だけではなく,「投資家の予測可能性を高める」,「考え方や文化を示す」などの経営プロセス,すなわち,経営がどのように意思決定を行うかについての理解を深めることを目指したものといえよう。なお,開示の効果として,複数の保険会社が「内部規律の向上」をあげている。

　もちろん,欧州保険会社がERM関連情報を積極的に開示する背景には,EUにおける新たな健全性規制の枠組みとしてソルベンシーⅡの検討が進んでいたこともあげられる。ソルベンシーⅡは3本の柱からなり,第3の柱「監督

当局への報告および一般への情報開示」では，規制資本の定量的な開示のほか，リスク管理体制やリスクプロファイル，内部モデルに関する情報などの開示が検討されていた[18]。

インタビューではソルベンシーⅡの第3の柱について，「内部モデルに関する開示が進む」，「比較可能性を高める取組みが求められる」といったコメントが聞かれた。

4 企業価値向上につながるERM関連情報の開示とは

4.1 企業価値評価への2つの経路

日本の上場保険会社がERM関連情報を自主的に開示しているのは，「他社が出しているので」といった消極的な動機を否定できないものの，各社が企業価値の持続的な拡大に向け，ERMを経営戦略の重要な柱に据えていることがあげられる。そして，ERM推進に積極的に取り組んでいる会社では，欧州大手ほどではないにせよ，ERM関連情報の開示にも積極的に取り組む傾向がみられる。

ERMの推進により企業価値の向上を実現するのであって，ERM関連情報の開示が直接的に企業価値を動かすものではない。とはいえ，こうした情報開示が企業価値評価の適正化につながることは期待できる。開示の現状やインタビューなどを踏まえると，2つの経路が考えられる。

1つは，企業活動の結果を示す財務情報だけではなく，経営プロセスを伝えることで，投資家による企業価値の評価が適正化するというものである。

調査した欧州大手保険会社の状況を念頭に置くと，ERM関連情報の開示はリスクをベースとした経営の意思決定プロセスの開示ということができよう。たとえば，ある欧州大手保険会社がコメントするように，「効率的に資本を使っていることを示す」，「リスクをどうやってコントロールしているかを示す」ことに成功すれば，投資家が当該保険会社の経営プロセスを理解することにつながり，企業価値を評価する際に投資家が要求するリスク・プレミアムを小さくすることができるかもしれない。また，投資家にあらかじめリスクプロファイ

---

18 前述のSFCRとして実現。

ルとリスクアペタイトを示していれば，示していない会社に比べると，もしリ
スクが顕在化しても投資家が冷静に判断できるため，企業価値の直接的な毀損
を超えたダメージ（パニック的な株価下落やレピュテーションリスクの発生な
ど）を最小限にとどめることが期待できる。

　もう1つは，保険会社に特有の話として，企業活動の結果が現行の財務情報
には必ずしもうまく反映されていないため，自社の姿を正しく理解してもらうこ
とで，投資家が要求するリスク・プレミアムを小さくするというものである。

　たとえば，保険会社が内部管理上の資本十分性の定量的な開示を行うのは，
規制上の健全性指標であるソルベンシー・マージン比率では資本十分性や効率
性を的確に評価できないという判断があり，欧州大手保険会社のインタビュー
でも「（開示により）効率的に資本を使っていることを示す」，「保険事業への
理解」のためというコメントがあった。保険事業は単に収入保険料が増えれば
いいというものではなく，安易な引受けにより必要以上にリスクを抱え，企業
価値を毀損することもあり得る。保険会社はリスク情報の開示がなければ，金
融市場や自然災害など外部環境にさらされる不安定な事業としてとらえられが
ちである。

4.2　投資家による理解が前提

　ただし，いくら保険会社がERM関連情報を積極的に開示しても，アナリス
トや投資家が活用しない（できない）のであれば，企業価値評価の適正化には
つながらない。

　一口に投資家といっても，多様なタイプの投資家が存在する。保険事業への
理解の有無といった以前に，企業のファンダメンタルズに注目しない投資手法
もあるし，短期志向の投資行動のもとではERM関連情報が十分活用されると
は考えにくい。そのなかで念頭に置くべき投資家とは，すべての投資家ではな
く，保険会社の事業内容や経営プロセスに注目し，企業価値向上に向けた取組
みを待つことができる中長期に投資する層であろう。

　ERM関連情報（とくに自主的な開示）の多くは内部管理上の指標，または，
定性的な情報であり，経営内容を適切に示すことを優先し，比較可能性は必ず
しも担保されていない。インタビューしたアナリストによると，「投資家のな
かには，他社比較が困難だからという理由で内部管理上の資本十分性の指標を
全くみない人もいる」，「算出手法がブラックボックスなので，活用範囲が限ら

れる」といった声も聞かれた。保険会社も，社内指標を外部にどう理解しても
らうかに苦心している模様だった。

とはいえ，中長期スタンスの投資家であれば，企業価値の適正な評価が不可
欠であり，ERM関連情報のニーズはある。投資家による適正な企業価値評価
を促すには，欧州大手保険会社のように，開示を通じて経営の考え方やリスク
カルチャーを伝え，投資家の予測可能性を高める取組みをいっそう進める必要
がありそうだ。

4.3　内部規律の改善を通じた企業価値の向上

先に，ERM関連情報の開示が直接的に企業価値を動かすものではないと述
べたものの，つぎのような経路によって情報開示が企業価値の向上につながる
ことが考えられる。

ERMの推進が企業価値向上につながるには，枠組みを整備すれば十分とい
うのではなく，リスクに関連する種々の経営判断がリスクベースの考え方でな
されている必要があるし，営業現場における保険の引受けなどの場面でも，
ERMの考え方にもとづいて意思決定がなされる必要がある[19]。その際，ERM
関連情報を外部に示していれば，情報開示が経営陣をはじめ会社全体の規律を
高めることが期待できる。情報開示がリスクカルチャーの浸透を促すというこ
ともできるかもしれない。実際，欧州および日本の保険会社に対するインタ
ビューでは，ERM関連情報の開示により，結果として内部規律が高まった，
あるいは，内部規律（自己規律）を高めることを期待しているという趣旨のコ
メントがあった。

なお，内部規律の向上は契約者保護という観点からも有益であると考えられ
る。日本の保険行政当局は近年，保険会社のERMに注目し，企業価値の安定
的な向上が契約者保護に資するという考えのもとで，ERMの導入や高度化を
促す姿勢を鮮明にしている。健全なリスクテイクを促すためには，当局と保険
会社の対話だけではなく，たとえばIAISのICP（保険の基本原則）に示され
ているようなERM関連情報の開示を制度化することが望ましい。

19　損害保険事業総合研究所編［2015］（122～123頁）。

《参考文献》

池田唯一 [2015]，「コーポレートガバナンス・コード策定の意義について —その精神を理解して経営に生かしてほしい —」，『金融財政事情』2015.2.16，pp.10-15。

植村信保 [2015]，「『保険 ERM 経営の理論と実践』執筆メンバーが行間を語る」，『Inswatch Professional Report』第 135 号。

三瓶裕喜 [2014]，「機関投資家からみた情報開示の現状と問題点 —製造コスト逓減が得意な日本企業がまだ本格的に取り組んでいない資本コスト低減—」『証券アナリストジャーナル』2014 年 12 月号，pp.6-17。

損害保険事業総合研究所編 [2015]，『保険 ERM 経営の理論と実践』金融財政事情研究会。

東京証券取引所 [2018]，「コーポレートガバナンス・コード（2018 年 6 月版）—会社の持続的な成長と中長期的な企業価値の向上のために—」。

森本祐司・松平直之・植村信保 [2017]，『経済価値ベースの保険 ERM の本質』金融財政事情研究会。

Financial Stability Board [2013]，"Principles for an Effective Risk Appetite Framework."

International Association of Insurance Supervisors [2011]，"Insurance Core Principles, Standards, Guidance and Assessment Methodology."

第10章

CROによる ERM論

伊豆原　孝

【要　旨】

　ERM（Enterprise Risk Management）は，リスクを抑えるだけでなく，リスクを認識したうえで機会と捉え，それに見合った収益を上げる，といった積極的な内容を含んでいる。SOMPOグループでは，ERMを「戦略的リスク経営」と称し，経営のためのナビゲーターの役割として位置づけている。

　損害保険会社にとって自然災害等の保険事故にともない発生する保険金が想定内に収まっている限り支払いはリスクではないが，想定外に支払額が大きくなることはリスクである。そのため，想定外の保険金支払いの可能性を定量化し，その規模に対して十分な資本を保持することにより，財務健全性を維持し，契約者の権利を守ることが ERMの役割の1つである。

　また，経営の安定と持続可能な成長のためには，適正な利益の確保が不可欠である。許容できるリスクには資本対比における限界があることから，リスクに対して適正な利益を確保していくことも ERMの機能である。

　不確実性の高まる現代において，サイバーリスクなど新たなリスクへの対応が重要になっており，顧客に対する新たな商品開発に繋げるなど，ビジネス機会として新たなリスクを捉えることも ERM上，重視している。

　ERMの土台にあるのは，経営理念である。当グループでは，「お客さまの安心・安全・健康に資する最高品質のサービスを提供し，社会に貢献する」ことを経営理念として掲げている。この理念を実現するために，ERMが目指す姿や基本的な考え方となる「ERMビジョン」を策定し取り組んでいる。

Keywords　財務健全性，資本効率，ROR，エマージングリスク，リスクマップ

1　SOMPOグループの経営理念とERMの意義

　ERMという言葉を聞いたことがある人はいるだろうか。ERMとは，Enterprise Risk Managementの略であり，全社的な，または統合的なリスク管理ともいわれる。

　私がCROを務めるSOMPOホールディングスは，保険を中心とする企業グループの持株会社であるが，その子会社の中で最も大きいのは損保ジャパンという損害保険会社であり，その他には生命保険会社や介護会社がある。

　CROとは，Chief Risk Officerの略であり，最高リスク管理責任者とも呼ばれる。グループを取り巻くいろいろなリスクを統括的に管理する役割である。リスク管理というと，リスクを減らす，リスクを取らないという止め役のイメージがあるが，現在では，企業の向かう方向を示すナビゲーターの仕事が重要である。

　SOMPOホールディングスの傘下には，国内損保，海外保険，国内生保，介

〔図表10－1〕　SOMPOについて

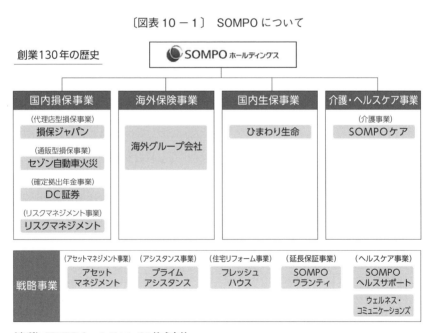

（出所）SOMPOホールディングス株式会社。

護・ヘルスケアという４つの事業分野がある（**図表10－1**）。介護事業を展開
している点が保険グループとして特徴的であり，売上高が業界第二位の介護会
社（SOMPO ケア）がグループにいる。当社は，日本初の火災保険会社として
1888 年に創業して以来，約130 年の歴史を持つ保険会社であるが，現在も進化
し続けている。

　自国開催のラグビーワールドカップで大躍進した日本代表チームであるが，
４年前の大会では南アフリカに勝つという快挙があった。その時の日本代表
キャプテンを務めた廣瀬さんは，私の高校の 18 年後輩であり，直接お話しし
たこともある。彼は前回のワールドカップ後に上梓した『なんのために勝つの
か。』という本のなかで，「勝つチームには大義がある」と述べている。具体的
には，「これは，ラグビーに限らず，すべての組織に共通していることではな
いか。このチームはなぜ存在するのか，意義をみんなで考え共有できている
チームは強い。それがないとチームは動かない」「だから，リーダーはまず『大
義』を考える必要がある」「ラグビー日本代表に関しては，『日本のラグビーファ
ンを幸せにすることができる喜び』『日本のラグビーの新しい歴史を築いてい
くことの喜び』の２つを共有してきた」と記載している。これは企業経営にも
共通する考え方であり，経営が何のために存在しているのかをあらわす「経営
理念」こそが企業にとっての大義である。

　我々のグループ経営理念は" SOMPO グループは，お客さまの視点ですべ
ての価値判断を行い，保険を基盤としてさらに幅広い事業活動を通じ，お客さ
まの安心・安全・健康に資する最高品質のサービスをご提供し，社会に貢献し
ます "である。経営理念が当社の大義であり，経営すべての基本である。リ
スク管理も，経営理念を守るためにあるといっても過言ではない。そして，
我々の目指すビジョンは，「安心・安全・健康のテーマパーク」である。特定
のテーマに関連したアトラクションが集まっているのが「テーマパーク」であ
るが，我々も万が一の備えとしての損保だけでなく，SOMPO に来ればこういっ
たアトラクションがあるとお客さまに思っていただけるような，お客さまの人
生に笑顔をもたらすような「テーマパーク」を目指している。保険というのは，
事故，火事などの「マイナス」をゼロにする機能であり，これは社会にとって
重要な機能であるが，さらにゼロを「プラス」にする，幸福をもたらすような
会社を目指すのが我々のビジョンである。

2 保険会社のリスク

2.1 リスクに対する考え方

　一般的に企業は，政治・経済に関するリスクを抱えている。消費税増税や米中の貿易摩擦が景気に悪影響を及ぼすことで売上が減少することなどがこれに該当する。また，製品リコールやリコール隠し，顧客情報漏洩，自然災害，知的財産権の侵害で訴えられることなどもリスクである。

　このようなリスクに対し，企業はどういったスタンスで臨めばよいのか。企業は基本的にはリスクを取りたくないため，事故を起こさないように対策を立てるほか，保険という手段を用いてリスクを移転することが，一般的な企業のリスクへの備え方といえる。

　これに対して，保険会社はリスクの引き受けをビジネスとしており，適切にリスクを引き受け，コントロールすることで利益を生み出すことが基本である。

　たとえば自動車事故はお客さまにとってはリスクだが，保険会社が事故に対して保険金を払うのは必ずしもリスクではない。なぜなら，自動車事故は一定の確率で起こることであり，リスク管理の想定に織り込んでいるからである。仮に台風で1,000億円保険金を払う想定をおいていた場合，1,000億円の支払いはリスクではなく想定の範囲内にある。想定を外れて保険金の支払いが2,000億円になることがリスクであり，こうしたリスクを如何にコントロールするかがリスク管理の中心テーマとなる。

　保険会社は，巨大損害の発生時にも事業継続を担保する必要がある。仮に当社が巨額の保険金支払いにより破綻した場合，お客さまがリスクをヘッジするために結んだ保険契約が履行できなくなり，我々の社会的使命も果たせず，経営理念が実現できなくなる。

　巨大損害の事例として，9年前に発生した東日本大震災がある。東日本大震災では，東北の津波被害のほか，浦安で液状化が発生するなど，広範囲に巨大被害が発生したが，損害保険業界全体で支払った保険金は約1兆3,000億円にもなった。未曾有の大災害であり，世界的にもこの規模の被害はめったにない。一方，各民間保険会社は巨大地震が起こることを想定して十分に備えていたため，東日本大震災時に経営基盤が揺らぐことはなかった。

　日本はこうした大地震を想定し，政府，日本地震再保険会社，民間保険会社の三者でリスクを分担して負担するシステムが機能している。さらに，各民間保険会社で準備金を積み立てており，万一のときには取り崩して支払う仕組みとなっている。東日本大震災においては，この仕組みが機能した。つまり，台風，地震といった，発生確率が想定でき，被害額を試算できる災害については備えがあることから，こうした自然災害によって保険会社の経営が揺らぐことは基本的にないと考えている。

2.2　エマージングリスク

　一方で，これからの時代にそういったリスクだけに備えるだけでいいのだろうか。VUCA は当グループの CEO 櫻田がよく引用する言葉なのだが，Volatility（変動性），Uncertainty（不確実性），Complexity（複雑性），Ambiguity（曖昧さ）の頭文字を取ったものである。現在のような不確実で複雑で曖昧な時代をVUCA 時代と呼んでおり，こうした時代には過去に発生した事実を分析するのみならず，将来発生し得るリスク事象を検討していくことが課題となっている。

　そうした課題に対処するための概念として，エマージングリスクという考え方がある。「エマージング」とは，これから起こってくる，新たに生まれてくるという意味だが，我々は「環境変化などにより新たに発現または変化するリスクで，将来当社グループに大きな影響を与える可能性のあるもの」と定義している。

　エマージングリスクに取り組むのは何のためか，目的は 2 つある。1 つは，潜在的なリスクに対して今のうちに備えることで，損害を減らすことである。もう 1 つは，リスクをビジネス機会の創出と積極的に捉えることである。保険会社は顧客のリスクを引き受けることで利益をあげるビジネス業態であるため，エマージングリスクは新たなビジネス機会の創出にもなる。

　エマージングリスクにはさまざまな側面がある。たとえば，地球環境の側面では気候変動に伴う影響可能性，テクノロジーの側面では AI，IoT，デジタル技術の革新による社会的変化，さらにはサイバーリスクなどもエマージングリスクの要素である。

　社会，政治，経済的な側面では，北朝鮮のミサイル，イラン，サウジアラビアの問題，米中の摩擦といった地政学リスクや，保護主義の台頭による経済的

な影響，規制・法律の変化もエマージングリスクに該当する。こうした新たなリスクが速いスピードで変化し顕在化しているのが現代の特徴である。

2.3　新たなリスクの例－コンダクトリスク－

　つぎに新しいリスクの一例としてコンダクトリスクを紹介する。この言葉はまだそれほど一般的ではないが，会社・業界の常識と社会の意識がずれていることにより生じるリスク，と当社では定義している。つまり，会社の常識が世間の非常識となっていることにより生ずるリスクである。

　保険業界では15年くらい前に保険金の不払い問題が発生した。たとえば，自動車保険に，保険金支払い時にレッカー費用を支払うという特約が付与されていたにもかかわらず，顧客からの請求がないために支払わない事例などがあった。当時は，顧客から請求がない限り支払いは不要という，社会的には非常識な解釈が，保険業界にとっての常識であった。

　最近の例では，外貨建保険の販売に関して，生命保険業界の常識が問題視された。日本の金利が低いため，利回りの高い外貨建て通貨をベースに生命保険が設計されたこと自体は問題ではないが，こうした商品の販売に際し，為替リスクを正確に顧客に対して説明していたかが疑問視されている。とくに，銀行窓口で販売したものについては，預金の代替と誤解して預金を引き出して乗り換えた顧客もおり，円高により元本が目減りしたため，リスクを認識しないまま購入した顧客からの苦情が発生している。顧客に保険商品の説明資料を提供しただけでは不十分であり，リスク内容が顧客に正確に伝わっていない限り，社会的には非常識な対応として批判されることになる。

　金融業界以外の事例では，ある医大で大学入試の男女差別があったことや，ある米大手企業で採用をAIに任せたところ，意図せざる性差別が生じて問題となったことなども，コンダクトリスクに該当する。最近もある生命保険会社で大きく問題視された不適切な保険募集では，契約を意図的に低い予定利率のものに切り替えるよう誘導したり，一定期間，保険料の二重払いをさせるなど，不適切と疑われる事例が約20万件判明した。株式時価総額が著しく減少するなど，この事件が会社に与えた悪影響ははかり知れない。

　また，ある就職活動支援サービスの会社が，就活生のサイト閲覧履歴から内定辞退の確率を予測して企業に販売していた事実が就活生を裏切る行為として糾弾され，当該事業が中止に追い込まれた事例も存在する。

〔図表 10 － 2〕　経営理念からの一貫性

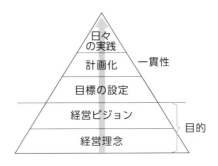

(出所) SOMPO ホールディングス株式会社。

　これらの事例では，何が問題だったのか。コンプライアンス，法令遵守の仕組みの機能不全という側面はあるが，より重要な点は先ほど廣瀬さんの本で紹介した「大義」，あるいは理念の欠如ではないかと考える。自らの理念，つまり事業の「大義」を各会社の役職員が大切にしていなかったことが最も大きな原因ではないだろうか。

　図表 10 － 2 は，私が学んでいる，アチーブメント株式会社が提供する戦略的目標達成プログラム「頂点への道」講座に出てくる「アチーブメントピラミッド」を企業経営に当てはめたものである。ピラミッドの一番土台にあるのが経営理念である。個人に置き換えれば，人生で自分が大切にしている，価値観，哲学，信条に当たる。その上にあるのが経営ビジョンであり，将来どんな会社を目指しているのかということである。我々の会社では，「安心・安全・健康のテーマパーク」を実現することが経営ビジョンである。

　経営理念とビジョンを合わせたものを経営の目的という。そして目的を明確にしたうえで売上・利益などの目標を設定する。目標を達成するために計画を立て日々実践していく。そして何より大切なことは，経営理念から日々の実践まで一貫した行動がとれているかということである。先ほど紹介した，不祥事を起こした生命保険会社にも経営理念はあった。しかし，経営理念と，販売目標や営業活動の一貫性が取れていなかったのが問題であった。目標というのはどんな会社でも立てる。目標を立てるのは大事だが，それがどこから来ているのか，何のためなのかが見えなくなっている企業が多くあり，先ほどの会社もこの一例だと思っている。我々の会社でも同じようなことが起こらないとは限

らない。そのため，私は企業としての経営理念からの一貫性，ERM は経営理念を実現するためにあるということを社内で訴え，浸透させる活動をしている。

ここまでを整理する。まず，保険会社は社会のリスクを引き受けて対価を得ている，適切なリスク管理は保険会社の生命線である。そして，つねに変化している VUCA の時代において，新しいリスクに目を光らせ対策を講じていくことが大切である。そのなかで大義，理念こそが最も重要であり，理念を基盤にさまざまなリスク管理を行っていく必要がある，と考えている。

3 ERM と損害保険会社のリスク管理

3.1 健全性の確保

ERM とは Enterprise Risk Management の略であり，当社では，「戦略的リスク経営」と呼んでいる。Management には管理の意味もあるが，ここでは「経営」という意味で使っている。ERM は単なる管理ではなく，経営そのものであると理解しており，戦略的にリスクにもとづく経営を行うということを表している。

ERM の基本的要素には 2 つある。1 つは財務上の健全性確保であり，もう 1 つは資本に対する収益性である。民間企業である以上収益をあげる必要があり，株主から預かっている資本に対してリターンをあげていかなければならない（**図表 10 − 3**）。

まず財務上の健全性に関しては，保険会社として事故に遭ったお客さまに保険金をお支払いする使命を果たすためにも，一般的な想定を超える災害や事故の発生時にも支障なく保険金が支払えるよう十分な資本を保つ必要がある。そのために，発生する可能性のある最大の損害額（リスク量）を算出したり，ストレステストを実施している。

第一段階としては，我々の周りのリスクを特定する必要がある。自動車事故や地震等，すでに認識しているリスク以外にも，どのようなリスクがあるのかを社員へのアンケート調査や，専門機関が発行するリサーチレポート，お客さまへの直接的なヒアリングなどを通じて洗い出し，リスクを網羅的に認識している。

つぎにそれらのリスクを，発生確率がある程度予測可能かでラフに分類する。

〔図表10－3〕　ERMの基本（健全性と収益性）

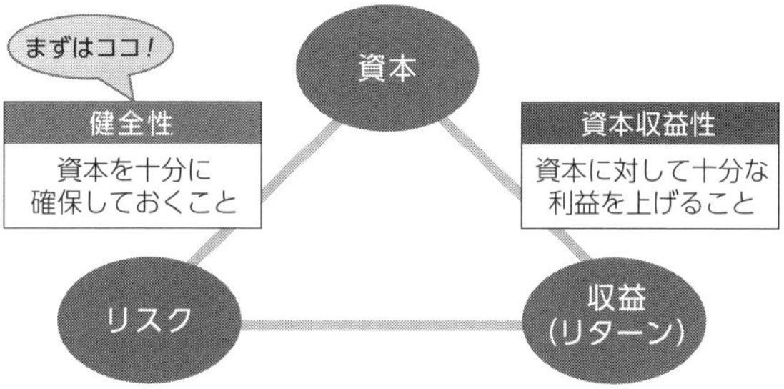

(出所) SOMPO ホールディングス株式会社。

たとえば，台風，地震などは，被害規模や発生確率を一定程度予測することができるため，リスク量を計測することで管理する。一方，サイバー攻撃による情報漏洩など発生確率が予測し難いリスクは，ストレステストという方法で管理する。

　リスク量の計測による管理とは，リスクが発現した際の最大損失額（リスク量）を計測することにより，我々がどれくらい資本を持つ必要があるかを把握し管理する方法である。何か事故が発生した場合には自己資本から保険金を支払う必要があり，もし自己資本を上回る損害が発生すれば当社は破綻してしまう。破綻しないために，リスクはどの程度かを把握し，リスクに対して十分な自己資本を保有しておくことがリスク管理の大事なポイントである。

　ではリスク量，保険会社が準備しておくべき資本はどのくらいか，「①過去３年の保険金の平均額」「②200年に１度の大災害でも保険金が支払える金額」「③すべての保険契約に保険金を支払ったものとして計算した金額」という三択問題を考えていただきたい。③を選ぶ人が結構いるかと思うが，正解は②である。③の金額は，おそらく数百兆円あっても足りないため，この金額をベースに経営することは不可能である。そこで，一定の確率で起こることに対して備えるという②の考えを採用している。

　ただ，準備しておくべき資本の算出方法については，保険会社によって多様な考え方がある。200年に１度の基準が唯一の正解というわけではないが，目安として採用している保険会社は多い。200年に１度発生する基準において準備が必要と判断される資本をリスク量として捉え，これが自己資本を超えない

ように管理するというのが保険会社におけるリスク管理の基本的な考え方である。

　発生確率が予測できないリスクについてはストレステストを通じて管理している。ストレステストとは、「極端だが起こる可能性がある、しかもそれが経営に重要な影響を及ぼすというシナリオを複数想定して、実際にそれが起こった場合に資本にどのような影響があるかを評価すること」である。

　ストレステストには主に2つの種類がある。1つは、過去に実際に起こった事故をシナリオとして使うやり方である。たとえば、関東大震災がもう一度起こったらどうなるのか、また、2008年のリーマンショックのような大規模な市場変動の再発や、利根川のような大きな河川の決壊、といったシナリオもある。こうした過去に実際に発生したイベントが再現した際の影響をシミュレーションし、自己資本がどの程度減るのかを測っている。

　もう1つは、過去には発生していないが今後起こり得る事象をシナリオに加えていく方法である。たとえば地震に関しては、首都圏直下型地震が発生した際の保険金支払額などの影響をシミュレーションすることも含まれる。また、最近大きな問題になっている、サイバー攻撃を受けた際の影響については、我々の会社だけでなくお客さまが攻撃の対象となった場合の保険金の支払いも含めて考えている。

　そこでサイバー攻撃についてもう少し説明したい。デジタル技術の進展によって、現在、世の中のあらゆるものが繋がる社会となった結果、コンピュータウイルスやハッキングなどのサイバー攻撃が問題になっている。そのなかで、どのようなケースに大きな損害が発生するのかを把握することが重要である。たとえば、東京電力などの電力会社がサイバー攻撃を受けた場合、電力の供給が数週間停止し、首都圏全域で数週間の停電が発生する、などの影響が考えられる。具体的には、発電機を修復する費用、事業中断に伴って失った利益などが直接的な保険金の支払いとなる。

　また、停電地域に所在する企業の事業中断に伴う利益補償、停電による財物損害による事業中断や停電地域外に所在する工場への物流遮断に伴う利益補償、自家発電の対策を取らなかった責任を取締役が株主から追及されることに関する損害賠償のカバーなどの間接的な保険金の支払いが発生する。これらリスクが集積すると何千億という単位の保険金支払いに繋がる結果となる。

　皆さんがCROの立場だとしたらどうアプローチするか、具体的な事例を通

〔図表 10 − 4〕　ERM の基本（健全性と収益性）

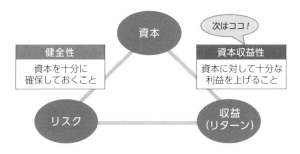

（出所）SOMPO ホールディングス株式会社。

じて考えてみていただきたい。たとえば，自動運転技術の発展は，保険会社に対してどのような影響があるだろうか。自動運転が発達すると事故が減るため保険金支払額が減少する可能性がある。これに伴い保険の需要自体が減少することも考えられる。一方で，自動運転システムに対するサイバー攻撃を通じて全世界で一斉に事故が発生する可能性もあり，非常に大きなリスクを抱えることになる。これまでは大数の法則が適用される事故が多かったが，これからはこうした大きな集積リスクに焦点をあてていく必要がある。

3.2　資本収益性と管理指標− ROE，ESR，ROR −

ERM にとって，2 つめの基本的な考え方である資本収益性について説明する（**図表 10 − 4**）。ここで，資本収益性とは，資本に対して十分な利益を上げているかどうかということである。健全性を維持しながら資本収益性を上げるにはどうしたら良いかということが企業経営の立場からは重要である。健全性と収益性はある意味でトレードオフの相反する関係にあり，シーソーに例えることができる。この 2 つの要素を両立するには，リスクを小さくしてリターンを大きくすることであり，我々が企業活動の中で目指しているものである。

資本，リスク，リターンの 3 要素のバランスを取る，という点が ERM で最も重要なポイントとなる（**図表 10 − 5**）。資本とリスクは健全性を意味し，指標としては経済価値ベースのソルベンシー比率（Economic Solvency Ratio：ESR）で管理している。その他，資本とリターンの比率をはかる自己資本利益率（Return on Equity：ROE），リスクとリターンの比率をはかるリスク対比

〔図表 10 － 5〕　ERM の指標（例）

ERM でよく使う指標

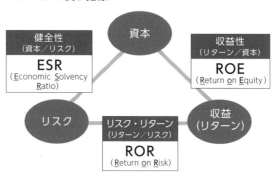

（出所）SOMPO ホールディングス株式会社。

　のリターン（Return on Risk：ROR）と合わせて３指標のバランスをいかに取っていくかが ERM の重要なポイントとなってくる。

　バランスを取る方法は大きく２つある。１つは，リスクとリターンのバランスを取る，リスクに対して適切なリターン，対価を受け取るということである。適切な対価は企業の持続可能性のために必要である。

　もう１つは異なるリスクを組み合わせることでリスクを分散することである。リスクは同時に発現するわけではない。たとえば東京で引き受けている火災保険と大阪で引き受けている生命保険とでは取っているリスクの相関が低く，同時に発現するわけではないため，これら２つのリスクを組み合わせることによって，１＋１のリスクが２にはならず，1.2 程度におさまることになる。それぞれ単独で引き受けているときは，１のリスクは１だが，２つ足すと 1.2 にリスクを抑えることができる。その一方でリターンは２倍になるため，リスクとリターンのバランスが改善することになる。つまり，リスクを分散することでリスク自体を低減することも，バランスを改善していく１つの方法である。

　つぎに，保険商品における ERM の活用事例として，ある地域で地震発生確率が非常に高まり，保険料が十分ではなくなった場合にどう対処すべきか，ということを考えてみていただきたい。対処法として①保険料を地域ごとに見直す，②保険金の支払額を少なくする，③そのままで良い，という３つの選択肢があった場合，保険料の総額がリスクを十分カバーできるようにするため

にどれを選べばよいだろうか。

　正解は① 保険料を地域ごとに見直す，という対処法である。原則としてリスクに見合った保険料を受け取るよう損害保険会社では保険料率の見直しを頻繁に実施している。とくに 2018 年は北陸での大雪，大阪北部での地震，西日本豪雨，台風 21 号・24 号，北海道胆振東部地震など，多くの災害が発生した。保険業界として火災保険料が不足している懸念が出てきており，各社とも地域ごとに保険料を上乗せする対策を実施している。逆に保険料を受け取りすぎているケースでは料率の引き下げも行っており，地域間のバランスを図っている。

3.3　SOMPO グループにおける ERM の役割

　当社 SOMPO グループにおける ERM の役割とは，突き詰めれば何だろうか。私はそれを，「安心・安全・健康のテーマパーク」の実現に向けて VUCA の海を渡っていくための「羅針盤」である，と位置づけている。羅針盤はつぎの機能を有する。

　1 つめは現在地の把握，つまり会社の現在の財務状況を正確に把握することである。2 つめは会社を取り巻くリスク，そしてそれに対してどのような備えがあるのかを把握し，水平線の先にあるリスクも敏感に察知する，つまり先ほどのサイバーリスクなど将来的なリスク変動を含め，将来を見越したリスク認識を持つということである。3 つめは，これら 2 つを踏まえ，目的地に向けてどのような航路を取るか，ということにある。つまり，テーマパークの実現という目的を果たすため，どのような経営戦略を取ることが最適なのかを指し示す，という機能である。

　これらを「ERM ビジョン」としてグループ内に共有し，統合報告書などを通じて社外にも公表している。当社は，企業価値向上と社会貢献の使命をしっかりとサポートしていけるような ERM を目指しており，その実現に向けて具体的には以下 3 つの取組みを整理している。

　1 つめは，「進化・多様化するリスクを的確にとらえてコントロールし，グループの健全性を維持し続けます」ということである。もし当社が倒産するような事態になれば，お客さまに多大な迷惑をかけてしまうため，何としてもこれは避けなければいけない。当社は国内シェアの 3 割近くを占めるため，当社が倒産すると国民の 3 割近くにご迷惑をおかけしてしまうことになる。

　2 つめは，「公平・適正な価格でお客さまに最高品質のサービスをご提供す

るとともに，適切な対価でリスクをお引き受けします」ということである。先ほど説明したように，リスクとリターンが見合っているかを常に考えていくことが当社の経営にとって重要である。

　3つめは，「『安心・安全・健康のテーマパーク』の具現化に向け，より適切な事業ポートフォリオの構築に努めます」ということである。このテーマパークの実現に向け，当社が展開する事業の最適なバランス，そして最適なリスクミックスを追求し指し示すこともERMの重要な役割と考えている。

　最後に，「グループの全役職員が，『SOMPOのERMは世界一』と言われるまで戦略的リスク経営を実践します」ということを目標として設定している。ポイントは2つあり，1つめは「グループの全役職員」が対象となっている点である。グループCROやリスク管理部員は当然先頭に立ってERMを実践しているが，リスク管理に携わるメンバーだけで実践しても十分には機能しない。ERMはあくまでグループの全役職員に課せられた使命ということである。なぜなら，リスク管理部員が知らないリスクであっても，現場社員は熟知している可能性があり，現場でリスクを認識し対処していく羅針盤を一人一人が持っていることが必要であるからである。

　もう1つのポイントは「SOMPOのERMは世界一」というゴールである。私は一番であることの価値を非常に感じている。たとえば日本で一番高い山は富士山であることは，皆さん全員知っていると思うが，日本で二番目に高い山が北岳であることを知っている人は少ないことからも，一番の価値にこだわりたいと考えている。世界一，お客さまの幸せや安心・安全・健康を考えられる会社が我々のビジョンであり，それに向かってさまざまなリスク管理活動を実践している，それが世界一のERMだと定義している。このERMビジョンをグループ8万人に展開し，まさに今ERM実践を推進しているところである。

　そして一番重要なことは，我々が社会のなかでなぜ存在しているかということであり，それがまさしく経営理念である。経営理念を実現するためにERMビジョンがあり，その上でERM世界一を目標として掲げている。理念からスタートする形で，ERM推進計画・方針や，ERM実践まで一貫性が通っているか否かに，ERMの成否がかかっていると考えている。

　事業でも同じことが言え，**図表10－6**のピラミッドで表したとおり，まず根底にある経営理念や経営ビジョンから，経営数値目標や経営計画，および日々の業務に至るまでの一貫性が重要である。この一貫性がない場合，先ほど説明

〔図表 10 － 6〕　経営理念の実現に向けて

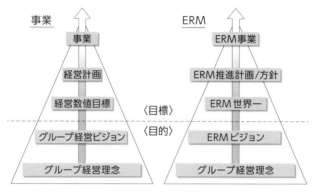

（出所）SOMPO ホールディングス株式会社。

したような不祥事の発生に繋がってしまうと考えている。

3.4　ERM の活用事例

　ここで，当社における ERM の具体的な活用事例についてお伝えしたい。た とえば，経営計画の策定において，積極策となるプラン A，自然体で事業を 行うプラン B，リスクを抑えるプラン C，といったさまざまなプランを策定し， 各プランにおいて収益性，健全性，リスク・リターンがどのように変化するか シミュレーションを行い，経営に提示している。数値例をご覧いただきたい （**図表 10 － 7**）。

　積極策となるプラン A では 3,500 億円の利益となるがリスク量も 22,000 億 円にまで増加するため，ROE は 11.7％ と高くなる一方，ESR は 136％ と低く なる。ROR は 15.9％ となった。リスク削減策（プラン C）を採用しリスクを 15,000 億円に抑えた場合は，利益が 3,000 億円となり，ROE は 10.0％ と低くな る一方，ESR は 200％ と健全性が高くなり，ROR は 20％ となることが読み取 れる。

　これら 3 つのプランは，どれが正解ということはなく，採用した戦略にもと づきシミュレーションを実施した結果に過ぎない。このなかで経営者がどのプ ラン・オプションを選択していくのかということが，まさに経営判断である。 経営判断をするために我々はさまざまな数値を提供しており，経営陣が的確に

〔図表 10 － 7〕　ERM 活用事例（経営計画の策定）

ERM 活用事例 ①：経営計画の策定

数値はイメージ	プランA （積極策）	プランB （自然体）	プランC （リスク削減策）
① 利益	3,500 億円	3,200 億円	3,000 億円
② リスク量	22,000 億円	18,000 億円	15,000 億円
③ 資本	30,000 億円	30,000 億円	30,000 億円

		プランA	プランB	プランC
①÷③	収益性 (ROE)	11.7％	10.7％	10.0％
③÷②	健全性 (ESR)	136％	167％	200％
①÷②	リスクリターン (ROR)	15.9％	17.8％	20.0％

(出所) SOMPO ホールディングス株式会社。

　判断できるようなサポートを行っていく，つまり羅針盤の機能を果たしていく，ということを ERM の経営活用と捉えている。

　つぎに，当社が活用しているリスクマップについて説明する。リスクマップは，さまざまなリスクの発生可能性を横軸にとり，縦軸には影響度を示している。つまりマップの右上が発生可能性も大きく，発現したときの影響度も大きいゾーンになり，最も注視しておくべきリスクが該当する（図表 10 － 8）。

　こうしたリスクマップを採用する企業は近年増えてきているが，当社はもう1つ，黒丸で示した「変化の大きさ」という要素に着目している。つまり，時間の経過とともにリスクが大きく変化しうるものを特定することに焦点を当てている。たとえば，気候変動リスクは，過去のデータにもとづいて統計的に把握したリスクに対して足元での変化が大きく，国際的な温暖化対策の要請の強まりとも相まって，大きな問題になってきている。リスクマップにおいて，気候変動リスクは発生確率「中」，影響度「大」となっているが，それに「変化が大きい」という要素が加わっている。影響度を「極大」と評価している新型コロナウイルスを含むパンデミックリスクや，先ほどのコンダクトリスクも変化が大きいリスクとして，とくに焦点を当ててリスク管理に取り組んでいる。

〔図表10－8〕　リスクマップ

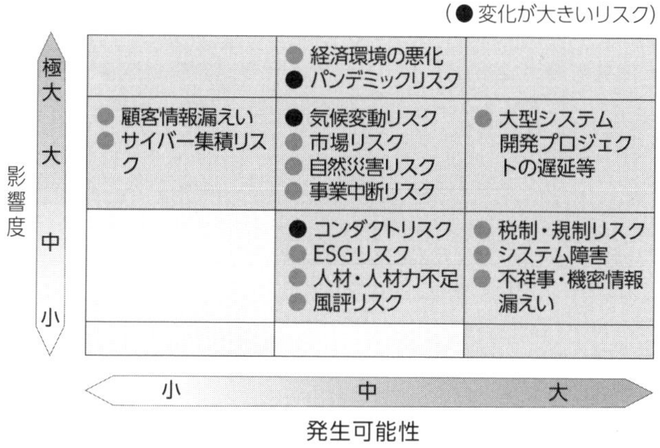

（● 変化が大きいリスク）

影響度		小	中	大
	極大		● 経済環境の悪化 ● パンデミックリスク	
	大	● 顧客情報漏えい ● サイバー集積リスク	● 気候変動リスク ● 市場リスク ● 自然災害リスク ● 事業中断リスク	● 大型システム 開発プロジェク トの遅延等
	中		● コンダクトリスク ● ESGリスク ● 人材・人材力不足 ● 風評リスク	● 税制・規制リスク ● システム障害 ● 不祥事・機密情報 漏えい
	小			

発生可能性

（出所）SOMPOホールディングス株式会社。

4 おわりに

　最後に，大阪大学の岸本充生教授から伺ったマンホールの蓋に関するお話を紹介したい。先生は，マンホールに誰かが落ちた際にそれを助けた人は人助けをしたことでヒーローになれ，賞賛されることになるが，マンホールの蓋が空いていないか探し，1つひとつ閉めて回っている人は誰にも気付かれず賞賛もされないということを指摘されている。

　我々の仕事はこうして1つひとつマンホールの蓋を閉めて回ることだと最近感じている。リスク管理の仕事は目立たない。何もリスクが発生しないことが望ましいが，リスク事象が発生してはじめてリスクを認識することもある。我々はそうしたリスク事象が発生しないよう事前対応に注力しており，活動としては目立たないがそうした対応を継続することが重要である。それが最終的には大きな損失や不祥事の防止に繋がると考えている。

《参考文献》

青木仁志［2012］，『目標達成の技術』アチーブメント出版。

岸本充生［2018］，「エマージング・リスクの早期発見と対応―公共政策の観点から―（「われわれは近時のエマージング・リスクにどう向き合うべきか」―平成29年度大会 日本保険学会・日本リスク研究学会連携特別セッション―）」『保険学雑誌』第642号，pp.37-59。

SOMPOホールディングス株式会社［2019］，『SOMPOホールディングス統合レポート 2019』。

廣瀬俊朗［2015］，『なんのために勝つのか。』東洋館出版社。

おわりに

　本書は，前著『経済価値ベースの ERM』と同様に，経済価値ベースの議論の重要性とその課題について，教科書としての使用を念頭に，リスク管理の基本的考え方により重点をおいて大幅に改訂したものである。前著では，保険業を中心に議論を展開してきたが，本書では銀行業まで含めて幅広く議論を展開してきた。

　伝統的に保険はリスク管理の代表的かつ分かりやすい手段であるが，デリバティブ取引の増加に見られるように，金融が資金の融通からリスクの移転に比重が変わった結果として，リスク管理の選択肢が多様化している。本書で論じているように，ERM 推進の重要性が大きな課題となり，世界金融危機後の反省から保険業も例に漏れず，世界的な規制強化の流れのなかで ERM のさらなる推進が行われている。

オプション取引と保険の類似性

　さて，デリバティブ取引のなかのオプションを振り返ることを通じて金融と保険の融合の必然性を振り返ることとしたい。具体的に株式のプット・オプションの購入の事例を通じて見てみよう。一般に，株式のオプション取引はある株式（これを原資産という）の権利の売買であり，プット・オプションの購入は当該株式を一定価格（行使価格といい，たとえば K 円）で株式を一定期日（満期といい，たとえば T 日後）売却する権利を購入することを指す。したがって，プット・オプションを購入することによる投資家の損益は，当該株式の満期日 T における株価 S に依存することになる。このことから，横軸に株価を，縦軸にプット・オプション購入者の損益を示したのが **図表 1** である。

　図表 1 のポイントは，株価 S が行使価格 K を上回るか否かである。図から明らかなように，満期日における株価が行使価格を上回る（S>K）と，株式市場で当該株式を売却した方がプット・オプションの権利を行使する（S-Kの金額の損失を被る）よりも得なので「権利を行使しない」ことを反映してプット・オプションの損益はゼロとなっている。一方で，行使価格を下回る（S<K）場合には，市場で売却するよりもオプションの権利を行使した方が，行使価格と株価の差額（K-S）が利得となるので **図表 1** のような右下がりの傾き－1

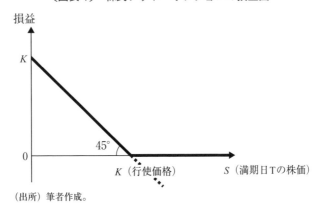

〔図表1〕　株式プット・オプションの損益図

（出所）筆者作成。

　の直線となる。このことは，株価の下落に対する「保険」を購入していること
と同じである。つまり，オプション取引の登場は株価の変動リスクに対する保
険として機能し，当該商品は企業のリスク管理手段の登場を意味している。

　一方で，伝統的な保険に目を向けると，保険取引自体がオプションとしての
機能を有していると見ることが可能であることに気づく。すなわち，**図表1**を，
保険をかけた対象物の価値SがKを下回った時に損失補てんが行われるとい
う保険契約と解釈すると，プット・オプションと利得構造が同じとなる。

　以上の意味で，伝統的な保険と金融取引としてのデリバティブは，リスク管
理の観点からすると，リスクヘッジ手段として同様の機能を発揮する。

エマージングリスクの変容と顕在化

　前著において，新興リスクとしてのエマージングリスク（Emerging Risk）
について触れたが，その後の変遷について見てみることで本書の結びに代えた
い。

　第9章・第10章で論じられているように，エマージングリスクを定義する
ことは難しく，その定義は関係業者によって微妙にニュアンスが異なっている。
概ね共通した理解としては，エマージングリスクとは「新しい」リスクであり，
①十分に認知されていないリスク，あるいは，②リスクそれ自体はよく知ら
れているものではあるが十分に理解されていない条件の下で発生するリスクと

定義されている¹。言い換えると，予期していなかったものが顕在化するリスクである。この意味で，（事前に）保険あるいは資本のアロケーション（配分）によってリスクマネジメントできないリスクでもある。

カナダアクチュアリー会，米国損保アクチュアリー会，米国アクチュアリー会などによる最新の『Emerging Risks Survey』（March, 2020）にもとづいて，前著で触れた2013年のサーベイと比較してみよう。

エマージングリスクの大きな分類では，経済リスク（Economic Risks）は33％から15％に低下，環境リスク（Environmental Risks）は11％から19％へ増加，地政学リスク（Geopolitical Risks）は27％から27％へ横ばい，社会リスク（Societal Risks）は16％から17％へ微増，テクノロジーリスク（Technological Risks）は11％から20％へ増加，その他（Others）は2％から1％へ微減となっており，環境リスクとテクノロジーリスクの増加が目立つ。

図表2は，より具体的なエマージングリスクとして上記サーベイの回答者が答えた2018年4月，2019年3月，2020年3月のサーベイにおけるトップ3の一覧である。これによると，2018年と2019年のサーベイではいずれも，サイバー攻撃等からのインフラの保全がトップであるが，直近の2020年では，気候変動がエマージングリスクのトップに踊りでている。2013年では，金融市場の不安定性がトップであったことからも，エマージングリスクに対する認識は大きく変化している。とくに気候変動が直近ではトップ1になっている点は，昨今のSDGsの取り組みやESG投資に注目が高まっていることと呼応しており，気候変動を筆頭に環境問題に対して，リスク管理の観点からの取り組みの重要性も増していると考えられる。

〔図表2〕 エマージングリスクのトップ3

サーベイ11（2018年4月）	サーベイ12（2019年3月）	サーベイ13（2020年3月）
1位 サイバー攻撃等からのインフラの保全（53%）	1位 サイバー攻撃等からのインフラの保全（51%）	1位 気候変動（54%）
2位 テロリズム（41%）	2位 気候変動（49%）	2位 サイバー攻撃等からのインフラの保全（51%）
3位 テクノロジー（38%）	3位 テクノロジー（40%）	3位 破壊的技術（35%）

括弧内は回答者に対する比率
(出所)『Emerging Risks Survey』（各年）にもとづき筆者作成。

---

1 たとえば，経営コンサルティングのOliver Wymanでは，「新しい」リスク，あるいは「新しい，あるいは知られていない状況下で発生しうる既知のリスク」と定義されている（Oliver WymanとFinancial Timesが実施したサーベイ調査である『Global Emerging Risks Survey』（2010）にもとづく）。

　さて，前記のエマージングリスクに，新型コロナウイルスのような疫病のパンデミックリスクについても，6位に位置しており，「はじめに」で述べているように，昨今の新型コロナウイルス（COVID-19）感染症は，まさにエマージングリスクの顕在化に他ならない。この意味においても，絶え間なく変化する経済環境に対して，金融機関のみならず，一般企業においてもエマージングリスクを適切に認識し定量化してその分析を行うことでERMの体制を整える必要に迫られているといえよう。

　最新の研究であるDe Vito and Gomez（2020）は，26か国における上場企業のデータを用いて，売上が大幅に減少した場合にどれだけ手持ちの現金で持ちこたえられるかをシミュレーションしている。これによると，仮に75％の売上が減少する場合，悲観的シナリオの下では，平均的企業であっても，2年が限界であるという結果を得ている。いわゆる大企業であってもこのような状況であるから，ワクチンの開発までの期間に鑑みると，予断を許さない状況にあることが懸念される。　先行きが全く見通せない状況にある時だからこそ，まさにエマージングリスクにも柔軟に対応できる「構え」を持ち合わせたERMを構築する好機であると捉えたい。

　本書での議論が少しでも読者諸賢の一助となれば幸いである。

執筆者を代表して

安田　行宏

《参考文献》

De Vito, A. and Gomez, J. P. [2020], "Estimating the COVID-19 Cash Crunch : Global Evidence and Policy." *Journal Accounting and Public Policy*, 39.

Oliver Wyman [2010], "Global Emerging Risks Survey Steering the Course, Seizing the Opportunity," conducted by Financial Times and Oliver Wyman.

Rudolph Financial Consulting LLC [2020], "Emerging Risks Survey," prepared by Max J. Rudolph, FSA, CERA, CFA, MAAA.

<h1 style="text-align:center">索　引</h1>

■編著者紹介

茶野　努（ちゃの　つとむ）

武蔵大学経済学部教授，博士（国際公共政策）

1964 年生まれ。住友生命，㈱住友生命保険総合研究所，九州大学経済学部客員助教授を経て，2008 年より現職。1999 年，大阪大学大学院国際公共政策研究科，博士課程修了。

専門分野は金融論，リスクマネジメント論。

【主な著書・論文】

『予定利率引下げ問題と生保業の将来』東洋経済新報社，2002 年。

『消費者金融サービス業の研究』日本評論社，2013 年（パーソナルファイナンス学会賞受賞）。

『経済価値ベースの ERM』（共編著）中央経済社，2015 年。

『コモディティ市場のマイクロストラクチャー ―「金融商品化」時代の規制と市場機能』（共著）中央経済社，2016 年。

『日本版ビッグバン以後の金融機関経営― 金融システム改革法の影響と課題』（共編著）勁草書房，2019 年。

『日本企業のコーポレート・ガバナンス―エージェンシー問題の克服と企業価値向上』（共編著）中央経済社，2020 年。

安田　行宏（やすだ　ゆきひろ）

一橋大学大学院経営管理研究科教授，博士（商学）

1972 年生まれ。2002 年一橋大学大学院商学研究科博士課程修了。東京経済大学経営学部専任講師，准教授，教授，一橋大学大学院商学研究科教授を経て，2018 年より現職。

専門分野は企業金融論，金融論。

【主な著書・論文】

『金融論』（共著）有斐閣，2007 年。

『高校生のための大学の授業―学問からみる企業のかたち』（共著）弘文堂，2008 年。

『経済価値ベースの ERM』（共編著）中央経済社，2015 年。

"Government Guarantees of Loans to Small Businesses : Effects on Banks' Risk-Taking. and Non-Guaranteed Lending."（共著）*Journal of Financial Intermediation*, January 2019, Volume 37, pp.45-57.

『日本企業のコーポレート・ガバナンス―エージェンシー問題の克服と企業価値向上』（共編著）中央経済社，2020 年。

■執筆者紹介（執筆順）

茶野　　努（ちゃの　つとむ）…………………………………… はじめに・第1章
編著者紹介参照

廉　　了（かど　さとる）………………………………………………… 第2章
三菱 UFJ リサーチ＆コンサルティング株式会社調査部主席研究員
【主な著書・論文】
『銀行激変を読み解く』日経文庫，2016 年。
「メガバンク―日本版金融ビッグバン後の経営動向（第2章）」『日本版ビッグバン以後の
　金融機関経営―金融システム改革法の影響と課題』（共著）勁草書房，2019 年。
「暗号資産の現状と課題―暗号資産に将来性はあるか」『金融ジャーナル』，2019 年 12 月
　号。

増井　正幸（ますい　まさゆき）………………………………………… 第3章
住友生命保険相互会社主計部上席部長代理
【主な著書・論文】
「生命保険会社健全性規制の日米比較の一考察」『財経詳報』2288 号，2002 年。
「ソルベンシー規制の国際動向（第2章）」『経済価値ベースの ERM―グローバル規制改
　正とリスク管理の高度化』（共著）中央経済社，2016 年。
「東日本大震災は生命保険商品・販売チャネルの選択にどのように影響したか？」（共著）
　『生命保険論集』207 号，2019 年。

西山　　昇（にしやま　のぼる）………………………………………… 第4章
朝日ライフアセットマネジメント株式会社グローバル戦略運用部オルタナティブ運用グ
ループシニアファンドマネージャー
【主な著書・論文】
「金融市場のクラッシュのリスクを判断する尺度の検討」千葉商大論叢第 49 巻第1号，
　2011 年。
「グローバル化のなかの豊かさとリスク―金融危機を事例として（第6章）」『シナジー社
　会論―他者とともに生きる』（分担執筆）東京大学出版会，2014 年。

浅見　潤一（あさみ　じゅんいち）…………………………………… 第4・7章
住友生命保険相互会社国際業務部上席部長代理。
【主な著書・論文】
「生保の資産運用リスク管理」『生命保険経営』第 76 巻第6号，2008 年。
『統合リスク管理入門―ERM の基礎から実践まで』（共訳）ダイヤモンド社，2008 年。
　（信用リスク管理（第 12 章），市場リスク管理（第 13 章）を担当）。

安田　行宏（やすだ　ゆきひろ）…………………………………… 第5章，おわりに
編著者紹介参照

矢野　聡（やの　さとる）………………………………………………… 第6章
地銀ネットワークサービス株式会社営業部副部長
【主な著書・論文】
"The soft budget constraint problem and hard budget solution of outward
reinsurance markets for providing insurance to local economy against natural
disaster."（共著）*Asia-Pacific Journal of Regional Science.* October 2017, Volume 1,
Issue 2, pp.625-637.
「損害保険業―販売チャネルの多様化の影響（第6章）」『日本版ビッグバン以後の金融機
関経営―金融システム改革法の影響と課題』（共著）勁草書房，2019年。

浜崎　浩一（はまさき　こういち）………………………………… 第8章
ガイ カーペンター株式会社マネージングディレクター
【主な著書・論文】
「損保会社は巨大地震に耐えられるか」スタンダード＆プアーズ，2005年。
『日本の金融業界2007』（共著）東洋経済新報社，2006年。
「日本の保険会社のリスクマネジメント」スタンダード＆プアーズ，2007年。

植村　信保（うえむら　のぶやす）………………………………… 第9章
福岡大学商学部教授，博士(学術)。キャピタスコンサルティング株式会社マネージングディ
レクター（非常勤）
【主な著書・論文】
『経営なき破綻　平成生保危機の真実』日本経済新聞出版社，2008年。
「近年のわが国保険会社 ERM をめぐる動向（第2章）」『保険 ERM 経営の理論と実践』
損害保険事業総合研究所編，金融財政事情研究会，2015年。
『経済価値ベースの保険 ERM の本質』（共著），金融財政事情研究会，2017年。

伊豆原　孝（いずはら　たかし）…………………………………… 第10章
SOMPO ホールディングス株式会社グループ CRO 執行役
【主な著書・論文】
「わが国主要損保グループの ERM 取組状況（第3章）」『保険 ERM 経営の理論と実践』，
損害保険事業総合研究所編，金融財政事情研究会，2015年。

基礎から理解する ERM
高度化するグローバル規制とリスク管理

2016 年 1 月 10 日　　第 1 版第 1 刷発行
2016 年 3 月 1 日　　第 1 版第 2 刷発行
2020 年 10 月 1 日　　改訂改題第 1 刷発行

編著者　茶　野　　　努
　　　　安　田　行　宏
発行者　山　本　　　継
発行所　㈱中　央　経　済　社
発売元　㈱中央経済グループ
　　　　パ ブ リ ッ シ ン グ

〒 101-0051　東京都千代田区神田神保町 1-31-2
　　　　電話　03 (3293) 3371 (編集代表)
　　　　　　　03 (3293) 3381 (営業代表)
　　　　http://www.chuokeizai.co.jp/
　　　　印刷／文 唱 堂 印 刷 ㈱
　　　　製本／㈲井 上 製 本 所

© 2020
Printed in Japan